Der Pirol

Oriolus oriolus

von Dr. Klaus-Dieter Feige, Dummerstorf

Mit 92 Abbildungen und 24 Tabellen

Die Neue Brehm-Bücherei

A. Ziemsen Verlag · Wittenberg Lutherstadt · 1986

Feige, Klaus-Dieter:

Der Pirol: Oriolus oriolus / von Klaus-Dieter Feige. –
1. Aufl. – Wittenberg Lutherstadt : Ziemsen, 1986. –
216 S. : 92 Ill. : (Die neue Brehm-Bücherei ; 578)

ISBN 3-7403-0018-3

ISSN 0138-1423

Die Neue Brehm-Bücherei 578

Inhaltsverzeichnis

1. Einleitung

Als mich, vor nun schon etlichen Jahren, J. W u l f (Klinken) in die „Geheimnisse" der Ornithologie einweihte, gehörte der Pirol zu den ersten Vogelarten, die ich in mein Notizbuch eintragen konnte. Genau genommen lernte ich zunächst ja nur die Stimme des „schwarz-rot-goldenen" Vogels kennen, zu sehen bekam ich den Pirol anfänglich fast nie.

Die versteckte Lebensweise der Art weckte allerdings auch bald meine Neugier, die ich unter dem Eindruck der für mich neuen Wissenschaft jedoch noch nicht umfassend befriedigen konnte. Der Versuch, durch Literaturstudien mehr über den Pirol in Erfahrung zu bringen, führte zu einem ähnlichen Ergebnis. Es schien mir, als wenn die so ungemein populäre Art doch viel weniger erforscht war, als man es bei einem so auffälligen Vogel glauben mochte.

Die systematische Untersuchung bestimmter Verhaltensweisen und Eigenarten der Pirole begann dann erst mit der Übernahme der Artbearbeitung im Rahmen der „Avifauna Mecklenburgs" (K l a f s u. S t ü b s 1977). Von diesem Zeitpunkt an nahm mich der Pirol immer mehr gefangen. Jede beantwortete Frage warf bald neue Probleme auf.

Der Pirol nahm schließlich auch meine Familie in Anspruch, und ich kann heute sagen, daß der Abschluß der vorliegenden Publikation ohne das große Verständnis und die emsige Hilfe meiner Frau Angelika nicht möglich gewesen wäre.

Die vorbereitenden Literaturrecherchen über die Gattung *Oriolus* und speziell natürlich über den europäischen Pirol stießen bald auf ein weiteres Problem: es gibt keine umfassende Monografie der Art. M e i n e r t z h a g e n (1923) veröffentlichte zwar einen umfassenden Überblick über die Gattung *Oriolus*; R e i n s c h und W a r n c k e (1971) stellten brutbiologische Fakten des Pirols dar – eine vielseitige Literaturauswertung fehlte jedoch.

Dieser Umstand ließ nun das Literaturregister der vorliegenden Arbeit enorm anwachsen. Für einzelne Abschnitte konnten nur noch wesentliche Quellen aufgenommen werden. Manche Kapitel mußten, obwohl zunächst anders geplant, zugunsten anderer Kapitel gestrafft werden. Fragen der Systematik, der Morphologie oder des Zuges (Isepiptesen) konnten nur allgemein behandelt werden – das zusammengetragene Material hierzu hätte den Rahmen des Pirol-Büchleins sicher gesprengt.

Der Pirol gehört im Norden der DDR, nahe der spezifischen Verbreitungsgrenze, zu den Arten, die sich langfristig gesehen, im Rückgang befinden. Wenngleich auch bei weitem noch nicht alle Wechselwirkungen der Pirole mit ihrer Umwelt bekannt sind, so sollen die dargelegten Literatur- und Untersuchungsergebnisse dazu beitragen, deren Rückgang zu erklären und durch Kenntnis der ökologischen Ansprüche rechtzeitig Möglichkeiten zu schaffen, die ein Verschwinden der Species (in unserem Raum) ausschließen.

2. Systematik, Beschreibung und Verbreitung

2.1. Systematische Stellung

Der Pirol *(Oriolus oriolus)* gehört zur Familie der Oriolidae, in die weitere 26 Arten eingegliedert sind:

Klasse	– Vögel (Aves)
Unterklasse	– Neuvögel (Neornithes)
Oberordnung	– Baumvögel (Dendrornithes)
Ordnung	– Sperlingsvögel (Passeres)
Oberfamilie	– Pirolartige (Orioloidae)
Familien	– Haarvögel (Pycnonotidae)
	Blattvögel (Chloropseidae)
	Stachelbürzler (Campephagidae)
	Drongos (Dicruridae)
	Pirole (Oriolidae)
	Irenen (Ireninae)

(nach B e r n d t u. M e i s e 1959/66 geringfügig geändert).

Die Familie der Pirole wird wiederum in zwei Gattungen unterteilt:
1. eigentliche Pirole – *Oriolus* L. 1766
2. Nacktaugenpirole – *Sphecotheres* Vieill. 1816.

B e r n d t u. M e i s e (1959/66) ordneten in diese Familie die wohl doch eigenständige Gattungsgruppe *Ireninae* Gray 1869 ein und faßten die beiden obengenannten Gattungen in der Unterfamilie Oriolinae zusammen.

Eine ähnliche Gliederung wählten B o e t t i c h e r (1951/57), W e t m o r e (1961) oder M a u e r s b e r g e r (1969). C a m p b e l l (1974) u. a. ordneten den Oriolidae zudem die Gattung *Tylas* Hartlaub zu. Die Nacktaugen- oder Feigenpirole sind in Nordaustralien, auf Neuguinea und den Molaku verbreitet. Die eigentlichen Pirole kommen darüber hinaus in Asien, Europa und Afrika vor.

Nach R e i c h e n o w (1914) liegt das Verbreitungszentrum der Gattung *Oriolus* auf den malaischen Inseln. Nur zwei Arten (*Oriolus oriolus, O. chinensis*) haben die Paläarktis erreicht. Nirgendwo kommen mehr als vier Arten der Gattung im selben Gebiet vor.

Die verwandtschaftlichen Beziehungen innerhalb der *Oriolus*-Gattung wurden umfassend erstmalig von M e i n e r t z h a g e n (1923) diskutiert.

Ein in dieser Hinsicht besonderes Interesse rufen jedoch immer wieder Färbungsanomalien auf Kopf und Rücken hervor. J o h a n s e n (1896) bemerkte bei einem Pirol eine derartige Schwarzfärbung, die ihn an die Zeichnung von *Oriolus chinensis indicus* erinnerte. H o r v a t h (1974) interpretierte den Fund eines unregelmäßig gefärbten Pirols durch Verwandtschaftsbeziehungen zu *Oriolus xanthornus*. Eigene Untersuchungen von Balgmaterial belegen jedoch, daß schwarze Federchen beim Pirol – relativ häufig vorkommen und den ganzen Oberkopf (besonders Zügel) und Rücken betreffen können.

H a l l u. M o r e a u (1970) fassen *Oriolus auratus, O. oriolus* und *O. chinensis* zur Superspecies *O. auratus* zusammen. Vor diesen hat aber schon V e r h e y e n (1941)

Tabelle 1. A. Arten der Gattung *Oriolus* (L.)

Subgenus, Art	Verbreitung: Bemerkungen
a) Subgenus *Oriolus* L.	
O. oriolus (L., 1758) Pirol	Marokko, Europa bis etwa 60° n. Br., ostwärts bis Jennissei, Indien; Zugvogel
O. auratus Vieill., 1817 Schwarzohrpirol	Senegal bis Äthiopien und Uganda, südlich bis Zaire, Sambia und Angola, Botswana, Kongo; vereinzelt Strichvogel
O. chinensis L., 1766 Schwarznackenpirol	Nepal, China bis zum Nordosten (Mandschurei), Amur- und Ussurigebiet, Korea, Taiwan, Philippinen, Sulawesi (Celebes) bis Sumatera, Nicobaren, Andamanen; z. T. Zug- und Strichvogel
b) Subgenus *Baruffius* Bonap., 1854	
O. chlorocephalus Shell., 1896 Grünkopfpirol	SO-Kenia bis Tansania und Mozambique
O. crassirostris Hartl., 1857 Fahlbrustpirol	São Tomé, Golf von Guinea; Standvogel
O. brachyrhynchus Swains., 1837 Afrikanischer Schwarzkopfpirol	Sierra Leone bis Uganda, Kenia und südwärts bis N-Angola, Zaire, Togo, Kongo
O. larvatus Lichtenst., 1823 Maskenpirol	S-Afrika, nordwärts bis S-Sudan, Äthiopien und Somalia, Zaire, Sambia, Angola; *O. larvatus percivali* Ogilvie-Grant, 1903 evtl. selbständige Art
O. monacha (Gmelin, 1789) Mönchpirol	Äthiopien (Eritrea)
O. nigripennis J. u. E. Verreaux, 1855 Schwarzflügelpirol	Sierra Leone bis W-Uganda und Sudan, südwärts bis Gabun und N-Angola, Zaire, Kongo
O. xanthornus (L., 1758) indischer Schwarzkopfpirol	Sri Lanka, Indien bis Hinterindien, Malaysia, Andamanen und Sumatera sowie Kalimantaninseln (Borneo)
c) Subgenus *Analcipus* Swains., 1831	
O. hosii Sharpe, 1892 Mohrenpirol	Kalimantan; Hochland
O. cruentus (Wagl., 1827) Rotbrustpirol	Sumatera, Djava, Kalimantan, Malaysia
O. traillii (Vigors, 1832) Purpurpirol	Himalaja bis SW-China, Burma, N-Thailand bis Hinterindien, Taiwan
O. mellianus Stresemann, 1922 Seidenpirol	S-China; Zug- und Strichvogel

Subgenus, Art	Verbreitung: Bemerkungen
d) Subgenus *Xanthonotus* Bonap., 1854	
O. xanthonotus Horsf., 1821 Gelbmantelpirol	Malaysia, Sumatera, Djava, Kalimantan, Philippinen, Suluinseln
O. albiloris Ogilvie-Grant, 1894 Weißzügelpirol	Philippinen (Luzon)
O. isabellae Ogilvie-Grant, 1894 Isabella-Pirol	Philippinen (Luzon)
e) Subgenus *Mimeta* Vigors u. Horsf.,1827	
O. sagittatus (Latham, 1801) Streifenpirol	Australien(küste), Neuguinea
O. szalayi (Madarasz, 1900) Brauner Pirol	Neuguinea, Inseln Misol, Sulawatti, Batanta, Waigeu
O. phaeochromus Gray, 1860 Halmahera-Pirol	Malaku (Halmahera)
O. forsteni (Bonap., 1850) Seram-Pirol	Malaku (Ceram)
O. bourouensis (Quoy u. Gaim., 1830) Buru-Pirol	Malaku (Buru), Tanimbar-Inseln
O. viridifuscus (Heine, 1859) Timor-Pirol	Inseln Timor, Wetar
O. flavocinctus (Vigors,, 1826) Gelber Pirol	N-Australien, Neuguinea
B. Arten der Gattung *Sphecotheres* (Vieill.)	
Sp. vieilloti (Vigors u. Horsf.,) südlicher Feigenpirol	Inseln Timor, Wetar, Küsten N- bis SO-Australiens, S-Neuguinea; möglicherweise alle Arten nur Unterarten einer Art bzw.
Sp. viridis Vieillot, 1816 Nacktaugenpirol	zweier Arten!
Sp. flaviventris Gould, 1850 Gelber Feigenpirol	
Sp. hypoleucus Finsch, 1898	

Für Tabelle 1 wurden Daten und Systematiken von M e i n e r t z h a g e n (1923), P e t e r s (1962), W o l t e r s (1979) (z. T. geringfügig verändert) verwendet.

O. auratus und *O. oriolus* aufgrund morphologischer Ähnlichkeit zur Superspecies *O. oriolus* vereinigt.

K o e n i g (1920) gibt eine detaillierte Diagnose des Genus *Oriolus*: Schnabel relativ lang und kräftig, nahezu kegelförmig. First sanft gebogen, an der Wurzel

breit. Die Schneiden des Oberschnabels hervortretend, die Spitze mit seichtem Einschnitt. Schnabelwinkel mit wenigen kurzen Bartborsten.
Zunge lanzettförmig mit geteilter zerfaserter Spitze, Ränder am Grund gezahnt.
Zehn Handschwingen; die äußerste gut ausgebildet, etwa halb so lang wie die 9. Handschwinge – die wiederum kürzer als die 8.
Zwölf Schwanzfedern, Schwanz lang, ziemlich gerade abgeschnitten, die Flügel überragend.

Füße stark und kurz, drei Zehen nach vorn, eine nach hinten gerichtet; äußerste und mittlere Zehe am Grund (bis zum ersten Gelenk) verwachsen. Hinterzehe am kräftigsten mit sichelförmig gebogenem Nagel.
Lauf vorn getäfelt, hinterseits von zwei glatten Schienen umschlossen.

Die Pirole haben Drossel- oder Starengröße. Die Zügel sind meist von samtartigen, kurzen, borstigen Federchen bedeckt.

Die Nester werden hängend zwischen horizontalen Ästen oder Astgabeln angelegt und sind kunstvoll gewebt. Grundfarbe der Eier weiß bis rosaweiß oder rosagrau.

2.2. Beschreibung und Verbreitung

Fossile Höhlenfunde bilden die ersten Existenznachweise der Art. Die meisten Belege (6) stammen aus dem Pleistozän, ein Fund aus dem Holozän (L a m b r e c h t 1914, B e r l i o z u. B o u c h o u d 1958, B r o d k o r b 1978). Sie verteilen sich auf Frankreich, Italien, Israel, die ČSSR und Ungarn.

2.2.1. Beschreibung und Gefieder

Neben den in Abschnitt 2.1. dargestellten Gattungskennzeichen lassen sich für den Pirol weitere artcharakterisierende Merkmale aufzeigen:
- Der Pirol hat z. B. einen diploiden Chromosomensatz von 78 Chromosomen, davon allein 60 Mikrosomen (R a y – C h a n d h u r i , S h a r m a et al. 1969).
- Die Iris ist bei Jungvögeln mehr oder weniger nußbraun gefärbt und wird in zunehmendem Alter rot, obwohl auch hier Ausnahmen nicht ausgeschlossen werden können (A n z i n g e r 1902).
- Die Nasenlöcher befinden sich nahe der Schnabelbasis, sie sind seitlich ganz frei und öffnen sich an der unteren Seite einer großen starken Membran. K a y s e r (1898) berichtete von einer monströsen Schnabel-Mißbildung. Normalerweise ist der Schnabel der Jungvögel dunkelrötlichbraun gefärbt und geht im Alter in blaßrote Töne über.
- Nach N a u m a n n (1905) hat der Pirol 14 Halswirbel, 6 Rückenwirbel, wohl 12 Beckenwirbel und 8 Schwanzwirbel. B o k a i (1952/55) beschrieb einen Nestling mit 4 Beinen.
- Nicht nur die Oberarm- sondern auch die Oberschenkelknochen nehmen Luft auf (selten bei Singvögeln, N a u m a n n 1905).
- Der Darmkanal ist relativ kurz, es gibt nur winzige Blinddärme. Das Verhältnis Darmlänge zu Körperlänge ist erwartungsgemäß kaum größer als bei rein insektivoren Arten (C v i t a n i c 1967/68).
- Der Mittelhandknochen (Os metacarpi) des Pirols ähnelt dem von *Corvus corax*. Abbildungen davon finden sich bei L a m b r e c h t (1914).

- Das relative Herzgewicht von *O. oriolus* ist nach G r o e b b e l s (1932) hoch. Die Körpertemperatur beträgt etwa 41,6 °C (R e y 1902).

Entscheidend für die Beschreibung eines Vogels bleibt aber wohl immer das Gefieder. Mustert man nun einmal eine Serie von Pirolen, so fällt bald die große Variabilität der Zeichnung gleichaltriger und auch gleichgeschlechtlicher Exemplare eines Gebietes auf. Die farbliche Streuung erschwert eine sichere Alters- und sogar Geschlechtsbestimmung anhand morphologischer Daten.

Vorerst sollen aber verschiedene Varianten der Artidentifizierung vorgestellt werden.

Bei S h a r p e (1877) findet man dazu (lediglich für ♂):
- Kopf meist goldgelb, Flügel schwarz, ohne breite gelbe Enden der Flügeldecken

R e i c h e n o w (1914) bestimmte den Pirol anhand folgender Diagnose:
- Gefieder in der Hauptsache goldgelb, wenigstens am Unterkörper
- ganzer Kopf gelb, nur Augenstreif schwarz
- Flügeldecken schwarz, nur Handdecken beim ♂ am Ende gelb

M e i n e r t z h a g e n (1923) fand für ad. ♂ und ♀:
- Unterschwanzdecken leuchtend und ohne Strichelung
- Stirn, Oberkopf, Nacken leuchtendgelb oder grünlichgelb

- Flügel länger als 125 mm
- Decken der Flügel nur mit gelben Spitzen beim ♂ oder ohne gelbe Spitzen beim ♀

M a c k w o r t h - P r a e d u. G r a n t (1952) meinen schließlich:
♂ – Kopf und Nacken gelb
  – vorderer Augenwinkel, Flügeldecken schwarz
♀ – Ober- und vorderer Kopf gelbgrün
  – Kehle weiß
  – kein Streifen hinter dem Auge
  – keine gelbgeränderten Flügeldecken

Die Bestimmungsmerkmale verdeutlichen natürlich auch den morphologischen Geschlechtsdimorphismus, der sich jedoch erst nach der zweiten Mauser ausprägt. Im Nest ist davon noch nichts zu bemerken.

Nestlinge sind nach dem Schlüpfen mit dünnen hellgelben Flaumfederreihen überzogen. Am 5. Lebenstag zeichnen sich unter der Haut die dunklen Keime der wachsenden Kiele ab. Am 7.–8. Lebenstag brechen die ersten Schwingen und Schwanzfedern auf, die Kopf- und Rückenfederchen noch als Kiele. Nach U h l e n h a u t (briefl. 1983) ist ein geschlüpfter Nestling etwa 60 mm lang und 56 mm breit.

Ausfliegende Jungvögel tragen bereits ein ähnlich gefärbtes Kleid wie nach der ersten Teilmauser. In diesem ersten Jugendkleid ist das Kleingefieder jedoch viel weicher und flauschig sowie auch ein wenig heller. Der Schnabel erscheint dunkel, fast schwärzlich und hat ein kleines grauweißes „Käppchen" (T o b i a s 1851) nahe der Spitze des Oberschnabels.

Die ausgewachsenen Vögel zeigen folgende Merkmale:
♂ ad.
- Ober- und Unterseite relativ gleichmäßig zitronenfarben bis orangegelb, Bürzel und Oberschwanzdecken jedoch stets etwas heller als das übrige Gefieder,

– Zügel schwarz und gelegentlich hinter dem Auge fortgesetzt, ein feiner Federring um das Auge hellgelb und zum Zügel schwarz,
– Schwingen und Flügeldecken schwarz bis schwarzbraun mit Ausnahme der gelben Spitzen (-Hälften) der großen Handdecken. Diese bilden einen unterschiedlich deutlich ausgedehnten „Spiegel".
– Schwingen mit mehr oder weniger tiefen weißlichen bis hellgelben Spitzenflecken, die schnell abreiben und in den Saum der Außenfahne übergehen,
– Armschwingen in frisch vermausertem Kleid mit feinen, unscharf ins Schwarz übergehenden, grauen bis hellgrauen Säumchen.
– Handschwingen mit bis 3 mm breiten, deutlich abgesetzten, weißen oder teilweise hellgelben Rändern, die ebenfalls zwischen zwei Mausern schmaler werden,
– Schwanz schwarz bis schwarzbraun, Schwanzfedern mit gelben Spitzensäumen oder -feldern, die von innen nach außen größer werden (Abb. 1),

Abb. 1. Schwanzfedern des Pirols (*O. o. oriolus*) – S6, S5, S1

- Unterflügel hellgrau, nur nahe der Flanken gelblich überzogen,
- Iris dunkelrot, Schnabel rötlichbraun (heller), Füße stahlblaugrau.

♀ ad.
- Oberseite olivfarben-grüngrau, vereinzelt gelb überflogen, Bürzel gelblich-grün-grau, Oberschwanzdecken gelbgrün,
- Zügelfedern grau bis dunkelgrau, gelegentlich hinter dem Auge grau oder hellgelbgrün fortgesetzt, der Augenring gelbgrün und grau,
- Kehle weißlichgrau bis grau und mehr oder weniger deutlich gestrichelt, manchmal sogar in Reihen,
- Brust grau, vom Bauch meist deutlich abgesetzt, Abschluß hier häufig ein unregelmäßig oliv getupftes Brustband,
- Bauch hellgrau, seltener hell ockerfarben oder sogar hellgelb; relativ feine braune bis dunkelbraune Schaftstriche zum Schwanz seltener werdend, aber an den Flanken weit nach hinten fortgesetzt.
- Flanken gelb bis hellgelb, Unterschwanzdecken hellgelb,
- Arm- und Handschwingen braun, Handschwingen bis dunkelbraun; Außenfahnen der Armschwingen meist saumlos, dafür gelegentlich grünlich überzogen; Handschwingen mit schmalen Säumchen und Spitzen,
- Deckfedern der Schwingen braun, grünlich gehaucht, z. T. sogar olivgrün gesäumt; Handdecken gelblichweiß gespitzt, einen nur winzigen undeutlichen Spiegel bildend,
- Schwanzfedern dunkelbraun und besonders die mittleren Steuerfedern (fast ganz) gelb überzogen, manchmal wie mehlig aussehend und an der Basis gelb; Innenfahnen mit ausgedehnten, Außenfahnen mit kleineren gelben Spitzenfedern,
- Iris rot bis dunkelrot, Läufe stahlgrau.

Jungvögel (1. und 2. Lebensjahr)
- Ähnlich den ♀, aber Oberseite mehr gelbgrün,
- kleine Flügeldecken noch kräftiger als bei ♀ grün bis gelbgrün gesäumt, dadurch grün-braun-scheckig aussehend,
- Schaftstrichel der Bauchseite oft kräftiger ausgeprägt, Unterseite aber weniger gelbe Flanken,
- Spiegel fast nicht zu sehen, da nur winzige Spitzen der Handdecken gelbgrün bis hellgraugelb,
- Schwanzfedern zugespitzt (nicht abgerundet wie bei ad.), gelbe Endflecken oder -spitzen, möglicherweise noch kleiner als bei ♀,
- Schnabel dunkelrotbraun bis fast schwarzbraun, Iris braun, Läufe dunkelgrau.

Das Kleid der ♂ ist übrigens im 3. Lebensjahr noch nicht völlig gelb. Besonders der Rücken zeigt oft noch deutlich grünlich überflogene Partien. N a u m a n n (1905) unterschied auch juv. ♂ und juv. ♀ durch ein wenig mehr an Gelb im Kleid der ♂. Bei der Variabilität der Pirolfärbung ist das sicher eine nur mit Vorsicht zu vertretende Zuordnung.

Hin und wieder werden auch einmal ♀ beobachtet, die vom Gesamteindruck mehr ♂-farben sind. Die Unterseite ist völlig gelb und ähnlich auch die grünlich überhauchte Oberseite. Derartige ♀ „verraten" sich durch die auch im Gelb an der Unterseite verbleibenden feinen Schaftstrichelchen (N a t o r p 1938 u. a., eigene Feststellungen). Die Ursache der Farbvarianten und der Altersstatus solcher ♀ sind ungeklärt.

Vögel der Unterart *O. oriolus kundoo* unterscheiden sich von der Nominatform u. a. durch die insgesamt kräftigere Gelbtönung, besonders des Schwanzes, des Spiegels, bei ♀ auch der Unterseite (weitere Details siehe Abschnitt 2.2.2.). Die beträchtliche individuelle Variabilität der Pirole in Färbung und Gefieder tritt oft erst bei der Durchmusterung von Sammlungsmaterial deutlich in Erscheinung.

So differiert z. B. die Zahl der Armschwingen des Pirols zwischen 10 und 11 (S t e p h a n 1965, Z e i d l e r 1966). H a r t e r t (1910) bemerkte, daß es geschlechtsreife ♂ gibt, die unterseits sehr hell sind (weißlichgelb). Besonders in Südeuropa treten unregelmäßig rein orangegelbe Exemplare auf (u. a. K o l l i b a y 1903 und Material Sammlung Dresden).

B o r k h a u s e n et al. (1800), N a u m a n n (1905) und H a r t e r t (1910) u. a. beschrieben Pirole mit schwarzen Flecken oder Streifen am Kopf, Hals oder Brust. Schwarze Federchen oder Schaftstriche treten bei Pirolen aller Altersstufen und beiderlei Geschlechts, besonders auf dem Rücken regelmäßig, aber auch nicht sehr häufig auf (siehe Abb. 80).

Bisher noch unbeschrieben sind die bei etwa 35–50 % (!) der Vögel zu beobachtenden dunklen Zeichnungen der Oberschwanzfedern. Teilweise sind die Flecken darauf kaum sichtbar, manchmal erinnern sie an zerlaufene Schaftstreifen. Aber oft genug sind sie auch sehr deutlich bis tiefschwarz gefärbt. Die Zeichnung erinnert dann meist an ein Pfauenaugenmotiv. Die Flecken treten bevorzugt an den Seiten der Oberschwanzdecken auf. Hier sind sie, wenn vorhanden, besonders kräftig getönt (siehe Abb. 79). Die Anzahl schwankt zwischen 1 und bis zu 15 gemusterten Federchen.

Albinos sind offenbar selten, lediglich K a y s e r (1898) beschreibt einen Vogel mit weißen Flügelpartien.

V ö l k e r (1934, 1936, 1939, 1954) und D y c k (1966) untersuchten die Fluoreszenz und die Farbstoffe der Vogelfedern. Das Gelb wird demnach offenbar durch Abbaustufen von Carotinoiden (Xantophyll – Lutein) gebildet. Carotinoidfrei ernährte Vögel zeigten nach der Mauser fast keine Gelbtönung mehr. Im Taumel über die seinerseits entdeckte Radioaktivität vermutete O t t o (1911) kurioserweise einen diesbezüglichen Zusammenhang mit der Tiefe der Farbausprägung.

Gefangene ad. Pirolmännchen mausern bei schlechter Haltung stoffwechselbedingt in Grüntöne zurück.

K a n t h a c k (1955) verweist auf eine nicht sonderlich seriöse Quelle, nach der zwischen Nadelwald- und Laubwaldpirolen sichere Unterschiede in der Farbintensität bestehen sollen. Das erscheint schon angesichts der lokalen Uniformierung des Lebensraumes der Pirole unwahrscheinlich.

Einzelne Pirole verfärben sich ihr Gefieder während der Nahrungsaufnahme in Sauerkirschbäumen orange bis rot (S c h a c h t 1905).

2.2.2. *Unterarten*

Fast alle Autoren, die sich mit Unterarten des Pirols beschäftigten, erkennen lediglich zwei Subspecies als gesichert an. Neben diesen wurden jedoch weitere Variationen der Art als Unterarten beschrieben.

O. o. oriolus (L., 1758) – *O. oriolus kundoo* (Sykes, 1832)

Die Nominatform geht auf die L i n n e 'sche Artbeschreibung zurück. Das Typus-gebiet ist somit Schweden. Diese Unterart ist von Westeuropa bis Westsibirien verbreitet und wird u. a. in Kasachstan von der auf dem indischen Subkontinent vorkommenden Unterart *kundoo* abgelöst (siehe Abschnitt 2.2.3.).

Tabelle 2. Synonyme Art- und Unterartbezeichnungen des Pirols

1. *Oriolus oriolus* (L., 1758) :
   Coracias Oriolus L., Syst. Nat. X. ed., p. 107, 1758
   Oriolus Galbula L., Syst., Nat. XII. ed., p. 160, 1766
   Coracias oriolus Scop.
   Turdus oriolus Br.
   Oriolus oriolus Reichenow, J. Orn. 1892, p. 41
   Coracias galbula Bechstein, 1892
(Quellen: v. M ü l l e r 1855, R e i c h e n o w 1903, P u n g u r 1907, M a c k w o r t h -
     P r a e d u. G r a n t 1952)

2. *Oriolus oriolus oriolus* (L., 1758) :
   Coracias Oriolus L., Syst. Nat. X. ed., p. 107, 1788
   Oriolus Galbula L., Syst. Nat. XII. ed., p. 160, 1766
   Oriolus aureus Brehm, Handb. Naturg. Vögel Dtschl., p. 156, 1831
   Oriolus garrulus Br., ebendort, p. 157, 1831
   Oriolus Galbula musicus, tibicen, minor, albiceps, planiceps, crassirostris, septentrionalis,
   A. Brehm, Verz. Sammlung., p. 4 (nomina nuda)
   Oriolus Galbula varietas virescens Hemprich und Ehrenberg, Symb. Phys., fol. 2 (1833 –
   Nubia et Dongola) – Irrtum!
   Oriolus meridionalis Brehm, 1845, Dalmatien
   Oriolus oriolus caucasicus Sarudny, Mitt. Turkest. Abt. Russ. Geogr. Ges. XIV, 1918, p. 140,
   Gilan u. a.
   Oriolus oriolus (oriolus) sibiricus Johansen, J. Orn. 1944, Mittel- und Westsibirien
(Quellen: H a r t e r t 1910, M e i n e r t z h a g e n 1923, H a r t e r t u. S t e i n b a c h e r
     1933)

3. *Oriolus oriolus kundoo* (Sykes, 1832) :
   Oriolus Kundoo Sykes, Proc. Zool. Soc. London 1832, p. 87 (Dukhun)
   Oriolus kundoo kundoo Sykes
   Oriolus galbuloides Gould, ebendort 1841, p. 6 (Alpine Dunjab – nomen nudum)
   Oriolus galbula Severzow, J. Orn. 1875, p. 172
   Oriolus Yarkandensis Scully, 1876
   Oriolus aurens Jerdon
   Oriolus melanoris Hodgs.
   Oriolus kundoo turkestanika Sarudny und Kudaschew, Mitt. Turkest. Abt. Russ. Geogr. Ges.
   XIV, 1918, p. 126, Turkestan
   Oriolus oriolus (kundoo) turkestanicus Sarudny und Kudaschew
   Oriolus oriolus baltistanicus Koelz, Proc. Biol. Soc. Washington, 1939 (Nord Kashmir,
   Baltistan)
(Quellen: S h a r p e 1877, S c h a l o w 1908, H a r t e r t 1910, M e i n e r t z h a g e n 1923,
     S n i g i r e w s k i 1928, V a u r i e 1958, P e t e r s ed. 1960)

Vögel der Unterart *oriolus* haben eine größere Flügellänge, aber im Mittel kürzere Schnäbel als *O. oriolus kundoo*. Die Ausdehnung der gelben Schwanzfederenden bleibt bei adulten Exemplaren ebenfalls hinter der der zweiten Subspecies zurück. Weitere Längen- und Gewichtsunterschiede werden in den Abschnitten 2.3. und 2.4. dargestellt.

Zwischen den beiden Unterarten bestehen aber offenbar über die beschriebenen Maße hinausgehende Abweichungen. So verweisen u. a. S n i g i r e w s k i (1928), H a r t e r t u. S t e i n b a c h e r (1933) oder V a u r i e (1958) darauf, daß bei *oriolus* die 9. Handschwinge (HS) oft mehr als 10 mm länger als die 6. HS ist, bei *kundoo* aber die 6. HS die 9. überragt. Für die *oriolus*-Unterart habe ich hierfür Differenzen zwischen 1,5 und 13,5 mm notiert (Tab. 3). In der kleinen Stichprobe mir zugänglicher *kundoo* schwankte der Unterschied zwischen der 6. und 9. HS

Tabelle 3. Verteilung der Differenzen zwischen 9. und 6. Handschwinge sowie 8. und 7. Handschwinge

Status	Differenzen [mm]																			
	−6	−5	−4	−3	−2	−1	0	1	2	3	4	5	6	7	8	9	10	11	12	13
9. – 6. HS																				
O. o. oriolus	–	–	–	–	–	–	–	–	5	5	9	15	16	13	27	16	10	8	4	1
davon ♂	–	–	–	–	–	–	–	–	3	4	8	11	12	7	13	10	5	5	2	1
davon ♀	–	–	–	–	–	–	–	–	2	1	1	4	4	6	14	6	5	3	2	–
O. o. kundoo	1	–	–	7	1	–	1	–	–	–	–	–	–	–	–	–	–	–	–	–
8. – 7. HS																				
O. o. oriolus	–	–	–	–	–	–	3	3	21	46	32	16	7	–	1	–	–	–	–	–
davon ♂	–	–	–	–	–	–	3	1	16	26	23	9	3	–	1	–	–	–	–	–
davon ♀	–	–	–	–	–	–	–	2	5	20	9	7	4	–	–	–	–	–	–	–
O. o. kundoo	–	–	–	–	–	1	6	2	1	–	–	–	–	–	–	–	–	–	–	–

15

zwischen 2,5 und 6 mm, nur in einem Fall war die 9. HS um 0,5 mm länger als die 6. HS.

D e m e n t ' j e v u. G l a d k o v (1954) und V a u r i e (1958) bemerkten, daß bei *O. o. oriolus* die 7. HS wenig kürzer als die 8. HS ist. Die eigenen Meßergebnisse bestätigen das zwar nicht völlig, zeigen aber die Unterschiede in den Flügelformeln (Tab. 3).

Gelegentlich wird auch darauf verwiesen, daß insbesondere bei ad. ♂ innerhalb der Unterarten und zwischen den Unterarten Färbungsunterschiede bestehen. M e i - n e r t z h a g e n (1923) fand das Gelb von *kundoo* oft tiefer und reiner als bei der Nominatform. Die ost- und mitteleuropäischen Pirole sollen in der Grundfärbung kein so reines Gelb haben (besonders auf dem Rücken grünlicher) wie östlicher brütende Exemplare (u. a. J o h a n s e n 1944). S t r e s e m a n n (1928) meinte, daß die kaukasischen Pirol-♂ eine besonders satte goldgelbe Färbung zeigen. J o h a n s e n (1944) beschreibt seinen *O. o. sibiricus* als von reinerer, leuchtender, feuerrötlicher Tönung. Rumänische Pirole sehen vielfach intensiver orangegelb als mitteleuropäische Vögel aus (D o m b r o w s k i 1912). Nach I v a n o v (1969) bestehen zonale Färbungsdifferenzen auch für *kundoo*. Mir schienen Pirole aus Mittelmeerländern besonders kräftig orangegelb getönt. Insgesamt ist die lokale Färbungsvariabilität aber wohl in jedem Gebiet des Areals so groß, daß die Grundtönung eines Vogels nicht zur geografischen Zuordnung herangezogen werden kann.

K o l l i b a y (1915) und A l i u. R i p l e y (1972) beschrieben die unterschiedliche Gelbfärbung der Handdecken der Unterarten. Bei *kundoo* sind diese Federn nur am Grund schwarz oder dunkelbraun, so daß der gelbe Flügelfleck groß und reinfarben aussieht.

K o l l i b a y (1915) beobachtete, daß die Krümmung der Schnabelspitze der indischen Unterart stärker ist, als die der europäischen und westsibirischen Vögel.

Als auffälliges Unterartmerkmal galt bisher die Ausdehnung des schwarzen (oder bei ♀ und juv. Exemplaren grauen) Zügelstrichs. Viele Ornithologen nehmen an, daß dieser nur bei *kundoo* auch hinter dem Auge fortgesetzt ist, bei *oriolus* aber am Auge endet (S c h a l o w 1908, V a u r i e 1959, A l i u. R i p l e y 1972 u. v. a.).

Dem ist aber nicht so! Wahrscheinlich zeigt sich bei Vögeln von *kundoo* diese Zügelverlängerung stets, sie tritt aber mehr oder weniger selten auch bei der Nominatform auf.

J o h a n s e n (1944) nennt solche Exemplare für das südliche Westsibirien und Nordturkestan. S t o l z (1917) kannte ein derartiges ad. ♂ aus Lomza. T o b i a s (1851) beschrieb einen (*oriolus*) Pirol mit verlängertem Zügelstrich, der sogar in der Färbung der Schwanzfedern *kundoo* nahekam.

Nach eigenen Beobachtungen treten Verlängerungen des Zügelstriches bis hinter das Auge in Mitteleuropa bei etwa 1–3 % der ad. ♂ auf. Das Merkmal verliert sich in Westeuropa wohl völlig.

Tabelle 2 enthält für beide Subspecies eine Synonymliste. Die meisten synonymen Beschreibungen entsprechen den Erstbeschreibungen oder splittern lediglich lokale Variabilität auf.

Die Kennzeichen, die zur Beschreibung einiger Unterarten dienten, erwiesen sich als Folge klinaler Variation, und somit können diese Unterarten nicht mehr anerkannt werden. Es sind dies:

O. o. caucasicus Sarudny 1918. – Gilan, Kuramabad, Masanderan, Asterabad, wohl weniger sattgelbe Färbung und kürzere Flügel als die Nominatrasse (145–148 mm, S t r e s e m a n n 1928)

O. o. sibiricus Johansen 1944. – Mittel- und Westsibirien, Flügellänge 153–165 mm und reiner und leuchtender gelb, mehr feuerrötlicher Ton (J o h a n s e n 1944)

O. kundoo turcestanica Sarudny und Kudaschew 1918. – Badachschan, Turkestan, Südkasachstan, angeblich nicht so zitronengelb und Flügel um 10 mm (und mehr) länger als bei *O. o. kundoo* (H a r t e r t u. S t e i n b a c h e r 1933), besonders groß in Ostturkestan (S n i g i r e w s k i 1928)

O. o. baltistanicus Koelz 1939. – Baltistan, Nord Kashmir, soll sich farblich und durch geringere Größe von *O. o. kundoo* unterscheiden, wurde aber nur anhand von 6 Exemplaren (nur 1 ad ♂) beschrieben (womöglich Durchzügler, lt. V a u r i e 1958).

Die zur Unterscheidung angeführten Größen fanden in Untersuchungen anderer Autoren keine hinreichende Bestätigung.

2.2.3. *Geografische Verbreitung*

Das Areal einer Art anhand von Literaturangaben zur Verbreitung beschreiben zu wollen, ist ein kompliziertes Unterfangen. Einerseits wechselt die Besiedlung mancher Randgebiete unregelmäßig oder tendenziös, zum anderen nimmt die Siedlungsdichte an der Arealgrenze fast überall gleichmäßig ab, und die Grenzlinie wird so unscharf. Da die publizierten Daten zu einem Gebiet bereits durch die Zeitspanne zwischen den Veröffentlichungsterminen in einem scheinbaren Widerspruch geraten können, sollte keine historische Angabe einfach als „falsch" abgetan werden. Gelegentlich brütet ein Paar tatsächlich auch einmal außerhalb der ermittelten Verbreitungsgrenzen der Art.

Das Areal des Pirols ist in seinen Dimensionen jedoch nur in wenigen Gebieten umstritten. Unsichere oder unregelmäßig besetzte Zonen wurden in den Abb. 2a und 2b mit einem „?" hervorgehoben.

Beginnen wir die „Reise" entlang der Arealgrenze in Nordafrika.

B a n n e r m a n n (1953), D e m e n t ' j e v u. G l a d k o v (1954) sowie H a l l u. M o r e a u (1970) halten es für möglich, daß der Pirol in Marokko, Tunesien und Algerien zumindest sporadisch die Berg- und Küstenwälder zwischen dem Hohen Atlas und Tunis besiedelt. Die Mehrzahl der Autoren anderer Verbreitungskarten folgen aber V o o u s (1962), der Brutvorkommen lediglich in NW-Marokko und möglicherweise um Tunis annimmt. Unregelmäßig werden wohl auch die Küstenzonen Algeriens besiedelt (M a k a t s c h 1976 u. a.).

D e m e n t ' j e v u. G l a d k o v (1954) verzeichnen unregelmäßige Brutvorkommen auf den Azoren und den Madeirainseln, von denen B a n n e r m a n n (1963) aber nichts weiß. Die Kanarischen Inseln werden sicher nur auf dem Frühjahrszug gestreift, während für Madeira Brutangaben auf S c h m i t z (1899, 1905) zurückgehen. H a r t w i g (1886) gab den Pirol im Jahre 1855 noch als Irrgast auf diesen Inseln an!

Auch die Balearen beherbergen wahrscheinlich nur unregelmäßig Pirolbrutpaare (J o r d a n s 1924, M a k a t s c h 1976, S t a s t n y 1980). V o o u s (1962), P f o r r

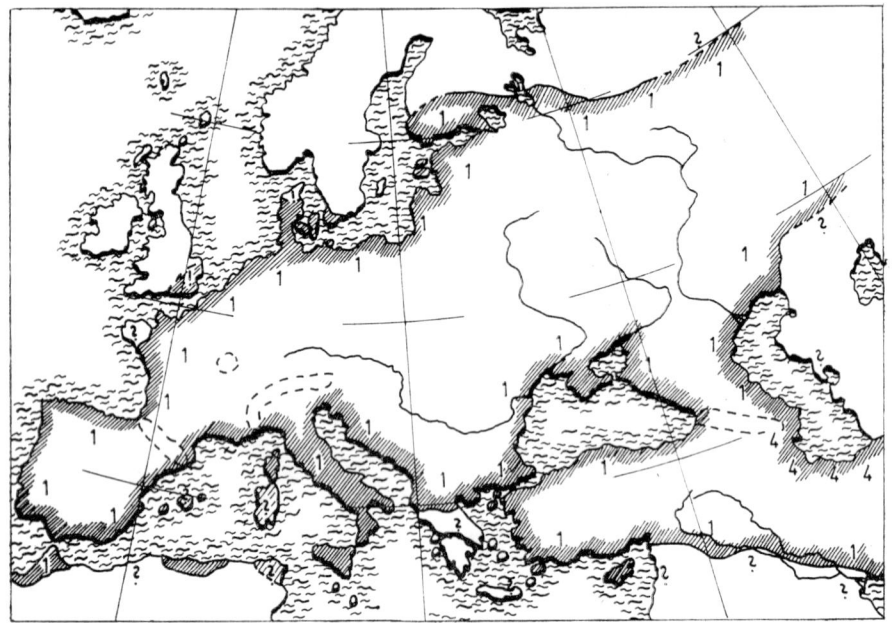

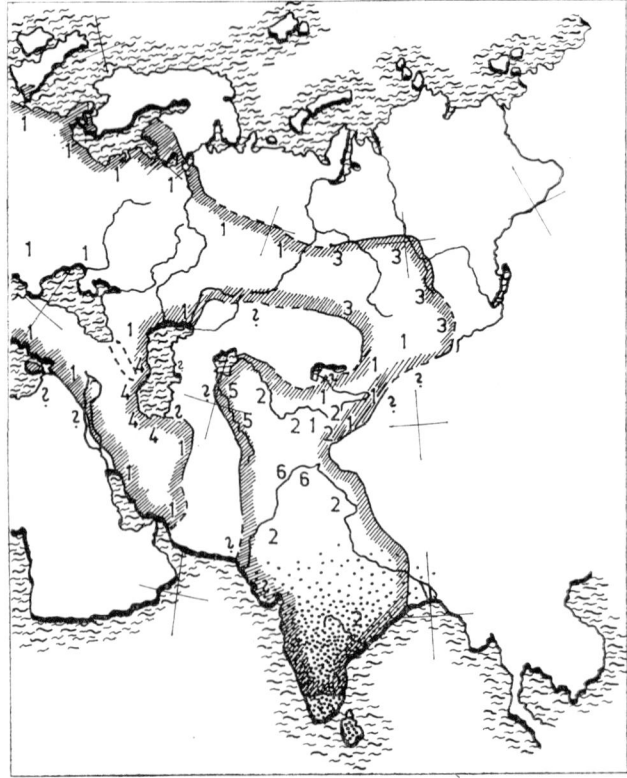

Abb. 2a u. 2b.
Verbreitung des Pirols.
1 *O. o. oriolus,*
2 *O. o. kundoo,*
3 *O. o. „sibiricus",*
4 *O. o. „caucasicus",*
5 *O. o. „turcestanicus",*
6 *O. o. „baltistanicus",*
Überwinterungsgebiet
von *O. oriolus kundoo . . .*
? = vielleicht, ausnahms-
weise, ! = selten brütend

u. L i m b r u n n e r (1980) sind gegenteiliger Meinung und rechnen die Balearen nicht zum Verbreitungsgebiet.

Auffällig sind auch die Meinungsdifferenzen um Sardinien und Korsika. Nach S t e i n b a c h e r (1953), B e z z e l (1951/57), K n e c h t u. R o s t (1959), V o o u s (1962) u. a. fehlt die Art auf Sardinien. Einzig S t r e s e m a n n ' s (1955) Meinung steht dagegen.

Die Rasterkartierungsergebnisse französischer Ornithologen (Y e a t m a n 1976) belegen für die soeben verlaufende Gegenwart Brutvorkommen auf Korsika und widerlegen damit Verbreitungskarten von z. B. S t a s t n y (1980) oder P f o r r u. L i m b r u n n e r (1980).

Die italienische Insel Sizilien zählt sicher seit längerer Zeit zum festen Areal der Art. Bei D e m e n t ' j e v u. G l a d k o v (1954) oder M a k a t s c h (1966) fehlen jedoch die entsprechenden Eintragungen in den Verbreitungskarten.

Im allgemeinen verläuft die Südgrenze des Brutgebietes des Pirols durch Nordgriechenland (M a k a t s c h 1961/64). Es gibt aber auch Hinweise darauf, daß hin und wieder Einzelpaare in Mittel- und sogar Südgriechenland gebrütet haben (D e - m e n t ' j e v u. G l a d k o v 1954, B a u e r et al. 1969 Athen. B i r d 1935 Cycladen!). Kreta wird nach N i e t h a m m e r (1942) u. a. nicht besiedelt, K l o c k e n h o f t u. K r a p p 1977 sind vom Brüten der Art in den Bergwäldern Ostkretas überzeugt. Ebenfalls selten sind brütende Pirole auf der Insel Cypern anzutreffen (F l i n t u. S t u a r t 1983).

Unklar sind die Verbreitungsverhältnisse im Gebiet des Libanon, Syrien und im Irak. D e m e n t ' j e v u. G l a d k o v (1954) verzeichneten die südlichen Brutvorkommen der Art sogar erst auf der Halbinsel Sinai. Sicher und stetig sind Pirolbruten bestimmt im Hochland von Iran. Hier hat die Unterart *oriolus* um den 58. Längengrad wahrscheinlich eine östliche Verbreitungsgrenze, wobei die Verbreitungsverhältnisse im NO-Iran nach V o o u s (1962) und A l i u. R i p l e y (1972) noch einer weiteren Untersuchung bedürfen. Für *O. o. oriolus* endet das Areal weiter nördlich an der Süd-, West- und Nordküste des Kaspischen Meeres. Das Vorkommen an der Ostküste auf der Halbinsel Mangyschlak (D o l g u š i n 1948 lt. D e - m e n t ' j e v u. G l a d k o v 1954, u. a.) ist nach Angaben von K o v š a r` et al. (1974) wieder erloschen bzw. nur von Nichtbrütern besetzt.

Die Arealgrenze verläuft weiter durch Nordkasachstan, nach Süden durch das Wüsten- oder Halbwüstengebiet des Tieflands von Turan begrenzt und dann weiter an den Saisansee. Um den Balchaschsee trifft man nach K o v š a r et al. (1974) zur Brutzeit nur Sommergäste an.

Die Verbreitung der Nominatform erreicht im Osten die Dsungarei der VR China, die Westmongolei und das Jenisseital bis etwa zum 60. Breitengrad (V a u r i e 1959, P i e c h o c k i et al. 1982).

Die Nordgrenze des Areals stimmt überraschend gut mit der 17° C-Juli-Isotherme überein (V o o u s 1962).

Das bedeutet, daß im westsibirischen Tiefland und dem europäischen Teil der UdSSR 60° n. Br. vom Pirol nur in Karelien überschritten werden (jedoch führte Zugprolongation nichtbrütende Exemplare z. B. bis zum Baikalsee oder an das Weiße Meer; D e m e n t ' j e v u. G l a d k o v 1954).

Nach R e u t e r (1942/43, 1948, 1949) und besonders M e r i k a l l i o (1958) konzentrieren sich die etwa 2000 Pirolpaare in Finnland auf den Südosten des Landes. Zum Bottnischen Meerbusen der Ostsee hin werden Brutnachweise zur Rarität. In Schweden beschränkt sich das Brüten auf die Südprovinzen (Schonen, Halland; W i r d h e i m 1983).

In Dänemark nimmt die Brutdichte im Norden des Landes stark ab (D y b b r o 1976).

Prolongation des Frühjahrszuges führte einzelne Pirole
in Norwegen bis etwa 69° n. Br. (Finnmark; H a f t o r n 1971),
in Finnland bis etwa 65° n. Br. (u. a. 1950 Kenpele; M e r i k a l l i o 1958),
und in Schweden bis etwa 59° n. Br. (Närke; O t t e r l i n d 1954, C u r r y - L i n - d a h l 1954).

Ein im Dezember 1842 an Islands Nordküste gefundenes, erfrorenes Pirol-♂ wird sich wohl erst im Herbst dorthin verflogen haben (K j ä r b ö l l i n g 1851, L ü t k e n 1885).

Die Britischen Inseln und Irland selbst werden regelmäßig durchzogen. Bruten beschränken sich gegenwärtig auf die Südgrafschaften (Kent), obwohl sporadische Brutnachweise aus fast allen Gebietsteilen vorliegen (T h o m p s o n 1930, B a n - n e r m a n n 1953, T h i e d e 1962, S n o w 1971, S h a r r o c k 1980).

In Frankreich brütet der Pirol nach Y e a t m a n (1976) lediglich in der West-bretagne nicht (oder unregelmäßig?).

Es sei aber noch einmal nach Asien, genauer nach Süd-Kasachstan und Kirgisien, zurückgekehrt. Auch hier trifft der Beobachter noch brütende *O. o. oriolus* an. Zwischen dem Aralsee über das Flußtal der Syrdarja bis zum Tienschan wurden Paare der Nominatform beobachtet.

Vom Amudarja über den Ober- und Mittellauf des Syrdarja bis zum Tienschan verläuft aber auch die Nordgrenze des Verbreitungsgebietes von *O. oriolus kundoo*. Die indische Unterart brütet in Ost- und Südafghanistan und in Beluchistan, Kashmir und östlich bis Nepal und Ostpakistan (K o l l i b a y 1916, M e i n e r t z h a g e n 1923, S n i g i r e w s k i 1928, A l i u. R i p l e y 1972). Das Himalajagebirge schließt das Areal im NO ab, während im Süden nach M e i n e r t z h a g e n (1923) Kap Komorin – die Südspitze Indiens – den extremen Brutplatz bildet.

H a l l u. M o r e a u (1970) schließen den indischen Bundesstaat Gujarat und Gebiete etwa südlich 12° n. Br. aus dem Areal aus. A l i u. R i p l e y (1972) glauben, daß die Südgrenze des Verbreitungsgebietes auf der geografischen Breite von Mysore liegt.

Innerhalb der geschlossenen Verbreitungsgrenzen der Art existieren pirolbrutfreie Zonen, die durch Beschränkungen der Höhenverbreitung der Art oder baumlose Gebiete zustande kommen. Die fehlenden Detailinformationen zu dieser Problematik lassen nur Andeutungen in den Verbreitungskarten zu.

2.3. M a ß e

Vor allem in älteren Veröffentlichungen findet man für viele Vogelarten Gesamt-längenangaben oder Maße zur Flügelspannweite. So schwanken die Längenwerte des Pirols zwischen 230 und 250 mm und die Flügelspannweite um 450 mm (R e i c h e - n o w 1903, D e m e n t ' j e v u. G l a d k o v 1954).

Für vergleichende Studien benötigt man aber Maße, die sich immer wieder reproduzieren, also kontrollieren lassen. In diesem Sinn sind Merkmale wie Flügel-, Schwanz-, Schnabel- oder Lauflänge viel besser geeignet. Andererseits muß auch in diesen Fällen eine definierte und daraus folgend, einheitliche Meßmethodik die Voraussetzung sein. Fehlertrends von nur 1–2 % Ungenauigkeit verwischen z. B. sofort feinere geografische Variationen eines Merkmals.

Die Ergebnisse einer Literaturrecherche zu ausgewählten (aber doch häufig genannten) Pirolmaßen vermitteln die Tabellen 4 bis 7. Die Tabellen haben wegen der sicher uneinheitlichen Meßmethoden nur einen beschränkten Aussagewert. Von

Tabelle 4. Flügellänge des Pirols (in mm)

Autor	Geschlecht: Spannweite (Mittelwert) n = Stichprobenumfang
I. O oriolus	
F e d j u š i n u. D o l b i k (1967)	♂ : 145 – 158 (154) n = 20
	♀ : 135 – 160 (151) n = 24
K o v š a r et al. (1974)	♂ : 140 – 159 n = 42
	♀ : 133,5– 154 n = 40
II. O. oriolus oriolus	
R e i c h e n o w (1903)	♂♀ : 145 – 155 (Mitteleuropa)
H a r t e r t (1910)	♂ : 149 – 158
D o m b r o w s k i (1912)	♂ : 150 – 156 n = 40 (Rumänien)
	♀ : 148 – 153 n = 40
K o l l i b a y (1915)	♂♀ : 148 – 158
M e i n e r t z h a g e n (1923)	♂♀ : 146 – 159
H e i n r o t h (1926)	♂♀ : 149 – 158 (Mitteleuropa)
S t r e s e m a n n (1928)	♂ : 150 – 161 n = 12 (England)
	♂ : 150 – 154 (152) n = 5 (Macedonien)
	♂ : 150 – 158 (154) n = 3 (Nordkaukasus)
	♂ : 161 (chines. Turkestan)
	♂ : 145 – 148 (147) n = 3 (O. o. caucasicus)
	Gilan, Kuramabad)
N i e t h a m m e r (1937)	♂ : 147 – 156 (152,3) n = 14
	♀ : 147 – 152 (150,6) n = 11 (Mitteleuropa)
V e r h e y e n (1941)	♂ : 150 – 160 n = 7 (Belgien)
	♀ : 149 n = 2
J o h a n s e n (1944)	♂ : 154 – 160 (Nordturkestan, südliches Westsibirien)
	♂ : 153 – 165 (O. o. sibiricus, Westsibirien)
	♂ : 150 – 160 (europäischer Teil d. RSFSR)
	♂ : 147 – 156 (West- und Mitteleuropa)
M a c k w o r t h - P r a e d u. G r a n t (1952)	♂♀ : 141 – 161

Autor	Geschlecht: Spannweite (Mittelwert) n = Stichprobenumfang
D e m e n t ' j e v u. G l a d k o v (1954)	♂ : 145 – 161 (152) n = 32
	♀ : 145 – 158 (152) n = 19
V a u r i e (1958)	♂ ad. : 149 – 162 (154,5) n = 20
B e r n d t u. M e i s e (1959/66)	♂ ♀ : 145 – 161
H a f t o r n (1971)	♂ : 150 – 161, ♀ : 146 – 157
A l i u. R i p l e y (1972)	♂ : 150 – 161, ♀ : 146 – 157
V i n o g r a d o v a et al. (1976)	♂ : 147 – 161 (154,7) n = 10
	♀ : 144 – 158 (152,2) n = 17
B ä h r m a n n (1976)	♂ : (152,3) n = 14,
	♀ : (150,6) n = 11
B a c c e t t i et al. (1981)	♂ ♀ : 144 – 157 (152,4) n = 8 (April – Mai)
	♂ ♀ : 144 – 152 (149,4) n = 8 (August – September)
Einzelangaben aus mehreren Publikationen	♂ : 147 – 163 (153,5) n = 27
	♀ : 147 – 155 (150,6) n = 11
III. *O. oriolus kundoo*	
H a r t e r t (1910)	♂ : 140 – 142
K o l l i b a y (1915)	♂ ♀ : 140 – 142
K o l l i b a y (1916)	♂ : 140,5– 147 (142,9) n = 7
	♀ : 132 – 146 (138,7) n = 6
M e i n e r t z h a g e n (1923)	♂ ♀ : 139 – 142
S n i g i r e w s k i (1928)	♂ ♀ : 139 – 148 (143,5) (*O. k. turcestanica*)
D e m e n t ' j e v u. G l a d k o v (1954)	♂ : 137 – 143 (140) n = 8
	♀ : 133 – 141,5 (137) n = 8
V a u r i e (1958)	♂ ad. : 136 – 144 (141) n = 20
I v a n o v (1969)	♂ : 147 – 149 (*O. k. turcestanica*)
	♂ : 138 – 143 (Südusbekistan, Leninabad)
	♂ : 139 – 142 (Indien)
	♂ : 138 –144 (Badachschan)
A l i u. R i p l e y (1972)	♂ : 135 – 147, ♀ : 133 – 143
V i n o g r a d o v a et al. (1976)	♂ : 138 – 149 (142,8) n = 16
	♀ : 133 – 142 n = 9
B ä h r m a n n (1976)	♂ : (140) n = 8, ♀ : (137) n = 8
Einzelangaben aus mehreren Publikationen	♂ : 138 – 144 (141,0) n = 16

Interesse bleiben jedoch Vergleiche zwischen den Maßangaben einzelner Autoren zu verschiedenen Unterarten oder Geschlechtern. In diesen Fällen kann sicher oft von einer, für beide Unterarten oder Geschlechter gleichartigen Datenerfassung ausgegangen werden.

Tabelle 5. Schwanzlänge des Pirols (in mm)

Autor	Geschlecht: Spannweite (Mittelwert) n = Stichprobenumfang
I. O. oriolus	
F e d j u š i n u. D o l b i k (1967)	♂ : 76 – 98 (90) n = 20 ♀ : 76 –102 (90) n = 24
K o v š a r et al. (1974)	♂ : 86,5– 94,5 n = 42 ♀ : 84 – 97,5 n = 40
II. O. oriolus oriolus	
P r a z a k (1897)	♂ : 88 – 90, n = 11, ♀ : 86 – 90. n = 8
R e i c h e n o w (1903)	♂ ♀ : 85 – 95
H a r t e r t (1910)	♂ : 85 – 93
D o m b r o w s k i (1912)	♂ : 82 – 96, n = 40, ♀ : 82 – 95, n = 40
K a y s e r (1914)	♂ : 90 – 97 (92,7) n = 3
H e i n r o t h (1926)	♂ ♀ : 85 – 93
A l i u. R i p l e y (1972)	♂ : 77 – 85
B a c c e t t i et al. (1981)	♂ ♀ : 79 – 93 (85,7) n = 8 (April, Mai) ♂ ♀ : 86 – 92 (87,6) n = 8 (August, Septemb.)
Einzelangaben aus mehreren Publikationen	♂ : 85 – 94 (89,6) n = 8 ♀ : 88 – 89 (88,5) n = 2
III. O. oriolus kundoo	
K o l l i b a y (1916)	♂ : 95 –104 (97,1) n = 7 ♀ : 91 –102 (95,3) n = 6
A l i u. R i p l e y (1972)	♂ : 86 – 94, ♀ : 81 – 92

Tabelle 6. Schnabellänge des Pirols (in mm)

Autor	Geschlecht: Spannweite (Mittelwert) n = Stichprobenumfang
I. O. oriolus	
F e d j u š i n u. D o l b i k (1967)	♂ : 23 – 26 (24) n = 20 ♀ : 22 – 25 (23) n = 24
K o v š a r et al. (1974)	♂ : 16,5– 21,3, ♀ : 17,2 – 21,3
II. O. oriolus oriolus	
R e i c h e n o w (1903)	♂ ♀ : 24 – 26
H a r t e r t (1910)	♂ : 23 – 26
D o m b r o w s k i (1912)	♂ : 25 – 30 n = 40 ♀ : 25 – 29 n = 40
M e i n e r t z h a g e n (1923)	♂ ♀ : 24 – 28
H e i n r o t h (1926)	♂ ♀ : 23 – 26
V e r h e y e n (1941)	♂ : 24 – 26 n = 7
D e m e n t ' j e v u. G l a d k o v (1954)	♂ : 24 – 25 (24,5) n = 12 ♀ : 23,5– 25 (24,2) n = 11

Autor	Geschlecht: Spannweite (Mittelwert) n = Stichprobenumfang
Ali u. Ripley (1972)	♂ : 22 – 26
Baccetti et al. (1981)	♂♀ : 26 – 29,5 (27,7) n = 8 (April, Mai)
	♂♀ : 26 – 29 (27,7) n = 8 (August, September)
Einzelangaben aus mehreren Publikationen	♂ : 21,7–26,5 (24,1) n = 11
	juv. : 20 – 21,2, n = 2

III. O. oriolus kundoo

Autor	Geschlecht: Spannweite (Mittelwert) n = Stichprobenumfang
Kollibay (1916)	♂ : 29 – 32 (30,3) n = 7
	♀ : 27 – 31 (28,8) n = 6
Meinertzhagen (1923)	♂♀ : 22 – 27
Dement'jev u. Gladkov (1954)	♂ : 26 – 28 (27) n = 8
	♀ : 26 – 28 (27) n = 8
Ali u. Ripley (1972)	♂ : 29 – 33, ♀ : 29 – 33

Tabelle 7. Lauflänge des Pirols (in mm)

Autor	Geschlecht: Spannweite (Mittelwert) n = Stichprobenumfang

I. O. oriolus

Autor	Geschlecht: Spannweite (Mittelwert) n = Stichprobenumfang
Fedjušin u. Dolbik (1967)	♂ : 20 – 25 (22) n = 20
	♀ : 20 – 28 (24) n = 24
Kovšar et al. (1974)	♂ : 21 – 24,2 n = 42
	♀ : 21,3– 25 n = 40

II. O. oriolus oriolus

Autor	Geschlecht: Spannweite (Mittelwert) n = Stichprobenumfang
Prazak (1897)	♂ : 23 – 25 n = 11
	♀ : 23,5– 25 n = 8
Reichenow (1903)	♂♀ : 20 – 24
Hartert (1910)	♂ : 21 – 23
Dombrowski (1912)	♂ : 23 – 26 n = 40
	♀ : 23 – 25 n = 40
Heinroth (1926)	♂♀ : 21 – 23
Verheyen (1941)	♂ : 21 – 22 n = 7
Dement'jev u. Gladkov (1954)	♂♀ : 24 – 26
Ali u. Ripley (1972)	♂ : 21 – 24
Baccetti et al. (1981)	♂♀ : 21,5– 25 (23,1) n = 8 (April, Mai)
	♂♀ : 22 – 24 (23,2) n = 8 (August, September)
Einzelangaben aus mehreren Publikationen	♂ : 20 – 24 (22,3) n = 8

III. O. oriolus kundoo

Autor	Geschlecht: Spannweite (Mittelwert) n = Stichprobenumfang
Kollibay (1916)	♂ : 21,5–23,5 (22,9) n = 7
	♀ : 21 –24,5 (23,1) n = 6
Ali u. Ripley (1972)	♂ : 22 –24 ♀ : 23 – 24

So folgt zunächst:
- ♂ sind in den Merkmalen Flügel-, Schwanz, Lauf- und Schnabellänge im Mittel größer als ♀,
- *oriolus* übertrifft im Flügellängenmaß und in der Lauflänge die Unterart *kundoo*,
- die Schnäbel von *kundoo* sind durchschnittlich mindestens 1–2 mm länger als bei *oriolus*,
- *kundoo*-Pirole haben eine größere relative (und möglicherweise auch absolute) Schwanzlänge als Vögel der Nominatform,
- innerhalb der Unterart *oriolus* besteht eine klinale Ausprägung der Merkmale Flügel- und Schwanzlänge, dabei die größten Werte in Sibirien, kleinere Angaben aus Westeuropa, aber auch aus dem Kaukasus.

Zur Unterstützung dieser Ergebnisse wurde das Sammlungsmaterial der Art aus dem Museum für Tierkunde Dresden und dem Museum für Naturkunde Berlin hinsichtlich einer Reihe von Merkmalen untersucht. Dazu kamen Flügel- und Schwanzmaße von Pirolen der Leningrader Sammlung, die S. E c k (Dresden) für mich erhob. Eine kleine Kollektion der Leningrader Sammlung konnte zu Vergleichszwecken auch hinsichtlich anderer Daten untersucht werden.

Statistische Maßzahlen ausgewählter Merkmale dieser Erhebung sind in Tabelle 8 zusammengefaßt worden.

Die Schwanzlänge wurde mit einem Stechzirkel als Differenz zwischen Austrittspunkt der mittleren Schwanzfedern und der Spitze der längsten Schwanzfeder bestimmt.

Die Flügellänge mißt man mit geringstem subjektivem Meßfehler bei völlig gestreckten Handflügelschwingen mittels Anschlaglineal.

Der Schwanz-Flügel-Index ist eine auf die Flügellänge prozentrelativierte Schwanzlänge.

Der Handflügelindex nach K i p p stellt den Anteil der Differenz zwischen Hand- und Armflügelspitze, wiederum auf die Flügellänge bezogen, dar.

Auch die Lauflängenmaße wurden mit dem Stechzirkel vom Vogel abgenommen, desgleichen Schnabellänge, -höhe und -breite. Die Schnabellänge wurde von der Schnabelspitze bis zum Scheitelfedernansatz gemessen, die Schnabelhöhe als maximale Distanz zwischen Unter- und Oberschnabel, die Breite von Schnabelwinkel zu Schnabelwinkel.

Für die Bestimmung des Alters oder die Unterartenzugehörigkeit eines Pirols empfehlen sich die Gelb-Schwarz(Braun)-Verteilungen der Schwanzfedern (Abb. 1). Die Weite der Gelbfärbung, von der Federnspitze aus gemessen, unterscheidet sich dabei zwischen der auf der Außen- und der Innenfahne dieser Feder.

Die Tiefe der Einkerbungen der 5. bis 8. Handschwinge fand in Pirolstudien bisher noch keine Erwähnung.

Tabelle 8 enthält auch Informationen darüber, inwieweit ein Merkmal für die Identifikation des Geschlechts oder die Unterartenzugehörigkeit geeignet ist (Testergebnisse).

Eine noch bessere Trennbarkeit der betreffenden Kategorien wird durch die gleichzeitige Einbeziehung von zwei oder mehreren Merkmalen ermöglicht. Ein paar sich selbst erklärende zweidimensionale Verteilungsbilder zeigen die Abb. 3 bis 11.

Tabelle 8. Statistische Maßzahlen ausgewählter Pirolmerkmale. Material aus der Sammlung des Museums für Naturkunde Berlin, des Tierkundemuseums Dresden und des Zoologischen Institutes Leningrad

Merkmal, Unterart, Geschlecht	n	x̄	s	Min. – Max.	Signif.
Schwanzlänge (mm)					
oriolus	215	86,2	2,90	78,5 – 96,0	ns
davon ♂	140	86,2	2,79	78,5 – 96,0	ns
davon ♀	55	86,3	3,23	80,0 – 94,0	
kundoo	10	86,8	2,74	82,0 – 90,5	
Flügellänge (mm)					
oriolus	218	154,3	3,91	144,0 – 165,0	s
davon ♂	145	155,5	3,45	145,5 – 165,0	s
davon ♀	54	151,6	3,65	144,0 – 160,0	
kundoo	10	138,7	4,14	132,5 – 147,5	
Schwanz-Flügel-Index (%)					
oriolus	212	55,9	1,64	51,6 – 59,5	s
davon ♂	139	55,4	1,38	51,6 – 59,3	s
davon ♀	54	56,9	1,83	52,8 – 59,5	
kundoo	10	62,6	1,41	59,4 – 63,7	
Handflügel – Index (%)				nach K i p p (1957/58, 1959/60)	
oriolus	149	38,2	1,44	35,1 – 41,0	s
davon ♂	82	38,7	1,27	35,1 – 41,0	s
davon ♀	43	37,8	1,45	35,1 – 40,4	
kundoo	10	32,2	1,30	29,8 – 33,9	
Lauflänge (mm)					
oriolus	149	21,4	1,12	19,0 – 24,0	s
davon ♂	80	21,2	1,06	19,0 – 23,5	ns
davon ♀	49	21,3	1,25	20,0 – 23,5	
kundoo	10	22,3	1,00	20,5 – 23,5	
Schnabellänge (mm)					
oriolus	150	24,0	0,97	21,8 – 26,8	s
davon ♂	82	24,1	1,02	21,8 – 26,8	ns
davon ♀	49	23,8	0,85	22,5 – 25,2	
kundoo	10	27,4	0,70	25,8 – 28,0	
Schnabelhöhe (mm)					
oriolus	152	9,5	0,70	8,5 – 11,0	ns
davon ♂	82	9,6	0,70	8,5 – 11,0	ns
davon ♀	50	9,6	0,70	8,5 – 11,0	
kundoo	10	9,5	0,52	8,8 – 10,2	
Schnabelbreite (mm)					
oriolus	148	11,4	0,58	10,0 – 13,5	ns
davon ♂	80	11,3	0,58	10,0 – 13,5	ns
davon ♀	48	11,5	0,52	10,2 – 13,0	
kundoo	10	11,1	0,73	10,0 – 12,2	

Merkmal, Unterart, Geschlecht	n	$\bar{x}$	s	Min. – Max.	Signif.
Tiefe der Gelbfärbung der Schwanzmittelfedern (mm)					
oriolus	146	1,42	1,24	0 – 6,0	ns
davon ♂	⁻8	1,78	1,31	0 – 6,0	ns
davon ♀	50	1,08	1,12	0 – 4,0	
kundoo	10	1,25	1,44	0 – 4,0	
Kerbung H 8 (mm)					
oriolus	148	82,0	3,05	73,0 – 90,0	s
davon ♂	80	82,4	2,48	78,0 – 90,0	ns
davon ♀	47	81,7	3,52	73,5 – 89,0	
kundoo	10	74,4	2,40	71,0 – 78,5	
Kerbung H 7 (mm)					
oriolus	148	55,9	3,41	47,0 – 66,0	ns
davon ♂	80	57,1	3,26	47,0 – 66,0	s
davon ♀	47	54,2	2,96	49,0 – 62,0	
kundoo	10	55,8	3,07	51,0 – 60,5	

Es bedeuten $\bar{x}$ = Mittelwert
            n = Stichprobenumfang
            s = Stichprobenstandardabweichung
    Min., Max. = beobachtete Grenzwerte
       Signif. = Signifikanzergebnis (α = 0,05, Welch-Test)
            ns = nicht signifikant, s = signifikant oder die
                 Mittelwertdifferenz ist mit 95 % Sicherheit nicht zufällig.
In der Zeile „*oriolus*" bzw. „davon ♂" steht das Testergebnis des Mittelwertvergleichs zwischen den Unterarten bzw. zwischen den Geschlechtern von *O. o. oriolus*.
Kerbung H 7 oder H 8 ist die Tiefe der Einbuchtung der 7. oder 8. Handschwinge (vom Körper aus gezählt).

Bild- und Tabelleninformation zusammengenommen unterstützen einerseits die oben gezogenen Schlußfolgerungen, lassen aber auch weitere hypothetische Aussagen (jeweils auf die Gruppenmittel bezogen) zu:

– ♀ der Unterart *O. o. oriolus* sind relativ langschwänziger als die ♂; da sich die absolute Schwanzlänge von ♂ und ♀ nicht unterscheiden, geht dieses Phänomen allein auf die Flügellänge zurück.
– Der Handflügelindex von ♀ der Nominatrasse ist größer als der von ♂; der Index ist positiv mit der Flügellänge korreliert.
– Vögel, die unter dem Namen *O. oriolus caucasicus* beschrieben wurden, lassen sich von *O. o. oriolus* nicht sicher trennen, stehen in einigen Daten aber *O. oriolus kundoo* näher als die Mehrheit der Vertreter dieser Unterart.
– Geschlechtsdimorphismus innerhalb der Subspecies *oriolus* besteht z. B. auch hinsichtlich des Merkmals „Tiefe der Kerbung der Außenfahne der 7. Handschwinge", diese Unterschiede korrelieren jedoch auffällig mit der Flügellänge.

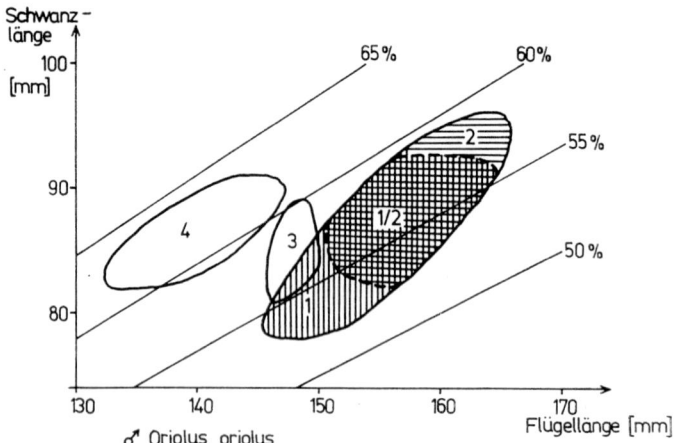

Abb. 3. Flügel-Schwanzlängen-Diagramm von Pirol-♂. 1 Europa ohne UdSSR, 2 UdSSR-Pirole, 3 *O. oriolus caucasicus*, 4 *O. o. kundoo*

– Die Gelb-Schwarz(Braun)-Verteilungen auf den Schwanzfedern sind von größter Bedeutung für die Altersbestimmung, aber auch für eine Geschlechtsbestimmung der Pirole. Die Existenz von gelben, also ad. gefärbten Männchen mit Schwanzfedern, die eigentlich für Weibchen oder Jungvögel typisch sind, weisen auf Fortschrittskleider (oder Hemmungskleider) bei ein- (oder zweijährigen) Pirolmännchen hin!
Will man den Grad der Differenzierungssicherheit zwischen ♂ und ♀ noch weiter

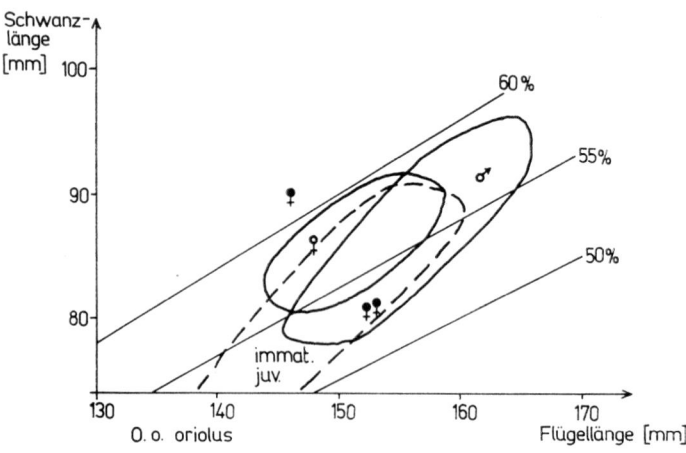

Abb. 4. Flügel-Schwanzlängen-Diagramm von *O. o. oriolus*. Extreme Maße für ♂ und ♀ sind durch ausgefüllte Symbole markiert. Die Zeichen gelten analog für Abb. 5–12

28

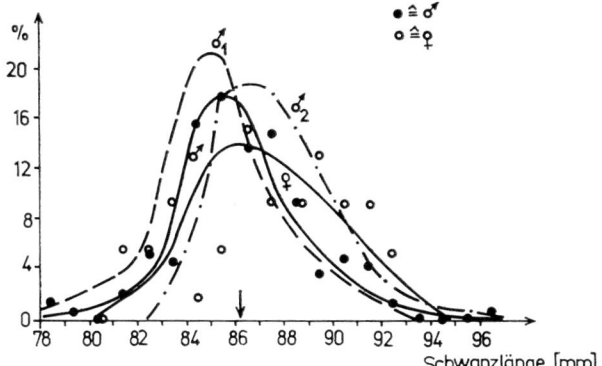

Abb. 5. Schwanzlängen-
verteilung des Pirols (*O. o.
oriolus*). ♂₁ Europa ohne
UdSSR, ♂₂ UdSSR-Pirole

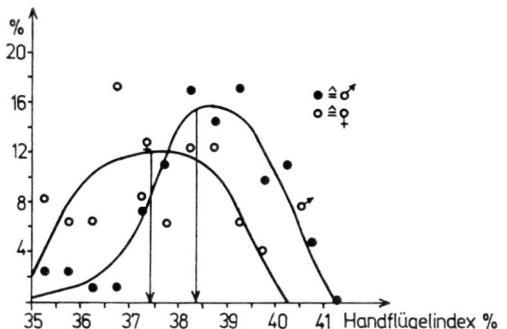

Abb. 6. Verteilung der
Handflügelindizees der
Nominatrasse des Pirols

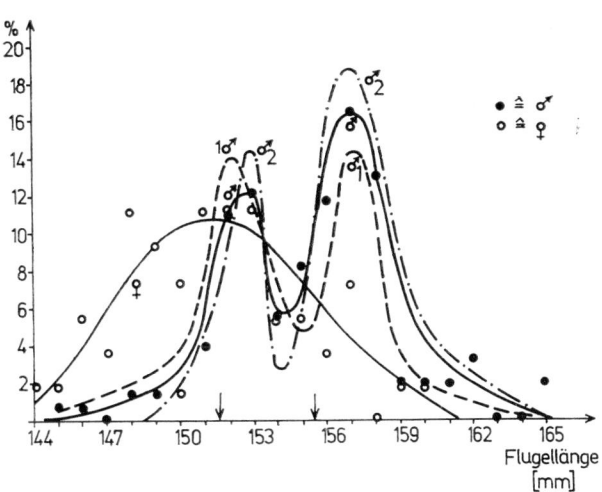

Abb. 7. Flügellängenver-
teilung des Pirols (*O. o.
oriolus*). ♂₁ Europa ohne
UdSSR, ♂₂ UdSSR-Pirole

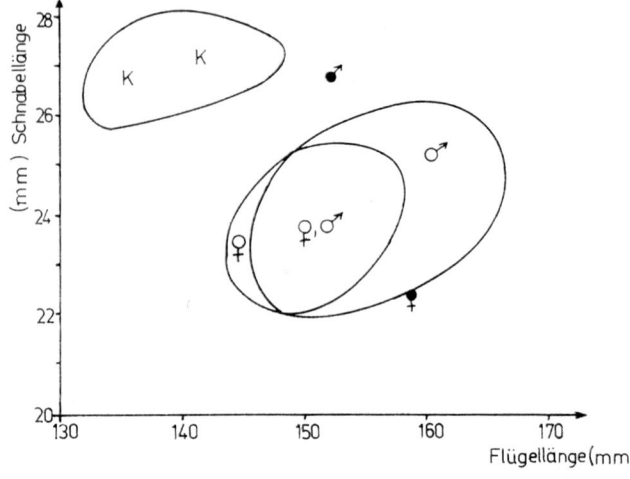

Abb. 8. Flügellängen-
Schnabellängen-
Diagramm des Pirols,
K *kundoo*, sonst *oriolus*

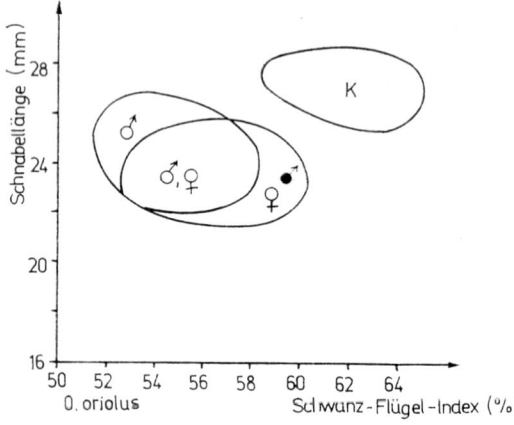

Abb. 9. Schwanz-Flügel-Index-
Schnabellängen-Diagramm des
Pirols, K *kundoo*, sonst *oriolus*

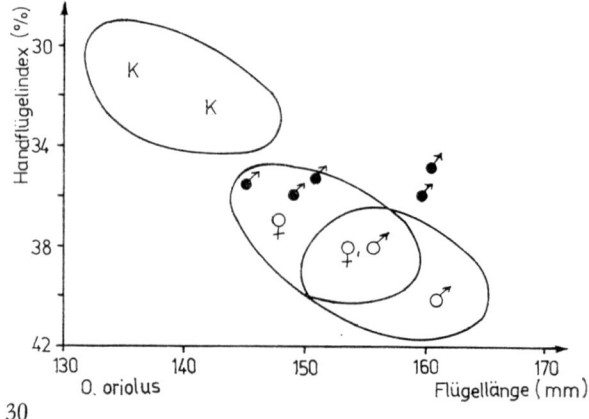

Abb. 10. Flügellängen-
Handflügelindex-Diagramm
des Pirols, K *kundoo*, sonst
oriolus

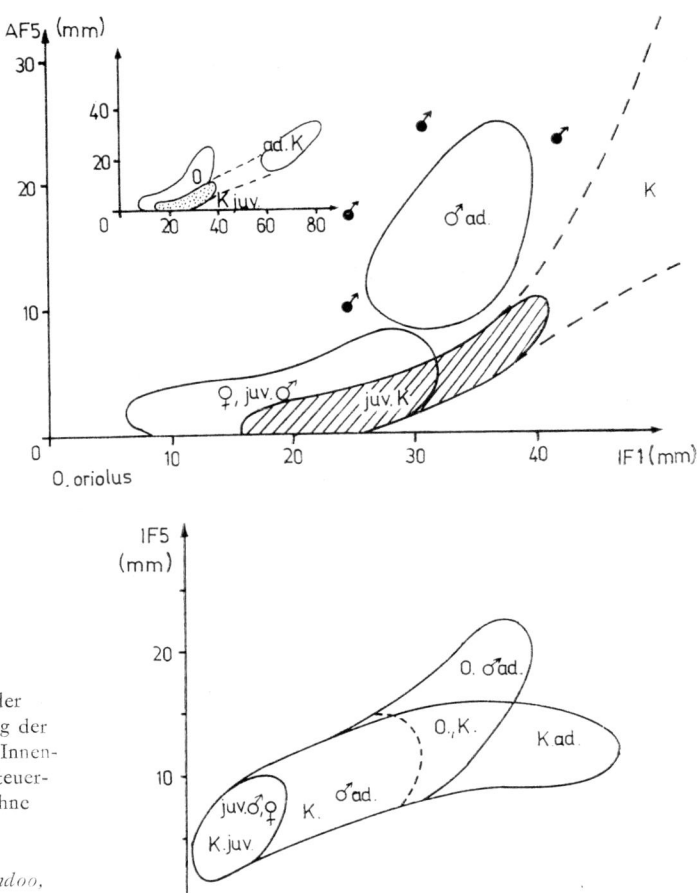

Abb. 11. Verteilung der Tiefe der Gelbfärbung der Schwanzspitzen. IF 1 Innenfahne der zentralen Steuerfeder. AF 5 Außenfahne der 5. Steuerfeder IF 5 Innenfahne der 5. Steuerfeder; K *kundoo*, sonst *oriolus*

erhöhen, empfiehlt sich, wie bereits erwähnt, eine multivariate Vorgehensweise. Diese realisiert man im einfachsten Fall mittels Indizees, die Linearkombinationen der Variablen darstellen.

2.4. G e w i c h t

Gewichtsangaben für Pirole variieren normalerweise zwischen 55 und 120 g. Die große Spannweite von etwa 65 g ist das summarische Ergebnis von individuellen, täglichen und jährlichen Veränderungen im Organismus des Vogels, die Ausscheidungen von Stoffwechselendprodukten eingeschlossen. Dazu kommt dann noch der Alters- und Geschlechtsdimorphismus und ein mittelbarer geografischer Effekt. Einen ersten Eindruck über die Variation vermittelt Tab. 9.

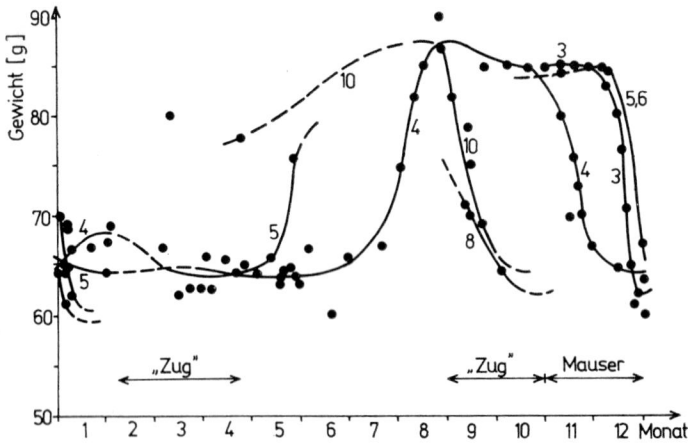

Abb. 12. Gewichtsentwicklung eines in Gefangenschaft gehaltenen Pirols nach Angaben von R. F a h n e r t ; Zahlenangaben entsprechen dem Alter des Vogels in Jahren

Interessanter wird eine Analyse der Einflußfaktoren wie Alter, Geschlecht, Unterartenzugehörigkeit oder Jahreszeit hinsichtlich ihrer Wirkung auf die Lebendmasse des Vogels.

Die Gewichtsentwicklung von Nestlingen wird im Abschnitt 6.9 beschrieben und diskutiert.

♀ sind im Durchschnitt 1–2 g leichter als ♂, wobei die Irrtumswahrscheinlichkeit für diese Aussage noch relativ hoch ist.

Tabelle 9. Gewicht des Pirols (in g)

Autor	Spannweite (Mittelwert)		Bemerkungen
G r o e b b e l s (1932)	45,5 – 72		
N i e t h a m m e r (1937)	68 – 78	(72)	n = 6, ♂ = ♀, *oriolus* -ssp.
D e m e n t ' j e v u. G l a d k o v (1954)	70 – 85		ad. Exempl.
B e r n d t u. M e i s e (1959/66)	68 – 78		
F e d j u š i n u. D o l b i k (1967)	66 – 84		♂, n = 20
	66 – 77		♀, n = 24
A l i u. R i p l e y (1972)	62 – 71	(66,2)	*kundoo* – ssp.
M o r e a u (1972)	59,7 – 96	(um 79)	Senegal
K o v š a r et al. (1974)	58 – 97,5	(74,1)	♂, n = 21
	56 – 86,5	(71,7)	♀, n = 14
V i n o g r a d o v a et al. (1976)	66,7 – 76,6		♂, n = 5
	64,1 – 71,0		♀, n = 8
B a c c e t t i et al. (1981)	42 – 63	(52,6)	♂ ♀, n = 8 (April, Mai)
	60 – 85,5	(73,6)	♂ ♀, n = 8 (August, Sept.)

Abb. 13. Typische Lebensräume des Pirols in Mecklenburg: a Pappel-Weißerlen-Feldgehölz und b Flußtal oder Seeufergehölz, Aufn. J. W u l f

Abb. 14. Typische Lebens-
räume des Pirols in Meck-
lenburg: a Siedlungsrand-
lagen werden bei der
Revierwahl bevorzugt,
Aufn. K.-D. F e i g e , b
Eichenholz, Aufn. J. W u l f

Abb. 15. Typische Lebens-
räume des Pirols in Meck-
lenburg: a Moorwaldränder,
Aufn. K.-D. F e i g e , b
Kiefern-Althölzer, Aufn.
J. W u l f

Abb. 16. Querschnitt durch die Eischale des Pirols. Aufn. F. E h r i g

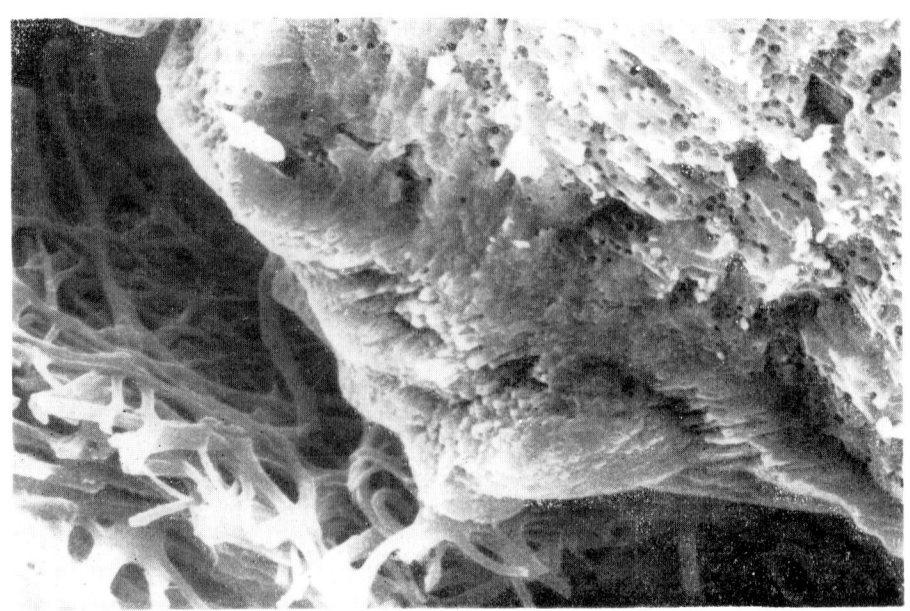

Abb. 17. Mammillen des Piroleies. Aufn. F. E h r i g

Abb. 18. Kanaleingang an der Eioberfläche. Aufn. F. E h r i g

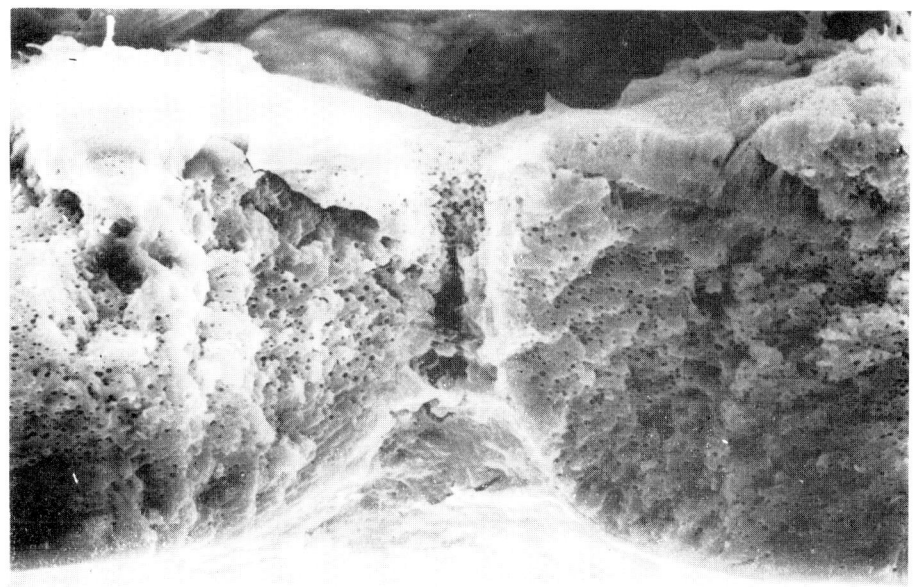

Abb. 19. Querschnitt durch die Eischale des Pirols mit extremer Pore. Aufn. F. E h r i g

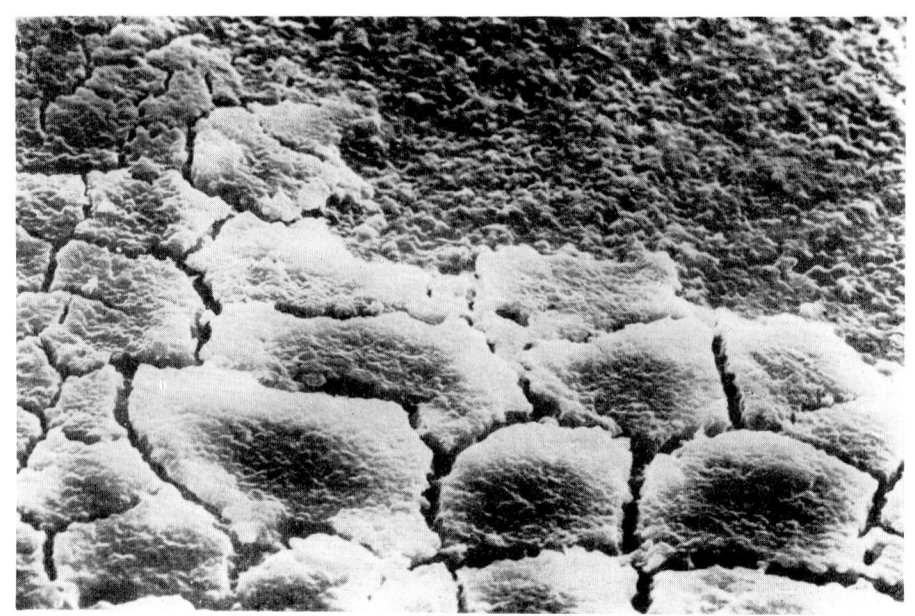

Abb. 20. Oberflächenstruktur des Piroleies am Rand eines Pigmentfleckes. Aufn. F. E h r i g

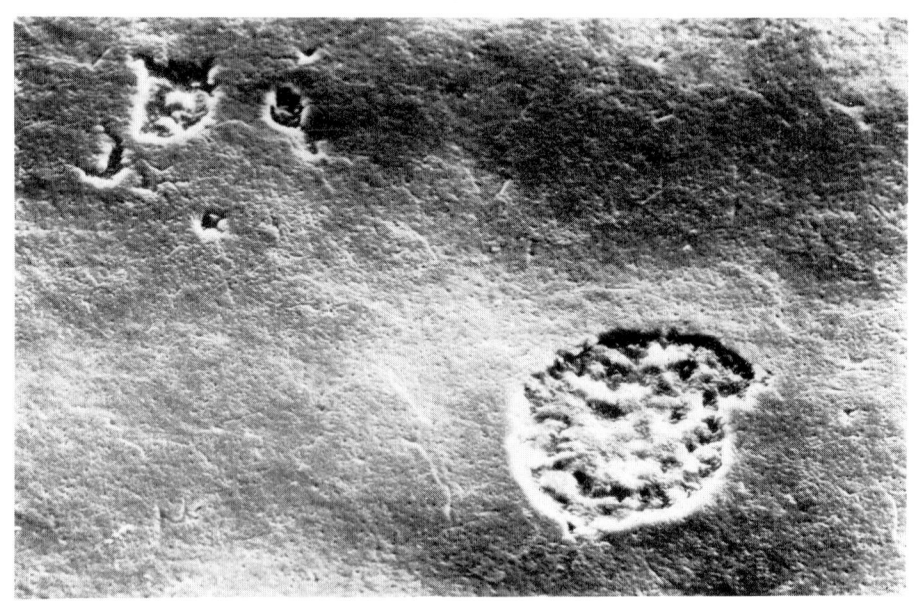

Abb. 21. Glatte Eioberfläche mit Einsenkung. Aufn. F. E h r i g

38

Abb. 22. 3er Gelege im Nest. Aufn. M. Melde

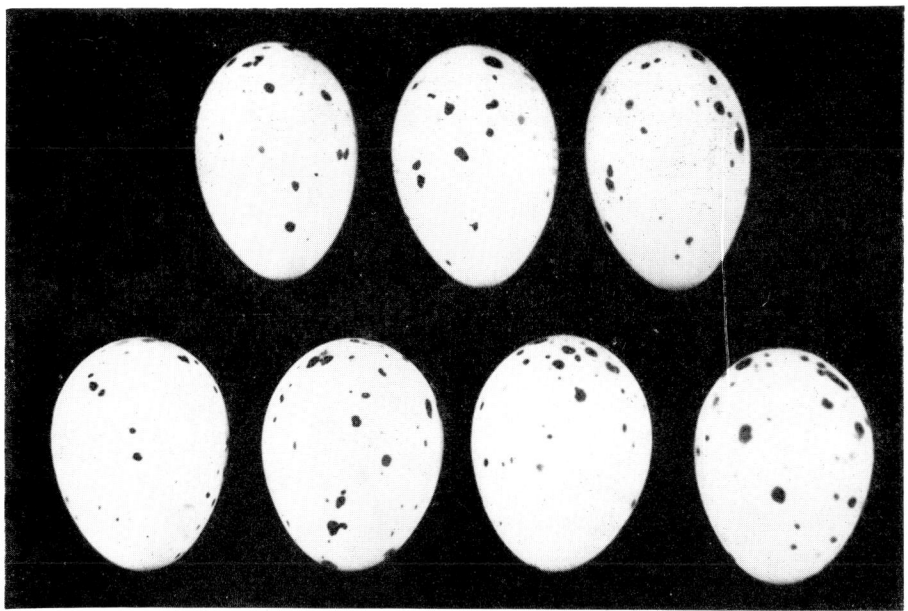

Abb. 23. Piroleier variieren in der Fleckung, die Zeichnung ist besonders am stumpfen Pol gehäuft. Aufn. K.-D. Feige

Abb. 24. a Die meisten Pirolnester werden in einer Astgabel angelegt. Aufn. M. M e l d e. b Ein Pirolnest aus dem März des folgenden Jahres belegt dessen große Stabilität. Aufn. J. W u l f

Abb. 25. 4er Gelege im Pflaumenbaum. Aufn. C. und K. U h l e n h a u t

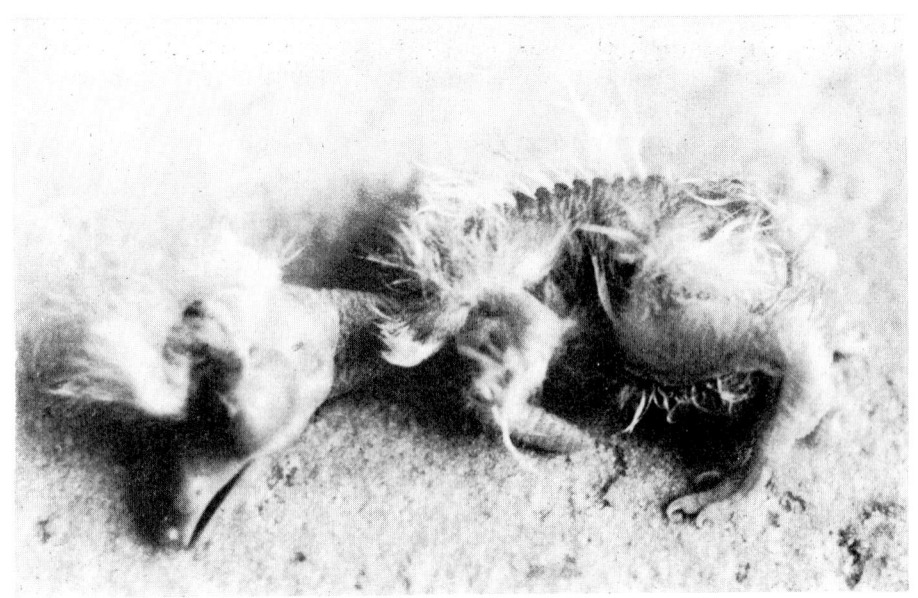

Abb. 26. Junger Pirol am 8. Juni, 2 Stunden alt. Aufn. C. und K. U h l e n h a u t

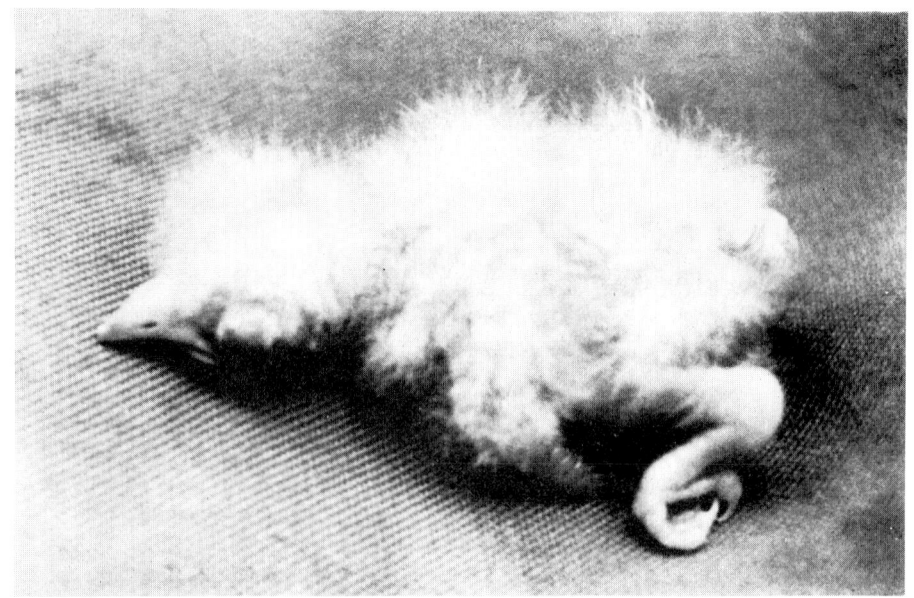

Abb. 27. Jungvogel am 11. Juni, 3tägig. Aufn. C. und K. U h l e n h a u t

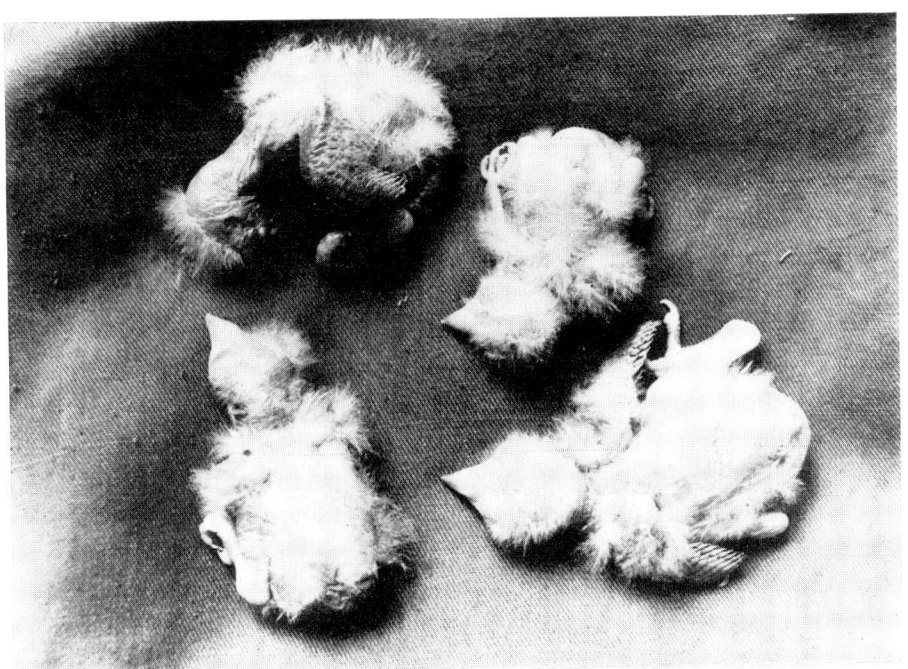

Abb. 28. Jungvögel des Pirols einer Brut sind durch den Brutbeginn nach Ablage des ersten Eies oft von recht unterschiedlicher Größe (2- bis 3tägig). Aufn. C. und K. U h l e n h a u t

Abb. 29. Jungvogel am 19. Juni, 11tägig. Aufn. C. und K. U h l e n h a u t

Abb. 30. Jungvogel am 23. Juni, 15tägig. Aufn. C. und K. U h l e n h a u t

Abb. 31. Jungvogel am 23. Juni, 15tägig. Aufn. C. und K. U h l e n h a u t

Abb. 32 a und b. Jungvögel verlassen 14- bis 15tägig das Nest. Aufn. C. und K. U h l e n h a u t

Abb. 33. ♂ am Nest, die Nestaußenwand ist mit Birkenrinde drapiert. Aufn. M. M e l d e

Abb. 34. ♂ beim brütenden ♀, beide Vögel sträuben in Erregung Kehl-, Kopf- und Nackenge-
fieder. Aufn. I. M e l d e

Abb. 35. a ♀ brütend auf dem Nest in einer Birke, b und dabei gähnend. Aufn. C. und K. Uhlenhaut

Pirole der Subspecies *kundoo* sind im Mittel wiederum etwa 4–6 g leichter als Pirole der Nominatform (A l i u. R i p l e y 1972).

Über die Entwicklung des Gewichts fortpflanzungsfähiger Pirole von Jahr zu Jahr fehlen Freilanddaten.

Trägt man alle verfügbaren und datierbaren Gewichtswerte in ein entsprechendes Diagramm ein, zeigt sich trotz der hohen Streuung der Einzelwerte in Mitteleuropa von Anfang Mai bis Ende August ein deutlich positiver Trend. Nach dem „zügigen" Heimzug kommen die Pirole offenbar auf im Mittel 60–65 g „abgemagert" im Brutgebiet an. Zu Beginn des Herbstzuges schwankt die Masse dann um 75 g. Ähnliche Ergebnisse erhielten B a c c e t t i et al. (1981). W e i g o l d (1912) stellte andererseits am 23. und 24. 4. in NW-Mesopotamien (Irak) sehr fette Exemplare fest. S c h ü z (1959) wog am 4. 5. im Südkaspischen Tiefland einen 85 g schweren Vogel.

Bei den Gewichtsangaben unter 50 g handelt es sich ab und zu auch um die Daten verhungerter oder zumindest in der Nahrungssuche behinderter Pirole (verletzt).

Ihr größtes Gewicht haben die Pirole sicher zu Beginn des Herbstzuges. Viele starten auf dem Weg nach Afrika mit bedeutenden Fettreserven (S c h m i t z 1911, K u m e r l o e v e 1951/57). Von diesem Polster haben sie jedoch nach Überqueren der Sahara schon wieder einiges in Bewegungsenergie umgesetzt (K o l l m a n n - s p e r g e r 1959).

Bei den höchsten Gewichtsangaben, die mir zur Verfügung standen, handelt es sich um diesjährige Männchen mit 102 g (24 g Fettdepot, 1. 9. 80) und 120 g (6. 9. 64) – K r ä g e n o w briefl. 1981, U h l e n h a u t briefl. 1983.

Es sei aber auch auf eine mir bemerkenswert erscheinende Datenserie verwiesen. R. F a h n e r t (briefl. 1983) zog ein Pirol-♂ auf und konnte dieses bis zu einem Alter von 9 Jahren und 2 Monaten in Gefangenschaft halten. Wenngleich auch Gefangenschaftsdaten nur eine beschränkte Aussagekraft haben, sollen die Gewichtsveränderungen im Leben dieses Pirols (siehe Abb. 12) erwähnt werden:

– Mit Beginn der Mauser stellte der Pirol die Nahrungsaufnahme zeitweilig fast ein und verlor bis zu 15 g Gewicht.

– Auch während beider Zugzeiten verlor der Vogel regelmäßig an Gewicht (Unruhe, weniger Nahrungsaufnahme).

– Über die eigentliche Brutzeit fand eine steile Gewichtszunahme statt; nach der Herbstzugzeit holte der Pirol den Gewichtsverlust schnell wieder auf.

– Die größten Gewichtsdifferenzen zwischen Wägungen im Abstand von 2–3 Tagen betrugen bis zu ± 7 g.

3. Namen

Untersuchungen überlieferter oder aktueller Namen von Vogelarten sind eine wichtige Voraussetzung, Informationen über die historischen Beziehungen der Menschen zu diesen Vögeln zu erhalten. Allein die Menge der Trivialnamen ist ein Maß für die zumindest ehemalige Volkstümlichkeit einer Art. Die Namen geben uns Auskunft über die Beobachtungsfähigkeit unserer Vorfahren, sagen uns etwas über eine vielleicht längst vergangene Einbeziehung der Vögel in das menschliche Leben.

Die Zahl der für den Pirol bekannten, verschiedenen Bezeichnungen und Schreibweisen ist zweifelsohne besonders groß. In vielen Sprachen der Länder des Verbreitungsgebietes existieren für ihn mehrere Namen, von denen jedoch gegenwärtig nicht mehr alle im Gebrauch sind; z. B. allein in Italien nach G i g l i o l i (1886) und A r r i g o n i d e g l i O d d i (1929) 113, in Rumänien 6 (D o m b r o w s k i 1912) und in Portugal 10 Umgangsbezeichnungen für den Pirol (T a i t 1924).

Über den Ursprung der deutschsprachigen Vogelnamen veröffentlichte H. S u o l a t h i (1909) seine hervorragende Arbeit.

Er führte eine ganze Bezeichnungsgruppe für *Oriolus oriolus* auf einen Wortstamm westgermanischer Prägung zurück. Aus den Grundformen „wuduwal-ôn" oder „widuwal-ôn" (erstes Wortglied = Holz, Wald) leiteten sich im deutschsprachigen Raum:

witewal, wedewal, witwal, witewale (13. Jah., mittelhochdeutsch);
Veide vuali, widdewal (1479, Mittelrhein), weduwal (Niederrhein);
wilwalch, wittenwalch (15. Jh.);
witwol, weidwail (16. Jh.), später – wittewalch, wiedewalch;
bis heute weiter – Weduwaal, Widewâl, Widewaol, Wiedewol, Wittewald, Wilewal, Wielewal, Wiegelwagel oder Wigelwagel (Münster), Weidwall, Wittwall, Wittewald, Wittewale, Wittwell, Widewall, Wiedewale, Wiederwalch, Wittwell, Wittwill, Wittewohl, Wiedevaal, Wiedewal, Widewalch, Witwaldlein, Viduell oder Viduel ab.

Der Name „Pirol" geht offenbar auf ein Wortspiel Konrad von M e g e n b e r g ' s zurück. Dieser nannte ihn um 1350 lautmalend, liebevoll „prouder Piro" (u. a. M i t z k a , Hrsg. 1954) und löste damit eine Lawine vielfältiger rufnachahmender Bezeichnungen aus:
um 1480 – bruder hiltroff, bruder birolff;
um 1550 – Bieroff, Bruder berolft, Birolff, Byrolt, Tyrolt, Gerolff, Zierolf;
um 1580 – Byrolt, Bruder bierolff;
um 1600 – Bierholt, Bierrolff, Beerhold;
und später – Bieroller, Biereule, Bierhol, Bierhahn, Bierhold
    Bierholf, Bier-Hohler, Bierhahn, Bierole, Bieresel,
    Bierhole, Biervogel, Byrolf, Byrole,
    Pirreule (Pirr-Eule), Pieresel, Pirholer, Pyrol,
    Pirold, Pirol, Piro, Piroler, Tyrold, Tyrolk, Gerolft.

Gleichfalls rufnachbildend sind die vor allem im norddeutschen Sprachraum ehemals gebräuchlichen Namen: Bülau, Bülow, Vogel Bülo, Vagel Bülo, Vagel Bülow, Vagel Büloh, Vagel Püloh, Vagel Bülau, Vagel Büelo, Junker Bülow, Herr von Bülau, H. von Bülow, Schulz von Thierau, Sch. von Tharau, Sch. von Therau, Sch. von Prierow, Sch. von Bülow, Sch. von Brülau, Schulze von Bielau, Sch. von Brielow, Fürst von Bülow, Schulze Bülow, Schult von Bülau, Sch. von Bülow, Sch. von Tülau, Schulzen von Milo, Schulz von Milo, Herr von Bibow, Koch von Külau, K. von Kilau, K. von Kulo; aber auch Johann Bülow, Krischan Knipog, Büloon-Vogel (Büloon-Vagel), Peter Bilau, Krischan Kilian, Kind vom Hüwelhuof, Heer vom Ekhof, Riekelüe, Kückebülow, Fleutenbülow.

Wahrscheinlich müssen wir in diese Gruppe der auf den Sangruf der Art zurückgehenden Bezeichnungen auch: Gugelfyhaus, Gugelfyaus, Gugelvieraus, Guglvierhaus, Gugelfliehauf, Gugelfrühauf, Gugelüberdichhab, Gugelfahraus, Kugelfihaus,

Gugler, Vogel für Haus, Vogel vom Haus, vichauz (15. Jhd.), Weyrauch-Vogel, Weihrauchsvogel, Weihrauch, Bruder Wyhrauch, Wegrauch, Lucia (Spreewald), Goliath (ostfriesisch), Österreicher und Leierhaler aufnehmen.

Wenige Namen entstanden aus dem „katzenähnlichen" Warnruf der Pirole: Regenkatte, Regenkatze, Werchvogel und Wergvogel.

In den beiden erstgenannten Bezeichnungen steckt zudem die dem Pirol zugesprochene Regenfühligkeit, die wir auch in: Regenvogel wiederfinden.

Auf die Nahrung der Pirole verweisen: Kirsch-Pirol, Kirschvogel, Kirschdieb, (gelbe) Kirschdrossel, Kirschholf, Kirschholdt, Kirschhold, Kersevogel, Kersenrife, Karschavugl, Karsvagel, Karsvogel, Kirsfuegel, Beerhold, Beerold, Feigenfresser, Weindrossel, Maulbeerdrossel

und für *O. oriolus kundoo*: Mangopirol.

Die auffällige Färbung der Männchen, aber auch das Gefieder der Weibchen und Jungvögel sowie mehr oder weniger treffende Größenvergleiche mit anderen Vogelarten veranlaßten unsere Vorfahren zu Namen wie: Goldamsel, Gouldamsel, Goldomschel, Goldamschel, Guldomaschel, Golddrossel, Goulddrusel, Goldmerle, Goldmeerle, Gutmerle, Goldschmätzer, Goldschmeazr, Goldvogel, Gelbamsel, Gelamsel, Gelbvogel, Gelbling, Galbulavogel, gelbe Rake, Chlorion, Olivenmerle, Sommerdrossel und Goldfink.

Auf den späten Rückkehrzeitpunkt im Frühjahr beziehen sich: Pfingstvogel, Pfingestvoggel, Pfingstvagel und Pinkestvôgel.

So eindeutig wie oben ist die Herkunft der Pirolnamen jedoch nicht immer zu identifizieren. Wie wir bereits gesehen haben, sind es häufiger auch mehrere Wurzeln, die in eine Bezeichnung eingeflossen sind. Manchmal beschränkte sich der Gebrauch auf einzelne Ortschaften, manchmal erreichte er in entsprechenden kleineren Variationen mitteleuropäisches Format.

Für die folgenden deutschsprachigen Trivialnamen existieren zwar Vermutungen zur Herkunft, die Bezeichnungen sind aber noch nicht völlig geklärt:

Ciche Micha, Choleravogel (deutschtirol für seltenen Gast),
Füerhaken, Krischan Füerhak,
Gottesvogel, Goissvogel,
Guglawa, Gucker, Gugel,
Hampsoatsvagel, Hindvogel,
Kaiservogel,
Korl („vergiett den Buddel nich'!),
Pfeifholder, Wawala, Wiggügel und Wit-guckel (Waldpfeifer).

Die große Volkstümlichkeit spiegelt sich auch in der Überlieferung einer riesigen Menge rufgebildeter Verse und Sprüche wider.

Es sei nur eine kleine Auswahl vorgestellt:

Pfingsten Bier hol'n, aussaufen mehr hol'n.
Hast du gesopen, so betahl ock.
Ick bün de Vagel Bülow, kam alle Johr in'n Frühjohr,
oewer nich tau tidig.
Vagel Bülow, kumm mit nach Mirow, Buddel Win köpen.

Der häufige Gebrauch des Wortes „Bier" wird sicher durch Mai- und Pfingstfeste in der Rufaktivitätsphase der Art begünstigt. Selbstverständlich gibt es derartige

4*

Sprüche und rufgebildete Namen auch in anderen Sprachen. Tatsächlich ist auch hier noch eimnal die ganze Palette der Bildungsvarianten erkennbar.

Die folgende Übersicht beschränkt sich auf eine Auswahl in erster Linie noch heute verwendeter fremdsprachiger Pirolnamen:

afrikaans	Europese Wiedewaal
arabisch	sufer (der Gelbe)
bulgarisch	ciconco, awliga
chinesisch	[Yim huangli]
dänisch	Pirol, Guldpirol
englisch	golden oriole, golden trush, woodwale
finnisch	Kuhankeittäjä (Zanderkocher – aus rufbildendem Wortspiel abgeleitet), Gylling
französisch	Loriot (d'Europe), Louriou, Oriol
griechisch	Sykophagos (Feigenfresser), Kitronopouli
holländisch	Wiele-waal, Gele gouw, Goudmerel
isländisch	Gullpröstur (Golddrossel)
italienisch	Rigogolo, Rependol, Lourion
jugoslawisch	Vuga zlatna
lettisch	valodze
luxemburgisch	Goldmierel, Goldmerel, Goldmärel
maltesisch	Taira safra, Taira hadra
norwegisch	Guldtrost, Pirol
polnisch	wilga, wywilga
portugiesisch	Papafigo
rumänisch	Grangurul
russisch	[ivolga], [lesnaja koschka] (Waldkätzchen)
schwedisch	Guldtrast, Sommargylling, Gylling
sorbisch	Cichimicha
spanisch	Oropendola, Oureól, Oriol, Papagayo
tschechisch	zluva obecna
türkisch	Sarr asma
ungarisch	Aranymalinko, Sargarigó, Aranybegy
(wendisch	Lucia, Lucija, Cichimichal).

Die wissenschaftliche Bezeichnung des Pirols – das Wort „oriolus" – ist nach K o e n i g (1920) vermutlich „barbarischen" Ursprungs und rufgebildet. Eine Beziehung zum lateinischen Wort „aureus (aureolus)" = schön, golden, goldartig ist unwahrscheinlich, obwohl H a r r i s o n (1978) das englische „Oriole" hiervon ableitet.

Dagegen ist der alte Artname *galbulus* (galbus = blaßgelb, grüngelb) offensichtlich lateinischer Herkunft.

Die Fülle der auf Trivialnamen eingehenden (und hier ausgewerteten) Literatur ist beträchtlich, so daß für weitergehende Studien nur auf eine kleine Auswahl von Publikationen verwiesen werden kann: A n z i n g e r (1911), B o r c h e r t (1927), B o r k h a u s e n et al. (Hrsg. 1800), B r a u n (1903), B r i n k m a n n (1933), F l o e r i c k e (1891), G e r l a c h (1920), H e y d e r (1916), H o f f m a n n (1937), K n a u t h e (1893), K o l l i b a y (1891), L a c k o w i t z (1890) N a u m a n n

(1905), R e y (1912), R i b b e c k (1904), S i e m s s e n (1794), W e i g a n d (1914), und W o s s i d l o u. T e u c h e r t (1957);
sowie für fremdsprachige Namen zudem: B a n n e r m a n n u. B a n n e r m a n n (1965), B e c k e r (1974), G i g l i o l i (1886), H a n t z s c h (1905), H o f f m a n n (1975), J o u r d a i n (1936), J ø r g e n s e n u. B l a c k b u r n e (1941), K a y s e r (1921), L e v a n d e r (1909), M o r b a c h (1939), P o p o v (1978), S c h e n k (1898), T e i x e i r a (1979), V i k s n e (Hrsg. 1983) und Z e d l i t z (1909).

4. Lebensraum und Ökologie

4.1. H a b i t a t

Das Habitat des Pirols unterliegt nicht nur migrationsbedingt einer erheblichen Variation.

Unmittelbar nach der Ankunft im Brutgebiet werden die gleichen Lebensräume angenommen, die später auch Brutbiotop sind.

Der Pirol muß als eurytope Art eingestuft werden. Brutpaare findet man sowohl in reinen Laubwäldern (Buche, Eiche, Birke u. a.), in allen möglichen Kombinationen von Mischwäldern bis hin zu reinen Kiefern- und Fichtenwäldern. Daneben werden regelmäßig Parks, große Gärten, Friedhöfe, Feldgehölze und Obstplantagen – oft auch in der Nähe von Siedlungen – genannt.

Sind entsprechende Baumbestände anzutreffen, werden selbst Torfstiche (S t e i n 1973), Straßenbepflanzungen, Alleen und Gebüsch-Unland (M e l d e 1981) angenommen. J o h a n s e n (1944) fand ihn in baumloser Steppe sogar in Strauchwerk brütend vor. Nach A l i u. R i p l e y (1972) werden von *kundoo* annähernd die gleichen Biotope wie von *oriolus* besetzt.

Sind die Vögel jedoch noch nicht verpaart oder auch die Reviere noch nicht besetzt, findet eine aktive Hin- und Herbewegung zwischen potentiellen Bruthabitaten statt. In der recht kurzen Phase der Paarbildung halten sich die Pirole (besonders im Fall von Rivalenkämpfen) mehr als sonst in den Lufträumen über und um die Brutbiotope auf.

Es zeigt sich jedoch, daß die Baumarten eines Waldes nur unzureichend das Präferenzverhalten des Pirols erklären (siehe Abschn. 4.3.). Wenngleich es auch Hinweise gibt, daß in Wäldern mit gut ausgeprägter Krautschicht höhere Piroldichten beobachtet werden, ist diese Erscheinung wahrscheinlich nur eine Folge des geringen Kronenschlusses. Da sich die Pirole in erster Linie im Laub der Gehölze aufhalten, bestimmt allem Anschein nach die Struktur des Waldes deren Annahme als Brutareal. Mehrfach wurde festgestellt, daß die Art geschlossene Waldungen meidet (u. a. U h l 1933, J o h a n s e n 1944, D e m e n t ' j e v u. G l a d k o v 1954). Favorisiert sind dagegen aufgelockerte oder durch Lichtungen, Schneisen, auch Straßen, Seen und Sümpfe unterbrochene Wälder. Waldränder entsprechen oft, selbst bei monotypischer Bepflanzung, von sich aus dieser Anforderung.

In Pappelpflanzungen kommt der Pirol im Vergleich zu anderen, in ähnlichen Lebensräumen anzutreffenden Arten häufiger vor. Auch hier spielen möglicherweise die geringe Holz- und Laubdichte sowie (in Mecklenburg) die große Standweite der Bäume eine stimulierende Rolle.

Gewässer und ihre feuchten Randzonen bewirken nicht nur eine Auflockerung der Gehölze. Sie fördern z. B. durch die Veränderung des Kleinklimas und üppigeren Pflanzenwuchs das lokale Nahrungsangebot. Die Bindung der Art an Feuchtzonen ist örtlich jedoch unterschiedlich, im Mittel ist in der Nähe von Gewässern die Siedlungsdichte der Art aber höher (H o m e y e r 1837, Z e d l i t z 1921, S c h i e r - m a n n 1930, B r i n k m a n n 1933, V o i p i o 1956 u. v. a.).

Die engere Beziehung zum Wasser in extremeren Lebensräumen findet sich durch das Vordringen des Pirols in Gebirgstäler über die normale Höhengrenze hinaus, aber auch durch das Auftreten von Pirolbrutpaaren in pflanzenwuchsarmen Trocken-zonen mit baumbestandenen Flußufern bestätigt (F e h r i n g e r 1922, H e y d e r 1952, D e m e n t ' j e v u. G l a d k o v 1954, I v a n o v 1969).

Daß auch Siedlungen oder zumindest deren Randlagen vom Pirol als Brutgebiet genutzt werden, ist nicht neu. Das Vorkommen in Parkanlagen oder Gärten nimmt aber offenbar zu (P a n z e r u. R a u h e 1978). Auch H u d e c (1976) signalisiert ein noch vorsichtiges Eindringen sogar in Großstädte. Erste Anzeichen dafür registrierten bereits B ü n g e r (1888), W e m e r u. K o e n e n (1907/08), G a l l e (1908) und B a n n i c k e (1908). Trotzdem ist in nächster Zukunft sicher mit keiner wesent-lichen Beschleunigung der Verstädterung zu rechnen, da entsprechende Pirol-Biotope nach Neuanlage mindestens 10 Jahre wachsen und bestehende Wäldchen oft noch den expandierenden Neubaugebieten weichen müssen.

Zum unmittelbaren Revierbiotop zählen in vielen Fällen zudem Wasser-, Wiesen- und (Getreide-) Ackerflächen, seltener betonierte Anteile und Gebäude.

Verblüffend erscheint zunächst die örtliche Uniformierung des Lebensraumes der Art (z. B. R e i n s c h u. W a r n c k e 1971), obwohl Biotope verschiedenen Cha-rakters bereitstehen. Die Ursache dafür findet man möglicherweise in einer Prägung der Pirole auf ihre Nestlings-Baumart und in zeitweiligen zufälligen Chancenvor-teilen der Nestlinge aus einem Waldtyp.

Über die Stabilität einer uniformen Habitatswahl liegen kaum Informationen vor. Derartige Traditionen scheinen aber über 25 Jahre bestehen bleiben zu können (R e i n s c h lt. W u l f briefl. 1984).

Die Aufzucht der Jungvögel erfolgt beim Pirol zunächst im Nistgebiet. Haben die juv. Pirole eine größere Flugsicherheit erreicht, streichen die Familien auch im er-weiterten Aktionsraum umher und erscheinen so in Habitaten, die von brütenden Pirolen sonst nicht besetzt werden.

Die eigene und die zu verfütternde Nahrung wird im Revier gesucht und gefangen. Erst wenn die Witterungsumstände das Angebot an Kerfen weit einschränken, dringt die Art in besagtes erweitertes Wohngebiet (home range) vor.

Der Aktionsraum enthält das eigentliche Brutrevier (siehe Abschn. 6.3.) und ähnelt diesem daher in seiner Charakteristik. Meist enthält es aber zusätzlich sonst für die Art als Brutraum untypische Zonen wie Gehöfte, Unland, Kiesgruben usw. In diesem Lebensraum wird angebotsabhängig auch Nestmaterial gesucht.

Auf dem Zug rastet der Pirol in erster Linie in Lebensräumen, die ihm ein mög-lichst reichhaltiges Nahrungsangebot und minimale Deckungsmöglichkeiten garan-tieren. Weinberge und Olivenhaine scheinen dafür besonders prädestiniert zu sein (v. H e u g l i n 1868, W i l d e 1980).

Beim Überqueren von Steppen und Wüsten bevorzugen die Vögel (Baum-) Oasen, sind jedoch auch gezwungen, den Tag in Wadis oder pflanzenloser Einöde zu verbringen (v. H e u g l i n 1865, 1868, W e i g o l d 1912, Z e d l i t z 1912, G e y r 1917/18, H a v i l a n d 1918, C a m e r o n u. C o r n w a l l i s 1966, G a v r i l o v 1979). Extreme Rastbiotope werden gelegentlich auch auf Inseln, in Städten und natürlich auch im Hochgebirge angenommen.

In den afrikanischen und indischen Überwinterungsgebieten versucht der Pirol offenbar, ähnliche Biotope zu besetzen wie im Brutgebiet (B e c k e r 1974). Er ist dann in den klimatisch gemäßigteren äquatorial-afrikanischen Hochwäldern zu finden, er soll aber auch im Trockenbuschland (Dorngestrüpp) Kenias überwintern (M e i n e r t z h a g e n 1937, B a n n e r m a n n 1953).

4.2. H ö h e n v e r b r e i t u n g u n d - v o r k o m m e n

Die Unterschiede zwischen den maximalen Höhenlagen, die vom Pirol für den Brutplatz ausgewählt werden, sind im Verbreitungsgebiet der Art bedeutend. In Mitteleuropa kann man etwa 500 m NN als obere Verbreitungsgrenze annehmen – im Himalaja erreicht die Art noch 3500 m NN (was so oft der Baumgrenze entspricht). Weitere extreme Bruthöhen sind in Tabelle 10 zusammengestellt. Die Tabelle zeigt aber zunächst noch nicht den klimatischen Bezug der Daten. Bei einem Vergleich der Höhenangaben aus den europäischen und asiatischen Gebieten mit den mittleren Juni- und Julitemperaturen der betreffenden Zonen, wird der direkte Zusammenhang klar. Andererseits war zu erwarten, daß die Art in wärmeren Gebieten noch in größeren Höhenlagen geeignete Habitate vorfindet und besetzt.

B e r g e (1907) diskutierte die Vertikalverbreitung unter der Maßgabe, daß mit jeweils 100 m Höhenzuwachs die Temperatur im Mittel um 0,57 °C fällt.

Anhand des mir vorliegenden Materials nehme ich an, daß für den Pirol die 1000 m NN-Isohypse des maximalen Brutvorkommens etwa mit der + 20 °C-Iso-

Tabelle 10. Höhengrenzen des Pirol – Brutareals

O. oriolus oriolus Land/Gebiet	max. Bruthöhen [m NN]	Autoren
BRD		
Mittelgebirge	400	R h e i n w a l d (1982)
Paar-Tal	500	R e i n s c h u. W a r n c k e (1971)
Schwäbisch Alb	700	N a u m a n n (1905), F i s c h e r (1963)
DDR		
Harz	200– 260	B o r c h e r t (1927), G n i e l k a (1974)
Oberlausitz	420	C r e u t z (1983)
Erzgebirge	400 (800)	B e r g e (1907), H e y d e r (1952), H u m m i t z s c h (briefl. 1984)
Thüringer Wald	350– 400	F l ö ß n e r (1982), B a u m (briefl. 1983)
Schweiz	500– 600 (1160)	G l u t z (1962), H a u r i (1968), S c h i f f e r l i et al. (1980)

O. oriolus oriolus Land/Gebiet	max. Bruthöhen [m NN]	Autoren
Österreich		
Salzburger und Alpenvorland	650– 800 (900?)	C o r t i (1959), M a y e r (1964, 1980), A u s o b s k y u. M a z z u c c o (1964)
Polen		
Krkonoše (Riesengebirge)	400– 500	P a x (1925), D y r c z (1973), T o m i a ł o j ć (1976)
UdSSR		
Waldkarpaten	300– 500 (Südhänge 1 100)	S t r a u t m a n n (1954)
Rumänien		
Südkarpaten	1 400–2 000	D o m b r o w s k i (1912), Z i m m e r m a n n (1920)
Italien		
Abruzzen	1 200	S t r e s e m a n n (1957)
Jugoslawien		
Kotara-Berge	600	R u c n e r (1949)
Kroatien	500– 600 (800?)	K r o n e i s l (1949)
Bulgarien		
Alibotuschgebirge	1 300–1 400	S c h a r n k e u. W o l f (1938)
Pirin-Gebirge	1 100	J o r d a n s (1940)
UdSSR		
Altai	1 100	K o v š a r (1974)
Kaukasus	1 800	N a u m a n n (1905)
Iran		
Elburs	800–1 000	S t r e s e m a n n (1928)
UdSSR		
Tienschan	1 500–2 200	K o l l i b a y (1916), K o v š a r (1974)
Pamir-Alaja	1 500–2 500 (2 700)	I v a n o v (1940, 1969, 1976), D o r s c h et al. (1975), W ü s t (1976)
Iran		
südl. Hochland	2 200	D e s f a y e s u. P r a z (1978)
Afghanistan, Indien Nepal, China (Himalaja)	2 000–3 500	H a r t e r t (1910), W h i s t l e r (1949), A l i u. R i p l e y (1972)

therme der Juli-Mitteltemperatur, die 2000 m NN-Isohypse (mit geringer Sicherung) ungefähr mit der $+ 24\,°C$-Isotherme übereinstimmt. In Gebieten mit hohen Niederschlagsmengen in den Sommermonaten werden die so zu erwartenden Bruthöhen nicht ganz erreicht.

D a n n h a u e r (1963) stellte zwischen dem Rückgang der Art im Flachland und im Gebirge und dem örtlichen Fallen der Bruthöhengrenze einen Zusammenhang her. Wie bei wohl allen Vogelarten, die Brutreviere beziehen, werden bei Bestandsschwankungen weniger günstige Biotope erst dann besetzt, wenn der Populationsdruck in den (lokal) optimalen Habitaten zu groß wird. Das ist zum Teil auch der Grund dafür, daß die mittleren Ankunftsdaten und die Zuzugsdauer in Höhenlagen später bzw. länger ausfallen als im umgebenden Tiefland.

Für das Phänomen der Bruthöhenbegrenzung erscheint das perlschnurartige Vordringen benachbarter Paare entlang von Flußtälern besonders interessant (S t r a u t - m a n n 1954, R e i n s c h u. W a r n c k e 1971, K o v š a r et al. 1974 und andere).

Die Beurteilung der extremen Bruthöhe von Einzelpaaren ist etwa so problematisch wie die Einordnung von besonders frühen Erstbeobachtungen.

Eine Brutzeitfeststellung eines Pirols in großer Höhe bedarf in jedem Fall einer Kontrolle, da nichtbrütende Exemplare in der Brutzeit durchaus über den gewohnten Höhenlinien erscheinen können. Ähnlich sieht es zu den Zugzeiten aus.

Auf dem Zug überquert die Art selbst Hochgebirge und wird dabei in oft ungeahnten Lagen entdeckt:

Alpen:	St. Bernhard	2400 m NN	– K u m m e r l ö w e (1932)
	Großglockner	2800 m NN	– C o r t i (1959)
	Bricola-Gletscher	3000 m NN	– C h e s s e x (1942),
			K l a a s (1959)
	Finsteraarhorn	4200 m NN	– Anonym (1936/37),
			G l u t z (1962)
Altai:		1800 m NN	– K o v š a r et al. (1974)
Tienschan:		2700 m NN	– K o v š a r et al. (1974)
Pamir–Alaja:		2800–3800 m NN	– I v a n o v (1969)
			N o g g e (1973)

Normalerweise vollzieht sich der Zug aber selbst in Asien kaum über 2000 m NN (S e v e r c o v 1888, W h i s t l e r 1930, L u d l o w u. K i n n e a r 1933, B a t e s u. L o w t h e r 1952).

In ihren afrikanischen Winterquartieren bevorzugen die Pirole meist Lebensräume, die ihren Brutbiotopen entsprechen, sie finden diese in den Bergwaldregionen Ostafrikas. Die Art bevorzugt dabei wiederum die klimatisch gemäßigteren Hochländer und unterschreitet nach L y n e s (1934) in Tansania die 1900 m NN nur wenig. G r o t e (1921) beobachtete ihn hier in der Zone zwischen 1450 und 1900 m NN. In Zaire geht er nach L i p p e n s u. W i l l e (1976) bis 2200 m hinauf, K i t t e n - b e r g e r (1959) nennt ihn für das Kilimandscharogebiet. Auch in Namibia bewohnt der Pirol die obere Baumzone, wird aber oft übersehen (B e c k e r 1974).

4.3. S i e d l u n g s d i c h t e

Siedlungsdichteerhebungen geben uns die Möglichkeit, die Eignung eines Untersuchungsgebietes für die Fortpflanzung einer Art unter Berücksichtigung wesentlicher Umweltfaktoren (einschließlich geografischer Lage und Untersuchungsjahr) zu quantifizieren.

Tabelle 11. Siedlungsdichte-Werte auf kleineren Untersuchungsflächen nach Landschaftsformationen

Quelle, Autoren	Untersuchungsgebiet, Kurzcharakteristik der Kontrollfläche	Größe d. KF	Abundanz (BP/10 ha) = Dominanz (%)
1. Kiefernforsten und andere Nadelwälder			
F e i g e (1977 u. unveröff.), G a t z (briefl. 1983), G n i e l k a (briefl. 1967 lt. W a g n e r), K i n t z e l (briefl. 1974), K r ä g e n o w (1968). K r ä g e n o w u. S c h w a r z (1970), S e l l i n (briefl. 1971 lt. W a g n e r)	DDR: Mecklenburg, Kiefern- bzw. Kiefern-Fichten-Wald (oft Altkiefern-bestände) Mecklenburg, verschiedene Nadelwälder (meist Kiefern), vereinzelte Laubbäume	5,1–10,4 ha 20,1–27,9 ha 40 –60 ha –	0,96–2,0 = 1,1 % 0,36–0,5 = 0,4–1,5 % 0,25–1,0 = 2 % ⌀ 0,25–0,5
C r e u t z (1983), D o r n b u s c h (1971), H u m m i t z s c h (briefl. 1984), M e l d e u. M e l d e (1977), N i c o l a i et al. (1982), S t e i n k e u. H e i n d o r f f (1982). T u c h s c h e r e r (1966), W i e g a n k (1982)	DDR: mittlere und südliche Bezirke, Kiefern (meist 80–120 j.), unterholz-reich und -arm	11 –22,5 ha 30 ha 48 –61,5 ha 600 ha (1970–1974)	⌀ 0,5 (0,1–1,6) = ⌀ 1,1 % (0,2–3,2 %) 0,62 = 1,9 % 0,2–0,5 = ⌀ 0,4 % (max. 0,5%) ⌀ 0,2
B e z z e l et al. (1964/66)	BRD: Bayern, Kiefernwald mit kleinen Mischwald-parzellen	100 ha (1965)	0,2
D i e r s c h k e (1973)	BRD: Nordwesten, laubwaldreiche Kiefernforsten	350 ha	0,2 = 0,3%
P o p o v (1978)	UdSSR: Wolga-Kamsker-Gebiet, Kiefernwald Tannen	– –	⌀ 5,2% (0,9–14,3 %) ⌀ 1,8 % (1,1–2,5%)
F e d j u š i n u. D o l b i k (1967)	UdSSR: Belovezsker-Wälder (Beloruss.), Tannen-Kiefernwald (vereinz. Eichen) Nadelwald	– –	⌀ 3,0 ⌀ 1,5
T o m i a ł o j c (1973/74)	Polen: Legnica, Kiefernwald	20,3–26,6 ha	0,5–1,1 = 2–2,1 %

58

Quelle, Autoren	Untersuchungsgebiet, Kurzcharakteristik der Kontrollfläche	Größe d. KF	Abundanz (BP/10 ha) = Dominanz ($^0\!/_0$)
2. Mischwälder (Laub- und Nadelwald)			
F e i g e (1977 und unveröff.), G r e m p e (1982), K a i s e r et al. (1971), K i n t z e l (1979), K r ä g e n o w (1968, 1973), K r ä g e n o w u. K r e m p (1976), M e l d e (1981), P l a t h (1983), S t e g e m a n n (1973); W a r m b i e r (1973), W e n c k (1980)	DDR : Mecklenburg, KF verschiedenartiger Zusammensetzung (oft Buchen-Kiefern-wald, Eichen-Buchen-Kiefernwald)	5,1–13,9 ha 25–27,3 ha 42–62 ha 94–156 ha	$\varnothing$ 1,3 (0,7–3) = 1,1 $^0\!/_0$ (0,87–2,38 $^0\!/_0$) 0,36–0,4 = 0,3 $^0\!/_0$ 0,14–0,16 = 0,31 $^0\!/_0$ 0,09–0,26 = 0,12–0,4 $^0\!/_0$
S t e i n k e u. H e i n d o r f f (1982)	DDR : Krs. Tanger-hütte	–	1,1
R u c n e r (1970)	Ungarn : Baranja	–	2,6 $^0\!/_0$
M e š k o v (1961)	UdSSR : Pskov	100 ha (1959) 112 ha (1960)	0,4 0,18
F e d j u š i n u. D o l b i k (1967)	UdSSR : Belovezsker-Wälder (Beloruss.) Tannen-Erlen Tannen-Eichen		3,0 1,5
P o p o v (1978)	UdSSR : Wolga-Kamsker-Gebiet	–	$\varnothing$ 4,9 $^0\!/_0$ (1,3–12,5 $^0\!/_0$)
3. Laubwälder			
B e i t z (briefl. 1970 lt. W a g n e r), K a i s e r (1957), K r ä g e n o w u. K r e m p (1976), K r ä g e n o w u. S c h w a r z (1970), S i e f k e (1976), W a r m b i e r (1979a, 1979b)	DDR : Mecklenburg, Buchen- bzw. Buchen-wälder mit anderen Laubanteilen, ver-einzelt Lärchen, Kiefern eingestreut, Buchen-Trauben-eichenwald	13–20 ha 25–29,6 ha 40–45 ha	0,5–1 0,3–0,5 = 0,7–0,8 $^0\!/_0$ 0,44–0,5
B r e n n e c k e (1972a), H ö p s t e i n (1981), T i t t e l (1981)	DDR : südliche Bezirke, Rotbuchen-bzw. Buchenmisch-wälder	4,3–7,65 ha 30 ha	0,4–2,3 = 1,3 $^0\!/_0$ 0,3 = 1–1,1 $^0\!/_0$

Quelle, Autoren	Untersuchungsgebiet, Kurzcharakteristik der Kontrollfläche	Größe d. KF	Abundanz (BP/10 ha) = Dominanz (%)
Joensen (1965)	Dänemark: Als, Buchenwald (20–35 j. bzw. 75 j.)	18 ha 30 ha	0,56 = 0,9 % 0,67
Brennecke (1972b), Sellin (1968 u. briefl. 1971 lt. Wagner), Sellin u. Beiche (1980) Wegner (lt. Hummitzsch briefl. 1984)	DDR: Eichenwald (meist Stieleichen), oft mit geringen Birken-, Eschen-, Buchen-, Fichtenanteilen	5,65–7,9 ha 8,93–10,1 ha 35–42 ha	1,3–2,5 = 0,8–1 % 1,1 = 0,8–2,1 % ⊘ 0,1 (max. 0,3) = ⊘ 0,3 % (max. 1,0 %)
Niebuhr (1948/51), Pfeifer u. Keil (1960, 1961)	BRD: Frankfurt/Main und Celle, Eichen- bzw. Eichen-Hainbuchen-Wald	25–33 ha	⊘ 1,7 (0,8–2,4) = ⊘ 2,6 %
Rucner (1967/68 u. 1970)	Jugoslawien: Zagreb, Eichenwald	–	3,3–5,3 %
Popov (1978)	UdSSR: Wolga-Kamsker-Gebiet, Eichen-, Eichen-mischwald	–	⊘ 7,1 % (1–26,6 %)
Turček (1951)	ČSSR: S-Slowakei, Eichenwald	100 ha	6,5
Dorsch (1968), Feige (unveröff.), Heidecke (1972), Krüger (lt. Hummitzsch briefl. 1984), Nicolai et al. (1982), Ulrich (1970)	DDR: mittlere und südliche Bezirke, Pappel- bzw. Pappel-Erlen- oder Pappel-Robinien-Pflanzungen	15–21,5 ha 44–55 ha	1,3–1,9 1,8 (max. 2,4) = 3,3 % (max. 5,1 %)
Herdam (1967), Hummitzsch (brief. 1984), Rost (1981), Steinke u. Heindorff (1982)	DDR: mittlere und südliche Bezirke, Eschenpflanzungen Birken-Robinien-Pflanzung Eichen-Ahorn-Hangwald	– 9,16 ha 10 ha	0,8 ⊘ 0,72 = 1,0 % ⊘ 0,4 (max. 1,0) = ⊘ 0,4 % (max. 0,9 %)
	Laubmischwald (Esche, Ulme, Eiche u. a.)	11,3 ha	2,7 = 1,8 %

Quelle, Autoren	Untersuchungsgebiet, Kurzcharakteristik der Kontrollfläche	Größe d. KF	Abundanz (BP/10 ha) = Dominanz (%)
R u c n e r (1970)	Ungarn: Baranja, Akazienwald	–	4,9–10 %
	Pappel- bzw. Pappel-Laubmischwälder	–	8,4–13,8 %
P o p o v (1978)	UdSSR: Wolga-Kamsker-Gebiet,		
	Pappelwälder	–	$\oslash$ 7,4 % (2,4–16,6 %)
	Birkenwald	–	$\oslash$ 7,2 % (3,8–14,3 %)
	Gebüsche	–	$\oslash$ 5,3 % (0,9–11,1 %)
	(Misch)-Laubwälder	–	$\oslash$ 3,6 % (0,4–1,0 %)
G l u t z (1962)	Schweiz: Ulmen-Eschen-Wald	7,5 ha	2 = 1,5 %
	artenreicher Laub-wald 350 m NN	85 ha	2 = 2,3 %
B a r t k o w i a k (1965)	Polen: Poznan, struk-turierter Eschen-Linden-Wald	110 ha	0,3–0,4
T o m i a ł o j c (1973/74)	Polen: Legnica, Eiche-Hainbuche	14,9 ha	0,6 = 0,6 %
	Ulmen-Mischwald	10 ha	1,0 = 2,7 %

4. Au- und Bruchwälder, feuchte Waldzonen

B e i t z (1972a, 1972b), F e i g e (1977), K i n t z e l (1979), K r ä g e n o w u. K r e m p (1976); K r ä g e n o w u. S c h w a r z (1970), M e l d e u. M e l d e (1977), P r i l l (1972), S t e g e m a n n (brief. 1981), W a r m b i e r (1974)	DDR: Mecklenburg, Bruch- und Auwälder sowie Ufergehölze und Bachtäler, Kreuz-dorn-Birkenbruch, meist Erlen und andere Laubbäume, vereinzelt mit Kiefern durchsetzt	5,3–10 ha 13,1–15,8 ha 21–27,5 ha 40 ha 130–300 ha	0,7–2,0 = 0,8 % $\oslash$ 0,8 (0,37–2) = 0,9–1,5 % $\oslash$ 0,9 (0,6–1,3) 1,25 0,5–2,0
C l e v e n u. T ö p f e r (1966), G n i e l k a (1974), H u m m i t z s c h (briefl. 1984), K a l b e (1965), K o o p (1968), M i n a c k (briefl. 1983), N i c o l a i (1972), N i c o l a i et al. (1982), S t e i n (1968, 1973), U l r i c h (1970), W i e g a n k (1982)	DDR: mittlere und südliche Bezirke, Bruch- und Auwälder, Flußufer- und Teich-randgehölze, meist Erle, Ulme, Eiche und andere Laubbäume	bis 6,35 ha 8,5–14,3 ha 15–20 ha 40–65 ha 70–80,5 ha 104–220 ha	1,6–9,1 = 3,5 % $\oslash$ 1,8 (0,2–3,5) = $\oslash$ 1,8 % (0,49–3,7 %) 0,63–2,1 = 3,5–3,6 % 0,7–0,9 0,1–0,4 = 0,2–0,9 % $\oslash$ 0,1 (0,05–3,0) = 0,5 %

Quelle, Autoren	Untersuchungsgebiet, Kurzcharakteristik d. Kontrollfläche	Größe d. KF	Abundanz (BP/10 ha) = Dominanz (%)
F e i g e (unveröff., 1982)	DDR: „Spreewald", Sumpf-Laubwald	50 ha	1,2–1,4
W i e h e (1970)	BRD: Braunschweig, Erlenbruch mit Wiese	12 ha	0,4 = 0,6 %
D i e r s c h k e (1951)	BRD: Niedersachsen Erlenbruchwald „Ostpreußen", Erlenbruchwald	64 ha 28,8 ha	0,8 = 1,2 % 0,3 = 0,5,%
S t e i n f a t t (1933)	Ungarn: Tiefebene, Au- und Uferwald	ca. 200 ha	S: 1,25

5. Klein- und Flurgehölze

Quelle, Autoren	Untersuchungsgebiet, Kurzcharakteristik d. Kontrollfläche	Größe d. KF	Abundanz (BP/10 ha) = Dominanz (%)
Feige (1977), K i n t z e l u. M e w e s (1976), K r ä g e - n o w u. S c h w a r z (1970), S i e f k e (1976), S t e g e - m a n n (briefl. 1981), S t e r n b e r g u. S t e r n - b e r g (1982)	DDR: Mecklenburg, Feldgehölze unterschiedlichster Zusammensetzung (Erlen-Kiefern, Stieleichen-Rotbuchen-Kiefern u. a.)	0,25–5 ha 12–14 ha –	2–40 0,7–0,8 ⌀ 0,7–1,5
H u m m i t z s c h (briefl. 1984), N i c o l a i et al. (1982), S t e i n k e u. H e i n d o r f f (1982)	DDR: mittlere und südliche Bezirke, Feldgehölze bzw. Feldgehölzlandschaften (mit Feldern, Wiesen usw.) Eichenrestgehölz	10–25 ha 100–118 ha –	1,6–3,3 0,1–0,2 = ⌀ 1,4 % (0,4–2,7 %) 1,9

6. Parks, Friedhöfe u. a. spezielle Biotope

Quelle, Autoren	Untersuchungsgebiet, Kurzcharakteristik d. Kontrollfläche	Größe d. KF	Abundanz (BP/10 ha) = Dominanz (%)
F e i g e (1977), G r e m p e (1966, 1973), H a n s e n (1979), K r ä g e - n o w (1972), K r ä g e n o w u. K r e m p (1976), K r ä g e n o w u. S c h w a r z (1970), S a e m a n n (1967), W a r m b i e r (1973)	DDR: Mecklenburg, Friedhöfe Parks	7,5–11 ha 18–36,7 ha 4–6 ha	⌀ 1,0 (0,3–1,3) = 0,6–0,64 % 0,3–0,6 = 0,6–0,7 % 1–3
D o b b e r k a u et al. (1979), G n i e l k a (1981), H u m - m i t z s c h (briefl. 1984),	DDR: mittlere und südliche Bezirke Friedhöfe	4,6–5 ha 50 ha	⌀ 2,3 (1–4) = ⌀ 1,1 % 0,2 = 0,1 %

Quelle. Autoren	Untersuchungsgebiet, Kurzcharakteristik d. Kontrollfläche	Größe d. KF	Abundanz (BP/10 ha) = Dominanz (%)
M e w e s (1964), N i c o l a i et al. (1982), U l r i c h (1975)	ländliche Friedhöfe	10 ha	$\oslash$ 0,2 max. 1,0) = $\oslash$ 0,3 % (max. 1,6 %)
	Großstadt-Friedhöfe	insges. 259 ha	$\oslash$ 0,3 (0–1) = 0,4 % (max. 1,1 %)
	Parks	7,5–15 ha	$\oslash$ 0,7 (max. 1,3) = $\oslash$ 0,7 % (max. 1,4 %)
K r ä g e n o w u. S c h w a r z (1970)	DDR: Krs. Röbel, Dorf und Park	20 ha	0,5
F l ö ß n e r (1982)	DDR: Jena, Tongrubengelände	180 ha	0,05–0,11
M e l d e (1981)	DDR: Krs. Kamenz, Gestrüppfläche mit Erlen-Birken-Weidengehölz	42 ha	$\oslash$ 0,1 (max. 0,2) = $\oslash$ 0,5 % (max. 1 %)
N i c o l a i et al. (1982)	DDR: Bez. Magdeburg, Bungalowsiedlung	–	1,7
W i n k (1974)	BRD: Rheintal, Flußniederung mit Wiesen, Gewässern u. Resten verschiedener Laubwälder	700 ha (1960–1973)	0,17–2,1
P a n n a c h (1974)	BRD: Braunschweig, Rieselfelder mit Feldgehölz (2,5 ha)	330 ha	$\oslash$ 0,06 (0,03–0,09) = 0,63 % (0,3–1,0)
L i n n h o f f u. G e r n s (1969)	BRD: Hannover, Feldlandschaft mit Restgehölzen	250 ha	1 = 4 %
J o e n s e n (1965)	Dänemark: Augustusborg, Schloßpark und Wald	33 ha	0,75–1,8

7. Siedlungsdichte-Werte ohne hinreichende Angabe zum Untersuchungsgebiet

K r ä g e n o w (1968)	DDR: Krs. Waren, mehrere Habitate	160 ha	0,06 = 0,2 %

Quelle, Autoren	Untersuchungsgebiet, Kurzcharakteristik d. Kontrollfläche	Größe d. KF	Abundanz (BP/10 ha) = Dominanz (%)
H o y e r (1983)	DDR: Mecklenburg, NSG „Galenbecker See"	–	1,3
N i c o l a i et al. (1982)	DDR: Bez. Magdeburg, „Felsenberg"	–	4,4
	Bergbaufolge-Land-	–	1,0
	schaft Elbniederung	–	0,05
	davon Waldteil	–	1,0
M e i s s n e r et al. (1981)	DDR: Krs. Merseburg	–	0,6–1
P a u s e (1954)	BRD: Schleswig-Holstein, Seenähe, Ortschaftsrandlage	38 ha	0,3 = 0,44 %
S c h i f f e r l i et al. (1980)	Schweiz: „günstige Habitate"	–	bis 2
C z a r n e c k i (1956)	Polen: Poznan	(1952)	1,9
W i t k o w s k i (1965)	Polen: Gebiet Opole	30 ha	0,3
K a n i a (1968)	Polen: Gebiet Krakow	68 ha	0,74 = 2,2 %
R a n o s z e k (1972)	Polen: Legnica	–	1,0 = 1,3 %
K l o s o w s k i et al. (1978)	Polen: Gebiet Warschau, Wald und feuchte Wiesen	–	0,12
F e s t e t i c s (1959)	Ungarn: Szegedin	–	2–4
L e g a n y (1969/70)	Ungarn: Tiszafüred	–	10
D e m e n t ' j e v u. G l a d k o v (1954)	UdSSR:		
	Gorki (1938)	–	0,9
	Charkow	–	2,4–5,6
	Kinel-Fluß	–	7
	Timaschewsker Wald (bei Kuibyschew)	–	14,8
	Provalsje, Schluchten	–	7
	–, Waldzone	–	40
	Groß Anadol, – Waldmassive	–	∅ 20
	–, Feldschutzstreifen	–	10
	Talasker Alatau, – Berglaubwald	–	4 % (hier *O. o. kundoo*)
K o v š a r (1974)	UdSSR: Kasachstan, Uralfluß	–	0,3–1,5
P o p o v (1978)	UdSSR: Marijskoi ASSR (1927)	–	5

Tabelle 12. Siedlungsdichte-Werte auf großen Untersuchungsflächen (mind. 10 km²)

Quelle, Autoren	Untersuchungsgebiet, Kurzcharakteristik der Kontrollfläche	Größe der KF (Erhebungszeitraum)	Abundanz (BP/10 km²)
S c h i l d m a c h e r (1955/56)	Hiddensee, gehölzarme Insel	etwa 20 km²	S: 1–1,5
K o o p (brief. 1984)	N-Mecklenburg, seen- und waldreiches Gebiet	20 km² (1983)	4,0
W e s t e r m a n n (briefl. 1983)	Mecklenburg, Flachland	25 km² (1982)	S: 4,8
W u l f u. G r u b e (briefl. 1982, 1983)	Krs. Parchim, landw. Nutzfläche und Wiesen mit Restwäldern und Flurgehölzen	30 km² (1982–1983)	1,6–2,0
W a r m b i e r (1979)	Mecklenburg, waldreiches Flachland	12 km²	S: 9,2
H e r r m a n n (briefl. 1971 lt. W a g n e r)	N-Mecklenburg, waldreiche Endmoräne	21 km² (um 1970)	2,4
	Krs. Bad Doberan, Küstenhinterland	etwa 250 km²	0,4
K l a w e s (briefl. 1982)	Mecklenburg, Flachland	100 km² (1978–1982)	S: 1,2–1,5
K i e s e w e t t e r (briefl. 1982)	S-Mecklenburg, Flachland	etwa 365 km² (1978–1982)	S: 0,82
F e i g e (unveröff.)	Krs. Rostock, landwirtschaftliche Nutzfläche mit Restwäldern und Flurgehölzen	119 km² (1981–1984)	2,43–4,85
S c h i e r m a n n (1930)	Unterspreewald, Sumpf-Laubwald	30 km²	S: 25 (= gemein)
M i n a c k (briefl. 1983)	Krs. Guben	12 km² (1979–1983)	∅ 1,9
C r e u t z (1983)	Oberlausitz, gehölzreiche Teichlandschaft	100 km² (1955)	1,5–2
B e c k e r	Bez. Dresden, landwirtschaftliche Nutzflächen mit Restwäldern und Flurgehölzen	60 km² (1955)	1,3–1,7
		60 km² (1980)	0,8
H e n n e r s d o r f		75 km² (1974)	6,1–7,3
E i f l e r		88 km² (1978)	1,8
H u m m i t z s c h (alles lt. H u m - m i t z s c h briefl. 1983, 1984)	Bez. Dresden, 150–900 m NN	etwa 6 700 km² (1978–1982)	S: 1–2,2; in höheren Lagen 0,1

Quelle, Autoren	Untersuchungsgebiet, Kurz-charakteristik der Kontrollfläche	Größe der KF (Erhebungszeitraum)	Abundanz (BP/10 km²)
M e l d e u. M e l d e (1977 und briefl. 1983)	Krs. Kamenz, nadel- u. misch-waldreich	12 km² (1970–1983)	0,6–1,4
B a u̇ m (briefl. 1983)	Gera, landwirtschaftliche Nutz-fläche, Siedlungen, Au- und Restwälder	38 km² (vor 1966) (1960–1969) (1969–1974)	0,61–0,71 0,47–0,55 0.32–0,42
F l ö ß n e r (1982)	Bez. Gera, 250–800 m NN	4 000 km² (bis 1981)	S: 0,5–0,6 lokal: 5–8,8
T e i x e i r a (1979)	Niederlande: N-Brabant, „günstige Biotope" Niederlande: Tiefebene mit lockerer Waldstruktur	18 km² etwa 32 500 km²	∅ 3,7; max. 13,2 S: 1,2–1,5
W a s s e n i c h (1970)	Luxemburg	etwa 2 590 km²	S: 0,62
D i e n et al. (1969)	BRD: Hamburg, Großstadt-gebiet und Umgebung	2 053 km² (1968)	S: 0,24
H o h l t et al. (1958/60)	BRD: Bayern, waldreiches Flußmündungsgebiet, Seeufer	etwa 10 km²	S: 8–10
B e z z e l (1980)	BRD: Bayern	84 km²	S: 1,9–2,1
R e i n s c h u. W a r n c k e (1971)	BRD: Mittelfranken, waldreiche KF um 400 m NN Bayern, waldreiche KF um 450 m NN	103,5 km² (1967) 210 km² (1968)	5,2 0,7
T h i e d e (1978)	Dänemark: waldarmes Flachland, Inseln	etwa 43 050 km² (1941 und 1971)	S: 0,014 und 0,023
H u d e c (1976)	ČSSR: Brno, Stadt- und Stadtrandgebiet	etwa 26 km²	0,2
K l o s o w s k i et al. (1978)	Polen: Gebiet Warschau, feuchte Wiesen mit Auwald	25 km² (1974–1976)	S: 12
M e r i k a l l i o (1958)	S-Finnland: seenreiche Waldlandschaft	–	S: 0,5–1 (im SO häufiger)
B u b (1956)	UdSSR: NO-Ukraine	(1942)	S: bis 200–300

S ≙ Schätzung

Voraussetzung für eine reguläre Interpretation der Abundanzen ist somit eine prä-zise Charakterisierung des Kontrollgebietes. Die Problematik besteht aber offenbar in der Auswahl der für die Siedlungsdichtedifferentiation wesentlichen Faktoren, die zudem artspezifisch unterschiedlich sein können.

Diesen Kriterien kommen allein aus Sicht des dafür notwendigen Beschreibungs-umfanges nur wenige Erhebungen nach. Eine Folge davon ist die Vergrößerung der Varianz der Abundanzwerte bei scheinbar gleichartigen Lebensräumen. Tabelle 11 stellt die Zusammenfassung von (meist bedingten) Abundanzen und Dominanzen nach Landschaftsformationen dar. Eine Einblicknahme in die Original-quellen bestätigt die auffällig unterschiedlich genaue Beschreibung der Kontroll-flächen (KF). Die „Bedingtheit" der Abundanzwerte folgt aus dem üblichen Elimi-nieren von Kontrollflächen der entsprechenden Habitatsklasse, in denen der Pirol fehlte.

Aufgrund der bereits erwähnten großen Siedlungsdichtevariabilität lassen sich statistisch gesicherte Unterschiede nicht ausweisen. Empirisch gefundene Aussagen bedürfen in Zukunft einer weiteren Quantifizierung:
- maximale Abundanzen werden in Au- und Bruchwäldern, in Ufergehölzen und Bachtälern bzw. hin und wieder Mischwäldern erreicht, in Nadelwäldern und ge-schlossenen Laubwäldern liegen die Siedlungsdichten unter dem Durchschnitt,
- die Siedlungsdichte wächst in vergleichbaren Biotopen mit dem Grad der Ent-wicklung von Unterholz (höheres Nahrungsangebot),
- in allen Lebensräumen zeigen sich für den Pirol zunächst ansteigende und nach Überschreiten eines Optimums langsam abfallende Siedlungsdichtetrends,
- die Dominanz der Art liegt in Pappel- und Kiefernwaldungen im Mittel höher als auf vergleichbaren Kontrollflächen anderer Landschaftsformationen,
- die höchsten Dominanz- und Abundanzwerte werden in Ost- und Südosteuropa registriert.

Großflächige Kontrollflächen schließen in der Regel eine homogene Struktur der Lebensräume aus. Entsprechende Untersuchungen führen zwar auch zu bedingten Siedlungsdichtewerten, doch diese erfassen in viel geeigneterem Maße die geografisch typischen Abundanzen der Art. Eine Strukturbeschreibung des Gebietes erübrigt sich nicht, es sei denn, man beschränkt sich auf den Vergleich geografisch differenzierter KF.

Die in Tabelle 12 aufgelisteten Daten lassen keine weiteren, über die bereits auf-gestellten Thesen hinausgehende Schlüsse zu.

Siedlungsdichte – Reviergröße. Abb. 36 zeigt èine Reihe der tabel-lierten Siedlungsdichwerte in Abhängigkeit von den zugehörigen, logarithmisch transformierten Flächengrößen der Untersuchungsgebiete.

Das mit zunehmender KF-Größe quasi-reziproke Fallen der Abundanzen hat meh-rere Ursachen:

sehr kleine KF (z. B. unter 10 ha) liegen oft unter den Reviergrößen des Pirols (s. Abb. 51) und ergeben bei der Umrechnung (Normierung) auf 10 ha überhöhte Werte,

tatsächlich kleine Reviere sind möglicherweise Ausdruck optimalen Nahrungsange-botes oder fallen als Ausnahmefälle nur durch die Bedingtheit des Erhebungsergeb-nisses in ungewöhnliche Wertebereiche der Siedlungsdichte,

sehr kleine Abundanzen treten vor allem bei großen Kontrollflächen auf, da hier nur gemittelte Siedlungsdichten ausgewiesen werden, die durch Zonen ohne Brut-paare oder auch Brutmöglichkeiten beeinflußt sind.

Abb. 36. Beziehung zwischen der Siedlungsdichte (SD) und der Größe des Kontrollgebietes (F) unterteilt nach Lebensräumen

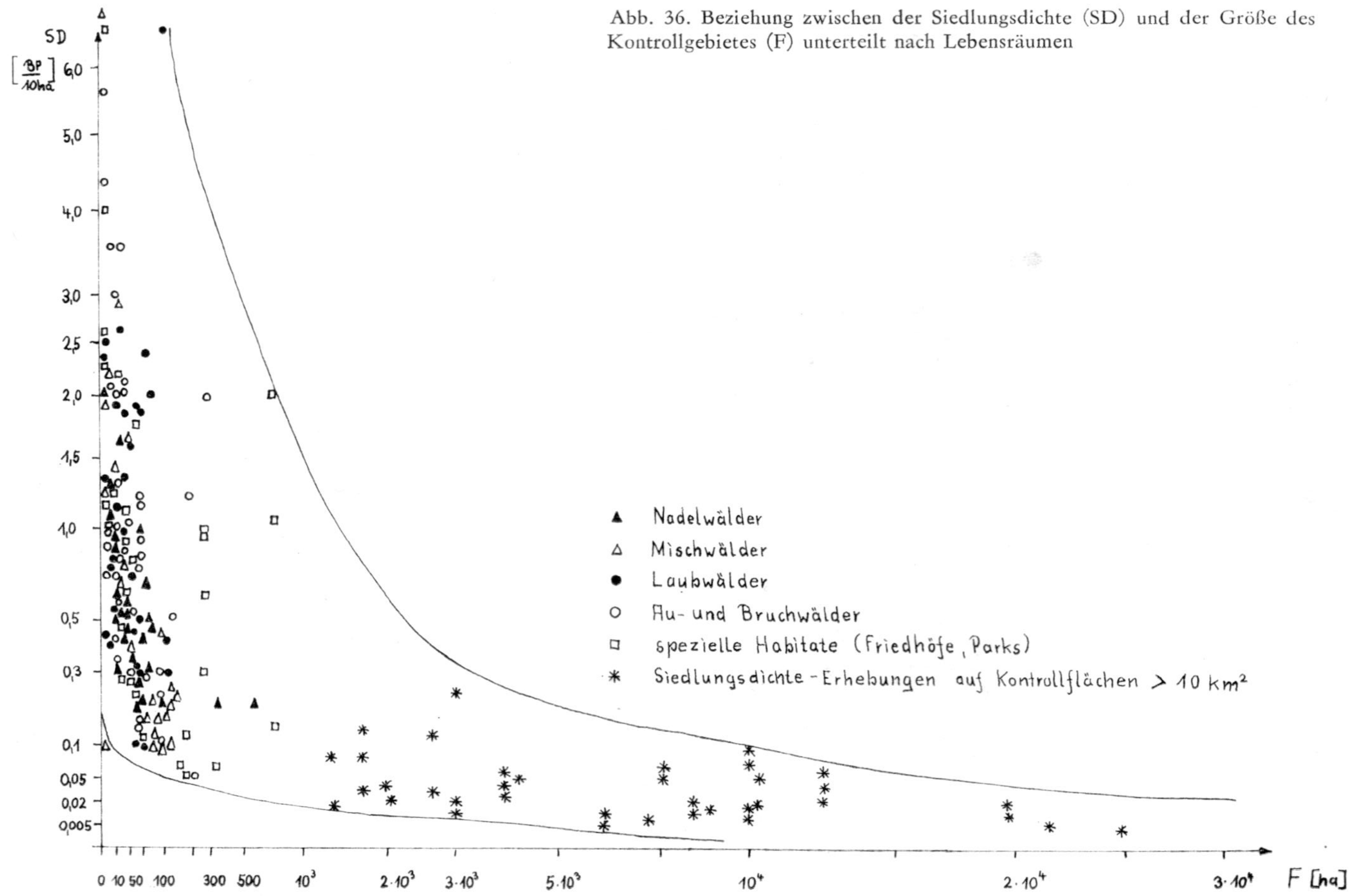

SD
[BP/10ha]
6,0
5,0
4,0
3,0
2,5
2,0
1,5
1,0
0,5
0,3
0,1
0,05
0,02
0,005
0 10 50 100 300 500 10^3 $2 \cdot 10^3$ $3 \cdot 10^3$ $5 \cdot 10^3$ 10^4 $2 \cdot 10^4$ $3 \cdot 10^4$
F [ha]
▲ Nadelwälder
△ Mischwälder
● Laubwälder
○ Au- und Bruchwälder
□ spezielle Habitate (Friedhöfe, Parks)
* Siedlungsdichte-Erhebungen auf Kontrollflächen > 10 km²

Es sind aber gerade die Großgebiet-Erhebungen, die Hochrechnungen der Brutpaarzahlen für noch größere politische Verwaltungseinheiten zulassen. Hochrechnungen nur aus bedingten Abundanzen kleinerer KF führen meist zu wesentlichen Überschätzungen der Brutpaar-Anzahlen.

Anhand der mir vorliegenden Informationen glaube ich, gegenwärtig für die Mecklenburger Bezirke Rostock, Schwerin und Neubrandenburg

etwa 4800 BP $= 0{,}18$ BP/km^2 und für die DDR

etwa 18 500 BP $= 0{,}17$ BP/km^2

als mittleren Brutbestand annehmen zu können.

Fehler bei lokalen Siedlungsdichte-Kalkulationen folgen leicht aus einer ungeprüften Aufnahme von rufenden Alt- oder Jungvögeln in den Brutpaarstatus. Die großen Reviere, herumstreunende einjährige Exemplare, unverpaarte Männchen und auch der weittragende Ruf der Pirole (B o r c h e r t 1927) verleiten den pirol-unerfahrenen Beobachter häufig zur Bestandsüberschätzung.

R e y (1905) sieht in den relativ großen Revieren der Art einen wesentlichen bestandslimitierenden Faktor im damaligen Deutschland. In großen Teilen des Pirol-Areals in Osteuropa und Asien müssen jedoch weitere Umweltfaktoren diesen Reviermechanismus aufheben, da sonst die hier beobachteten hohen Abundanzen nicht erklärbar wären.

Ich schließe mich der Meinung H e i d e c k e s (1972) an, der den Pirol als euryöke Art (mit breiter ökologischer Varianz) charakterisiert. Nur in optimalen Habitaten ist die Art subdominant (ausnahmsweise dominant); unter dem Einfluß des Atlantikklimas bleibt sie in Mittel- und Westeuropa meist rezedent oder subrezedent.

Eine Präzisierung der Abundanzanalyse setzt in Zukunft eine noch mehr artspezifische Siedlungsdichte-Erhebung voraus. Das arttypische Vorgehen ermöglicht zudem eine bessere Interpretation der Abundanzdifferentiation in Abhängigkeit von Umweltmerkmalen (siehe auch Kapitel 7 sowie Abb. 66a und b).

B e s t a n d s s c h w a n k u n g e n. Trends der Bestandsentwicklung des Pirols, in die auch langfristige Schwankungen eingeschlossen sein sollen, werden in prägnanter Weise durch scheinbar ungeordnete Sprünge der Siedlungsdichte überlagert.

Dieses „Bestands-Vibrieren" läßt sich z. B. durch eine jährliche Kontrolle der Pirolpaare in einem festen Untersuchungsgebiet leicht aufzeigen. Lokal erreichen die Unterschiede zwischen aufeinanderfolgenden Jahren bis zum Doppelten der mittleren Pirolhäufigkeit selbst.

Um gegebenenfalls Gesetzmäßigkeiten entdecken zu können, die die Fluktuation verursachen, sind möglichst umfangreiche Datenfolgen erforderlich. Derartig langjährige Beobachtungsserien müßten ihrerseits von lokalen Trends befreit werden. Es hat sich aber auch gezeigt, daß in Mitteleuropa die jährlichen Abundanzveränderungen im Durchschnitt konform gehen. Daraus folgt nun die Möglichkeit, die regionale Fluktuation auch aus der gewogenen Vereinigung sich gegenseitig überlagernder kürzerer Datenserien relativ zu den lokal-mittleren Brutpaarmengen auszuweisen.

Die so gewonnenen Relativzahlen (differenziert in Schätzgenauigkeitsklassen) sind für den Zeitraum von 1951 bis 1983 in Abb. 37 dargestellt. Die Ergebnisse basieren neben eigenen Beobachtungen auf den Zahlen von B e i t z (1972b), D o r s c h (1968),

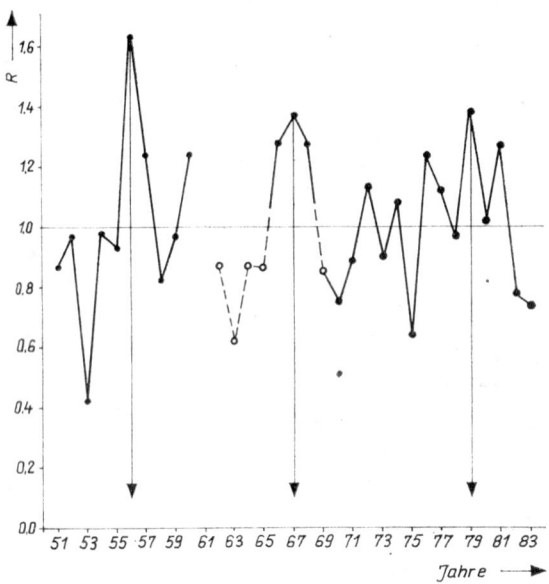

Abb. 37. Gemittelte
Fluktuation des Pirols in
Zentraleuropa berechnet
aus mehreren Beobachtungsserien. 1,0 mehrjähriges
Mittel, ● genauere Mittelwerte, ○ unsichere Mittelwerte

G r e m p e (1982), H ö p p n e r (1964), H ö p s t e i n (1981), K r ä g e n o w (1972),
M e l d e (1981 und briefl. 1983), M e w e s (1964), P a n n a c h (1974),
P f e i f e r u. K e i l (1961), R o s t (1981), S e l l i n (1981) S e l l i n u. B e i c h e
(1980), S t e i n (1968), U l r i c h (1970) und V o g e l (1970).

Als bewertendes Gewicht empfiehlt sich die Summe der in einer Beobachtungs-
serie insgesamt festgestellten Brutpaare. Die berechneten relativierten Häufigkeiten
der Art (durchschnittliche regionale Siedlungsdichte = 1) wurden über eine quasilineare Regressionsanalyse auf ihre Beziehungen zu den beobachteten relativen Brut-
dichten aus den vier Vorjahren und den mittleren Mai- und Junitemperaturen und
Mai- und Juniniederschlagssummen des Erhebungsjahres sowie der beiden vorgehenden Jahre überprüft.

Die entsprechende Reduktion des Gesamtmodells auf signifikante Einflußgrößen
verkleinerte die Regressorenpalette auf
die relative Häufigkeit im 3. Vorjahr,
die relative Häufigkeit im 4. Vorjahr,
die Monatsmitteltemperatur und Niederschlagssumme im
Mai des Untersuchungsjahres,
Monatsmitteltemperaturen und Niederschlagssummen der
Monate Mai und Juni des Vorjahres
und die Monatsmitteltemperatur und Niederschlagssumme im Juni des 2. Vorjahres.

S c h w e r d t f e g e r (1968) steht diesem methodischen Vorgehen, auch bei verblüffend guter Darstellbarkeit der Zielgröße jedoch ohne Möglichkeit einer plausiblen Interpretation der Zusammenhänge, berechtigt skeptisch gegenüber. Mit einer
sinnvollen Erläuterung des Wirkprinzips verläßt das Regressionsmodell aber die
Stufe einer These und wird praktikabel.

Das Bestimmtheitsmaß (multiple Korrelation) der Regressionsbeziehung ist mit B = 0,76 für den Zeitraum von 1950 bis 1983 oder mit B = 0,92 für die Jahre 1970 bis 1983 ungewöhnlich hoch.

Zur Interpretation der Fluktuation des Pirols in Mitteleuropa zerlegt man geeigneterweise die Eingangsparameter im Regressionsmodell nach Bezugsjahren:

1. Die Kombination der aktuellen Maitemperaturen und -niederschläge weist eine steigende Pirolpaarhäufigkeit für den Fall aus, daß der Mai warm und trocken ist (max. 1981: + 0,43). In kühlen und feuchten Jahren liegen die registrierten Veränderungen der relativen Häufigkeiten unter Null (min. 1968: – 0,41).

Die Ursache dafür besteht wahrscheinlich in einem verstärkten Ausbleiben der Paarbildung oder des Nestbaus während der ungünstigen Witterungsphasen. Besonders in niederschlagsreichen Maimonden werden selbst fast fertige Nester verlassen. Ähnliches vermutete bereits R e i n s c h (briefl. 1983 lt. J. W u l f). Eventuell wird dieser Effekt durch soziale Komponenten noch verstärkt (siehe auch Kapitel 7).

2. Da der Pirol in der Regel erst fast zweijährig geschlechtsreif wird, beeinflußt das Überdauern des ersten Lebensjahres nicht unwesentlich auch das Angebot an fortpflanzungsfähigen Vögeln im darauffolgenden Jahr. Offenbar schwankt das Nahrungsangebot im Sommerquartier mehr als im tropischen Afrika. Die Monate Mai und Juni repräsentieren zwar nicht den ganzen Sommer, scheinen aber für den Pirol kritisch zu sein.

Die Entwicklung der Insektennahrung der Art ist erfahrungsgemäß in warmfeuchten Zeiten besonders intensiv, was sich auch in den entsprechenden Ergebnissen aus den Vorjahreswetterdaten widerspiegelt (max. 1972: + 0,79; min. 1958, 1963: – 0,45).

Im Juni scheint die Monatsmitteltemperatur von etwas untergeordneter Bedeutung zu sein. Sie hat wohl die für die Nahrung kritischen Bereiche bereits überschritten.

Der Wirkmechanismus der Witterung auf mehrjährige Pirole wird ähnlich wie bei den erst einjährigen Vögeln über das Nahrungsangebot ablaufen. Möglicherweise folgt aber bei ihnen auf eine maiwitterungsbedingte vorjährige Brutpause im kommenden Jahr ein verstärkter Fortpflanzungstrieb.

3. Die Junitemperatur und -niederschlagssumme des 2. Vorjahres zeigen zwei die relativen Häufigkeiten positiv beeinflussende Ausprägungskombinationen: warmfeucht und kühl-trocken.

Dementsprechend bewirken trockenwarme und feuchtkalte Junitage ungünstige Brutergebnisse; im Juni vollziehen die Altpirole ihr gesamtes Brutgeschäft.

Feuchtkalte Brutperioden haben, wie auch bei anderen Arten, eine höhere Jungensterblichkeit zur Folge (1973: – 0,52).

Warum trockenwarme Junitage im 2. Vorjahr ebenfalls zu den negativ beeinflussenden Witterungsverhältnissen im aktuellen Beobachtungsjahr zählen, ist nach meinem gegenwärtigen Wissensstand über den Pirol am wenigsten zu verstehen (1972: – 0,47). Hier sollten in den kommenden Jahren weitere Untersuchungen präzisen Aufschluß geben, möglicherweise bestehen Beziehungen zum Parasitenbefall der Nestlinge oder anderen abgeleiteten Faktoren für die Jungensterblichkeit.

4. Der direkte Einfluß der Relativzahlen des 3. und, mit unbedeutendem Effekt, des 4. Vorjahres auf unsere Zielgröße ist sicher eine Folge dessen, daß die entsprechenden Witterungsdaten aus rechentechnischen Gründen nicht mehr ins Auswer-

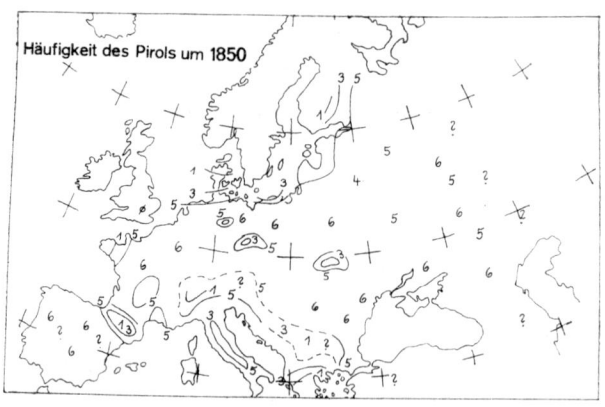

Häufigkeit des Pirols um 1850

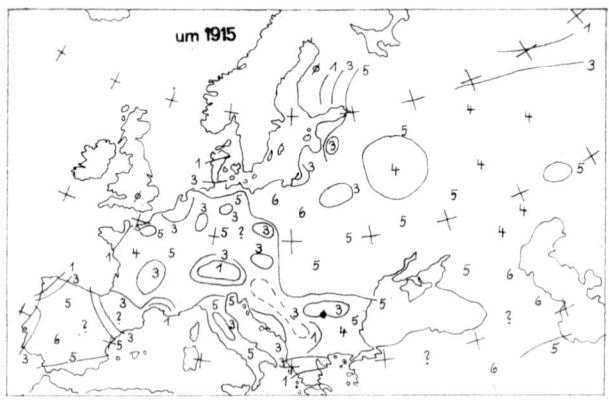

um 1915

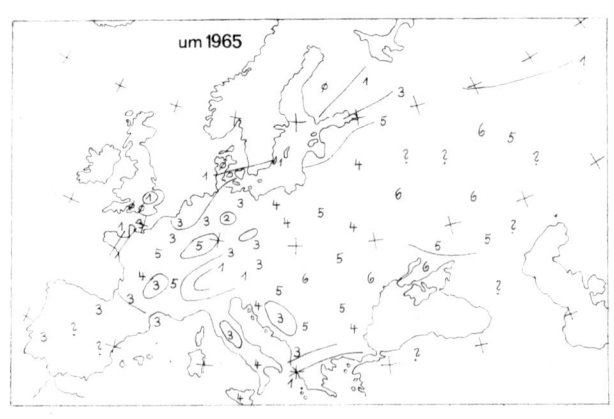

um 1965

Abb. 38a–c. Veränderung der Siedlungsdichte des Pirols in Europa nach gemittelten verbalen Einschätzungen aus Publikationen. ⌀ Ausnahmebruten, 1 selten, 2 vereinzelt, 3 regelmäßig, aber nicht häufig, 4 häufig, 5 sehr häufig, 6 gemein

tungsmodell aufgenommen werden konnten. Über einen derartig langen Zeitraum mit seinen vielfältigen Umweltfaktoren ist eine folgerichtige Interpretation der Regressionen sowieso nur noch spektakulär.

Eventuell läßt sich die negative Assoziation der aktuellen Pirolhäufigkeit mit der des 3. Vorjahres noch recht gut aus dem speziellen, offenbar zum Alternieren neigenden, realen, biologischen Regelmechanismus ableiten.

T r e n d s. Befreit man die beobachteten Pirolhäufigkeiten von allen kurzfristigen Schwankungen (Fluktuationen), verbleibt der Siedlungsdichtetrend eines Beobachtungsgebietes. Dieser läßt sich hinreichend genau meist nur aus Beobachtungen über viele (50–100) Jahre quantifizieren. Trendanalysen von Datenserien aus dem Gebiet der DDR lassen nach 1950 ein Stagnieren des Bestandes vermuten.

Eine Reihe von Autoren äußerte sich auch zu örtlichen Bestandsveränderungen, ohne daß dabei immer klar ist, anhand welchen Beobachtungsumfanges die Einschätzung erfolgte. Betrachtet man Serien von allgemeinen verbalen Häufigkeitsangaben für ein engeres Gebiet, lassen sich unter Berücksichtigung der sich wandelnden Beobachtungsmethoden dennoch Trends aufzeigen (z. B. B r i n k m a n n 1966, D a n n h a u e r 1963, S e m m l e r 1970, u. a.).

In diesem Sinne wurden die gerade beim Pirol sehr umfangreichen verbalen Häufigkeitsbenennungen ausgehend vom Ende des 18. Jh. bis in die Gegenwart mittels der Skala:

0 = nur ausnahmsweise brütend
1 = selten
2 = vereinzelt
3 = regelmäßig, aber nicht häufig
4 = häufig
5 = sehr häufig
6 = gemein

normiert und regional ausgeglichen. Wenngleich die so erzeugten Abb. 38a bis c auch nur ein grobes Bild von der tatsächlichen Verbreitungsdichte etwa um die Jahre 1850, 1915 und 1965 geben können, so signalisieren sie andererseits deutlich genug den Rückgang in vielen Teilen West- und Mitteleuropas. Das Zurückweichen der Art steht wahrscheinlich mit dem Vordringen des Atlantikklimas (feuchte Sommer) in östliche Richtung in Zusammenhang.

4.4. A n s i e d l u n g, O r t s t r e u e

Neben zeitweiligen Schwankungen in der Siedlungsdichte (bis hin zum unregelmäßigen Brüten in den Randgebieten des Verbreitungsgebietes des Pirols) existieren offenbar auch gegenwärtig noch lokale Trends einer Ausbreitung der Art. Diese Entwicklungen sind meist bereits vor nahezu 100 Jahren bemerkt worden.

Am bekanntesten ist das Vordringen des Pirols in nördliche Richtung. Es steht u. a. wahrscheinlich mit dem in der ersten Hälfte dieses Jahrhunderts in N-Europa registrierten Anstiegs der mittleren Jahrestemperatur und besonders natürlich der mittleren Frühlingstemperatur in Zusammenhang.

V o o u s (1962) verweist auf die hohe Übereinstimmung zwischen der 17 °C-Juli-Isotherme und der Nordgrenze des Verbreitungsgebietes des Pirols. Derartige klimatischen Veränderungen führen nach N i e t h a m m e r (1951), O t t e r l i n d (1954) oder auch S h a r r o c k (1980) zur Zugprolongation, müssen aber nicht die alleinige Ursache für Verbreitungsgebietsänderungen sein.

Relativ gut ist das Vordringen der Art nach Dänemark und Schweden dokumentiert. Die nach D i e t r i c h (1928), J e s p e r s e n (1941), u. a. rekapitulierten „Einmarschwege" nach Dänemark zeigt Abb. 39. In einer sich nach kurzer Ausbreitungsunterbrechung anschließenden Expansionswelle wird ab etwa 1932 von hier ausgehend auch Südschweden erobert. Die auch noch heute ausgesprochen geringe Siedlungsdichte in diesem Raum läßt ein Vorherrschen der Zugprolongation gegenüber der aktiven Ausbreitung infolge Populationsdynamik annehmen (S t e p h a n 1970). Zwei ältere Brutnachweise bei J e s p e r s e n (1941) belegen, daß der Pirol auch zu Beginn des 19. Jh. bereits einen Vorstoß nach Schweden unternahm.

Vielleicht handelt es sich bei den Vorstoßwellen aber auch nur um Ausschnitte aus einem stetigen Prozeß, da auch J o h a n s e n (1944) für den Ostteil des Brutareals der Art eine seit dem vorigen Jahrhundert bestehende Nordentwicklung beschreibt.

Recht ungewöhnlich erscheint in diesem Zusammenhang zunächst der von F i s h e r (1959) genannte Westtrend über Finnland in den schwedischen Raum, er steht mög-

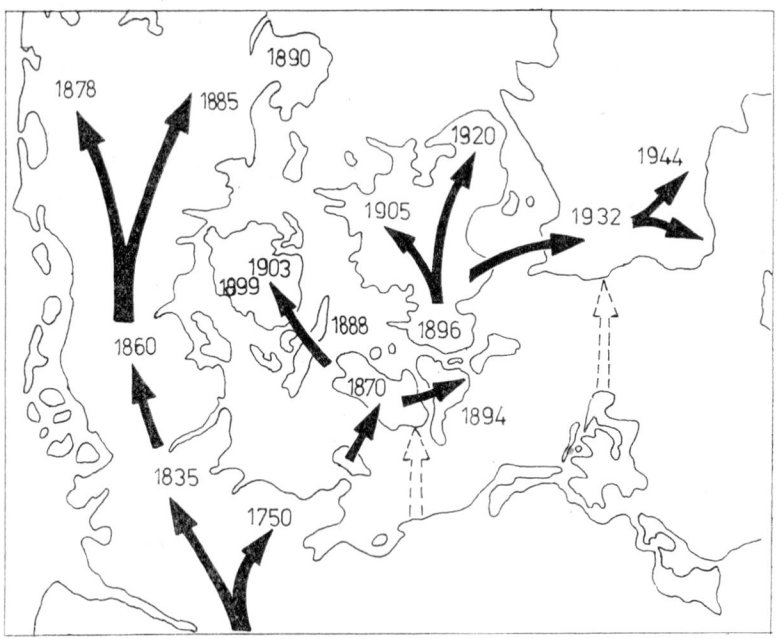

Abb. 39. Arealausweitung der Art nach Dänemark und Schweden, Rekonstruktion nach publizierten Brutangaben

licherweise ebenfalls mit der entsprechenden Erwärmungsrichtung in dieser Zone in Zusammenhang.

Brutnachweise in Mittelschweden stehen meines Wissens noch aus.

Vielleicht ist sogar die Ansiedlung und Zunahme der Art in Ostengland (S h a r - r o c k 1980) lediglich ein Ergebnis dieser allgemeinen Nordbewegung. Ob der Islandfund eines Pirols (G r ö n d a l 1886 u. a.) Folge extremer Frühjahrs- oder Herbstzugverhaltens war, muß offen bleiben.

S t e g m a n n (1936) diskutierte im Zusammenhang mit Pirolnachweisen am nördlichen Baikal eine Arealausweitung „während einer wärmeren Zeit" von Westen nach Südsibirien. J o h a n s e n (1944) hält die Baikalpirole für „verflogene" Exemplare, obwohl sicher auch hier Prolongation des Zuges nicht auszuschließen ist.

In diesem Zusammenhang ist sicher auch die Frage nach einem tropischen Ursprung des Pirols nicht uninteressant. M o r b a c h (1939) zitiert die recht spektakuläre Meinung S c h u s t e r s, nach der der Pirol ein tropischer Reliktvogel aus dem Tertiär ist.

Die Einwanderung in das gegenwärtige Verbreitungsgebiet erfolgte aber wahrscheinlich später. Mit B r a u n (1903) nehme ich zumindest ein nacheiszeitliches Vorrücken bis Nordeuropa als brauchbare Arbeitsthese an.

Wie bei allen Vögeln erzeugen Veränderungen in der Umwelt auch Bewegungen an Ausbreitungsgrenzen innerhalb des Gesamtareals. Plausibel ist die Eroberung der vom Menschen neu geschaffenen Lebensräume wie z. B. Aufforstungen. Auch Polder in den Niederlanden (T e i x e i r a 1979) oder stillgelegte Braunkohlegruben (z. B. B e e r 1961/64) fallen unter diese Rubrik. Bei anderen Erscheinungen fehlen genügende Daten, um z. B. das Vordringen in größere Höhenlagen der Mittelgebirge (M i c h e l 1891, D a t h e 1930/32, H e y d e r 1952) sicher von oszillierenden Bestandsänderungen abgrenzen zu können. Das gleiche gilt für die örtliche Zunahme in Nadelwäldern (in M i k o l a s 1925/26) oder auch in kleinen Feldgehölzen in der Friedländer Wiese (S t e g e m a n n briefl.). Populationsdruck scheint hier keine Rolle zu spielen, da die herkömmlichen Lebensräume doch noch weitere „geeignete" Reviere zulassen würden.

Eigene Beobachtungen im Berliner Raum (Königsheide) und in mecklenburgischen Städten sowie Hinweise u. a. von I l l y e s (1927/28), B o e r k e l (1925) und K i w i t (1934) belegen eine zögernde Eroberung der entsprechenden Habitate selbst in großen Städten. Interessant ist in diesem Zusammenhang Abb. 40, die eine nicht unbedeutende Bevorzugung von Brutplätzen in der Nähe von Dörfern signalisiert. Offenbar hat ein Teil der Pirole seine größte Scheu vor dem Menschen bereits vor langer Zeit verloren. Das gelegentliche Brüten in Siedlungsnähe ist mindestens seit 200 Jahren bekannt und schließlich kann auch die große Volkstümlichkeit des Vogels Ausdruck dieser Beziehung sein.

Das bereits erwähnte, oft nicht unbedeutende Oszillieren der Pirolbestände macht ein Erkennen von Bestandsrückgängen (aber auch Zunahmen) schwer. Jährliche Sprünge verzerren zudem Schwingungen längerer Dauer (etwa 10–100 Jahre), so daß Bestandsänderungen, wie sie von F l o e r i c k e (1896) in der Kurischen Nehrung (Kurskaja Kossa), von S i i v o n e n u. K a l e l a (1937) für Finnland und von K r a m p i t z (1958) für Zentralsizilien veröffentlicht wurden, durchaus nicht mehr existieren müssen oder heute anders zu bewerten sind.

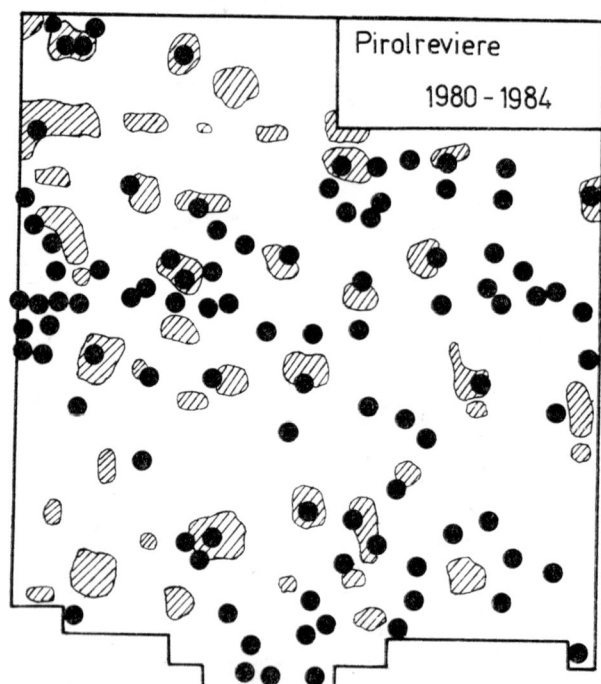

Pirolreviere

1980-1984

Abb. 40. Die Lage beob-
achteter Pirolreviere in Bezug auf Siedlungen. ● Re-
vierzentrum, schraffierte
Flächen Ortschaften

Der Vergleich zwischen älteren und aktuellen Siedlungsdichteangaben (Abschn. 4.3.) beweist, daß trotzdem über große Flächen West- und Mitteleuropas eine Abnahme erfolgt sein muß!

N i e t h a m m e r (1951) verwies darauf, daß im Fall einer Arealausweitung die physiologischen Ursachen des Festhaltens am Brutplatz durch irgendwelche Umweltfaktoren aufgelöst wurden. Das Festhalten der Art an einmal gewählten Brutplätzen scheint im allgemeinen jedoch von außerordentlicher Beständigkeit zu sein. Es ist allgemein bekannt, daß Pirolreviere in mehreren aufeinanderfolgenden Jahren besetzt werden. Drei, vier oder gar fünf Jahre sind hierbei keineswegs außergewöhnlich. Reviere mit mehr als 10 Jahren aufeinanderfolgender Belegung trifft man zwar schon nicht mehr so oft an; doch kann das durchaus auch daraus folgen, daß viele Beobachter nicht derart lange in einem bestimmten Beobachtungsgebiet wirken.

Ich selbst komme über 14 Jahre beobachtete Revierbesetzung nicht hinaus (Parchim, Rusch). G r a u m a n n informierte mich (brieflich) über ein seit 18 Jahren auf Rügen besetztes Pirolrevier.

In relativ habitatsstabilen Lebensräumen scheinen noch länger währende (vielleicht nur gelegentlich unterbrochene) Brutserien innerhalb der nahezu gleichen Reviergrenzen zu bestehen. So habe ich an dem von D i e t r i c h (1924, 1927) auf Poel für die Jahre 1923 und 1926 genannten Pirolbrutplatz im Mai 1980 ein Paar mit deutlichem Revierverhalten gesehen.

Es liegt nahe, die Existenz ausgesprochen pirol-typischer Umweltstufen-Kombi-

76

nationen anzunehmen, ohne daß völlig klar ist, welche Stufen das sind. Das um so mehr, da sich bestimmte Habitatsparameter in zehn Jahren oft nicht unwesentlich ändern. R e i n s c h u. W a r n c k e (1971) nennen Beispiele, in denen selbst deutliche Revieränderungen, wie das Fällen von Bäumen, nur zu einer Drift von wenigen hundert Metern führte. In einem Fall wich das Pirolpaar vom verlorenen Brutbaum (Pappel) sogar ins Gebüsch aus. Im Normalfall ist aber bei gröberen Veränderungen doch mit dem Verlassen des Brutgebietes zu rechnen.

Die Ausprägung der Ortstreue erstreckt sich sogar bis zur erneuten Nutzung desselben Baumes, derselben Nestgabel und als Ausnahme bis zur Nutzung desselben Nestes (u. a. R u d o w 1887, B a u 1907/08, R e i n s c h 1968).

Es ist zwar nicht belegt, ob es sich beim Brüten in derselben Astgabel auch schon einmal um dasselbe Brutpaar handelte, es ist aber (wie z. B. bei vieljähriger Revierbesetzung biologisch nicht anders erklärbar) sicher, daß in Folgejahren auch völlig fremde Paare oder auch Nachkommen der Ausgangspaare, die gleichen Anforderungen an ein Revier haben und dieses folglich einnehmen. Einige Indizien lassen ebenso die Vermutung zu, daß Altvögel und deren Brut später regelmäßig an ihren ehemaligen Brut- oder Erbrütungsort zurückkehren:

ein nestjung beringter Pirol wird nach zwei Jahren (1953) nur 5 km östlich seines Schlupfplatzes wiedergefunden (Lettland, Anonym 1966). G r o t h m a n n (Warnemünde, briefl.) kontrollierte am 2. 7. 1982 nur 2 km östlich des Beringungsortes einen von ihm 1980 als „einjähriges Weibchen" markierten Vogel jetzt als Brutvogel. Auch 1981 hatte der Gewährsmann hier einen weiblichen Pirol mit einem Ring beobachtet (Ringnr.: Hiddensee 7106943);

aus dem Material der Vogelwarte Hiddensee

a) O   25. 5. 1968 Kötzschau (51.19 N, 12.08 E) ♂ ad.
+ 20. 6. 1970 am selben Ort, als Brutvogel (Ringnr.: Hiddensee 7035676)
b) O   26. 5. 1974 Linken (53.27 N, 14.22 E)
+ 8. 7. 1976 am selben Ort, ♂ ad. (Ringnr.: Hiddensee 7115364)
c) O   14. 6. 1975 Wulfen (51.49 N, 11.56 E) njg.
+ 15. 7. 1976 Drosa (51.49 N, 11.54 E) ♀ (Ringnr.: Hiddensee 7097375)

S t r e s e m a n n (1948):

d) O	pull.	5. 7. 1939	Wijnaldum, Friesland, Niederlande
+		26. 5. 1943	Heusden, Nord-Brabant, Niederlande
e) O	pull.	28. 6. 1930	Weisenberg, Rheinpfalz
+		26. 6. 1931	etwa 3 km vom Beringungsort
f) O	pull.	17. 6. 1935	Mathildenhöhe, Bydgoszcz
+		16. 6. 1936	Slupovo, Bydgoszcz, 10 km entfernt.

V o i p i o (1956) entdeckte, daß in seinem Beobachtungsgebiet in Finnland aufgrund beträchtlicher jährlicher Schwankungen der Zahlen heimkehrender Pirole gewisse Brutplätze fortdauernd besetzt waren, andere dagegen nur in „guten Piroljahren".

Dieses „um ein Zentrum pulsieren" gilt auch für den mecklenburgischen Raum; dagegen fehlen Hinweise auf ähnliche Erscheinungen für Gebiete mit höchsten Siedlungsdichten. Die Revierbesetzungsquote Q (T, N) verdeutlicht, wie groß der Anteil der besetzten Reviere bezogen auf die Anzahl N der im Untersuchungszeitraum T

Tabelle 13. Koeffizienten der Revierbesetzungshäufigkeit beim Pirol

Quelle (Ort)	Q (T, N)	T	N	Q' (T, N)	N	Q (N)	Q' (N)
M e l d e u. M e l d e							
(1977 u. briefl.)	0,51	5	20	—	—	0,39	—
(Oberlausitz)	0,28	14	37	—	—	0,22	—
W u l f u. G r u b e (briefl.)	0,69	2	8	0,71	7	0,37	0,43
1982/83 (S–Mecklenburg)	0,81	2	8	0,86	7	0,62	0,71
	0,67	3	9	0,79	7	0,50	0,57
eigene Erhebungen	0,74	2	68	0,81	60	0,48	0,62
(N–Mecklenburg)	0,64	2	56	0,69	48	0,28	0,38
	0,55	4,1	88	0,70	42	0,32	0,40

bekannten Brutplätze ist (F e i g e 1984). Q' (T, N) korrigiert Störeffekte besonders „guter" und „schlechter" Piroljahre aus, Q (N) bzw. Q' (N) darüber hinaus auch noch den Beobachtungsjahre-Effekt, allerdings nur noch mit relativer Interpretationsmöglichkeit zwischen verschiedenen Erhebungen.

Die in Tabelle 13 zusammengestellten Werte kennzeichnen den Pirol als einen Vogel mit hoher Revierbesetzungsquote (wenngleich in diesem Merkmal mit nicht unbedeutender Varianz). Im Mittel liegt der Pirol hinsichtlich der erneuten Besetzung von Brutrevieren wohl nur wenig hinter manchen Greifvogelarten zurück, erreicht aber nicht derartig hohe Koeffizienten wie z. B. der Weißstorch (*Ciconia ciconia*). Innerhalb der Ordnung Passeriformes sind Werte für Q (N) und auch Q' (N) größer als 0,5 selten.

4.5. N a h r u n g

Pirole ernähren sich in erster Linie von Insekten und ihren Larven. Vertreter anderer Tierklassen sind seltener im Nahrungsspektrum vertreten. Zur Zeit der Reife von Früchten, insbesondere von saftigen fleischigen Beeren, ernährt sich die Art zeitweilig auch multivor.

Die Ankunft der Pirole fällt im Areal in eine Zeit, in der die Insektenfauna bereits so weit entwickelt ist, daß die Vögel sich normalerweise ohne Gewichtsverlust ernähren können. In vergangenen Jahren spielten nach der Heimkehr besonders Maikäfer (*Melolontha* spec.) eine wichtige Rolle. V i e t i n g h o f f (1927/29) nahm an, daß Maikäfer in Ungarn sogar hauptsächliche Nahrung sind.

Die Pirole scheinen sich auf das jeweils aktuelle Insektenangebot einstellen zu können. So riefen bestimmte Gradationen von Schadraupen auch lokale Zunahmen der Art hervor (B u x b a u m 1903, G r o e b b e l s 1932, R ö r i g 1899).

Raupen sind wiederum das am häufigsten gefressene Insektenstadium. Sicher steht das mit dem bei weitem größeren Angebot als an Imagines und der leichteren Erbeutbarkeit in Zusammenhang. Es werden sowohl nackte als auch mehr oder weniger stark behaarte Raupen gefressen. In dieser seltenen Eigenschaft gleicht der Pirol dem Kuckuck (*Cuculus canorus*).

Zur anteiligen Zusammensetzung der Pirolnahrung liegen nur wenige Erhebungen

Tabelle 14. Zusammensetzung der Pirolnahrung

systematische Einheit/Stichprobenumfang	Popov (1978) n = 142	Dement'jev u. Gladkov (1954) $n_1 = 165$	$n_2 = 70$
Spinnen (Araneae)	2,1 %	—	—
Insekten (Insecta)	91,5 %*	100 %	100 %
davon Hautflügler (Hymenoptera)	2,1 %	—	2,9 %
Zweiflügler (Diptera)	—	1,8 %	—
Heuschrecken (Saltatoria)	0,7 %	6,1 %	2,9 %
Wanzen (Heteroptera)	9,8 %	15,2 %	14,3 %
Gleichflügler (Homoptera)	—	11,5 %	—
Käfer (Coleoptera)	16,2 %	4,6 %	30,0 %
davon Maikäfer (*Melolontha* sp.)	(8,4 %)		
Schmetterlinge (Lepidoptera)	57,0 %	58,8 %**	50,0 %
davon Raupen	(56,2 %)		
Beeren	6,3 %	—	—

* lt. Prokof'jev 84,2 %; ** etwa 75 Vol.-%

vor (siehe Tab. 14). Das ist wahrscheinlich auch eine direkte Folge der aus menschlicher Sicht versteckten Lebensweise der Art. Die Identifizierung der Nahrung durch Feldbeobachtungen ist meist nur bei auffälligen Arten möglich. Mageninhaltsanalysen lassen keine größeren Stichprobenumfänge zu. Szeöts (1911), Csörgey (1911) und Averin u. Ganja (1970) verweisen auf eine beim Pirol selten angewandte Methode der Nahrungsuntersuchung über das Einsammeln von Speiballen der Jungvögel unter dem Nest.

Die Tabellen 15 und 16 geben einen Überblick über beobachtete Nahrungsgruppen sowie über besonders häufig genannte oder auffällige Arten. Wenngleich in beiden Tabellen einige Zeilen nur für *Oriolus o. kundoo* ausgewiesen sind, gibt es im allgemeinen keine auffälligen Unterschiede in der Nahrungszusammensetzung gegenüber der Nominatform. Das von Ali u. Ripley (1972) für diese Subspecies notierte Blütennektartrinken entspricht der Bevorzugung von reifen Beerenfrüchten und ist sicher aus dem klimatisch bedingten, andersartigen Blütenangebot abzuleiten. Derartige Beobachtungen stehen für *O. o. oriolus* selbst im Winterquartier aus, erscheinen aufgrund der Fähigkeit des Rüttelfliegens jedoch nicht undenkbar.

V. Sommern beobachtete lt. Klaas (1959) das Fressen von Blüten der Seideneiche (*Grevillea robusta*) und Rey (1903) von Blattknospen verschiedener Baumarten.

Mehrere Autoren belegen das gelegentliche Ausrauben fremder Gelege oder das Fressen von artfremden Nestlingen.

Die jährliche Veränderung der Anteile der einzelnen Nahrungsgruppen ist weitgehend unbekannt. Nach Groschupp (1888) dominiert auch während der Kirschenzeit die Aufnahme von Insekten. Lokal kommt es kurzfristig bei Kirschen-

Tabelle 15. Pflanzliche Nahrung des Pirols

Familien, Artnamen	ad./pull.		ausgewählte Quellen; Bemerkungen

Taxaceae
  Eibe (*Taxus baccata*) — + — G e y r (1938)

Pinaceae
  Fichte (*Picea abies*) — + — M i k o l a s (1925/26); mühselig aus Zapfen

Ulmaceae
  Zürgelbaum (*Celtis australis, C. occidentalis*) — + — W a r g a (1922), T u r č e k (1961)

Proteaceae
  Seideneiche (*Grevillea robusta*) — + — K l a a s (1959), Blüten gefressen

Moraceae
  Maulbeeren (*Morus alba, M. nigra, M. rubra*) — + — C s i k i (1904), N a u m a n n (1905), D o r n i n g (1921), C s a b a (1958), T u r č e k (1961) u. v. a.; beliebt!

  Feigen (*Ficus benghalensis,* F. carica, F. spec.*) — + — B o r k h a u s e n et al. (1800), S t r e s e - m a n n (1956), A l i u. R i p l e y (1972); meist auf dem Zug

Elaeagnaceae
  Ölweide (*Elaeagnus angustifolia*) — + — W a r g a (1922)

Ericaceae
  Blaubeere (*Vaccinium myrtillus*) — + — C r e u t z (1983)

Rosaceae
  Erdbeeren (*Fragaria ananassa, F. vesca*) — + + — B o r k h a u s e n et al. (1800)
  Brombeeren (*Rubus fruticosus*) — + — N a u m a n n (1905), K o v a c e v i c u.
  Himbeeren (*R. idaeus*) — + + — D a n o n (1950/51), R e i n s c h (1963), C r e u t z (1963), eigene Beob.

  Birnen (*Pyrus communis*)* — + — D e m e n t' j e v u. G l a d k o v (1954), eigene Beob.; auch unreife Früchte bepickt

  Elsbeere (*Sorbus torminalis*) — + — T u r č e k (1961)

  Eberesche (*Sorbus aucuparia*) — + — B o r k h a u s e n (1800), N a u m a n n (1905), M ü n c h (1983), u. a.

  Felsenbirnen (*Amelanchier baccata, A. ovalis, A. lamarckii*) — + + — C r e u t z (1952/54), W e s t e r f r ö l k e (1955), T u r č e k (1961)

  Traubenkirsche (*Padus serotina, P. avium*) — + — W a r g a (1923/24), C r e u t z (1983)

  Süß-, Weichsel- und Sauerkirsche (*Cerasus avium, C. mahaleb, C. cerasus*) — + + — u. a. C s i k i (1904), S c h n e i d e r (1956/58), T u r č e k (1961); sehr beliebt!

Familien, Artnamen	ad./pull.		ausgewählte Quellen; Bemerkungen
Pflaume (*Prunus domestica*)	+		N a u m a n n (1905), H o e s c h (1957), K o v š a ι (1974), eigene Beob.
Grossulariaceae			
Johannisbeeren (*Ribes rubrum, R. nigrum*)	+	+	D e m e n t ' j e v u. G l a d k o v (1954), T u r č e k (1961), R e i n s c h (1963)
Papilionaceae			
Johannisbrot (*Ceratonia siliqua*)	+		D e s p o t t (1917); auf dem Zug
Korallenstrauch (*Erythrina indica*)*	+		A l i u. R i p l e y (1972); Blütennektar/ Blütenbestäubung durch Vögel
Cornaceae			
Weißer Hartriegel (*Cornus alba*)	+		R u t h k e (1951)
Rhamnaceae			
Faulbeerbaum (*Frangula alnus*)	+		N a u m a n n (1905), D e m e n t ' j e v u. G l a d k o v (1954)
Vitaceae			
Weinrebe (*Vitis vinifera*)*	+		S c h u s t e r (1905) u. v. a.
Oleaceae			
Oliven (*Olea europaea*)	+		S t r e s e m a n n (1956); Nahrung auf dem Zug
Palmae			
Dattelpalme (*Phoenix dactylifera*)	+		B a t e s (1936); auf dem Zug
Caprifoliaceae			
Holunder (*Sambucus nigra, S. racemosa*)	+		N a u m a n n (1905), T u r č e k (1961); eigene Beob.
Compositae			
(*Phitilaeca decandra*)	+		T u t m a n n (1959); auf dem Zug
Gramineae			
Hafer (*Avena sativa*)	+		K o v a c e v i c u. D a n o n (1950/51); „Versehen"?
Blattknospen	+		R e y (1903)

Wenn nicht anders vermerkt, wurden die Früchte der Pflanzen gefressen.
Mit * gekennzeichnete Arten sind auch oder nur für *O. oriolus kundoo* nachgewiesen worden.

oder Beerenmast zu Abweichungen von dieser Regel (u. a. C s i k i 1904 und eigene Beobachtungen).

Offenbar bevorzugen die mit Fettreserven startenden Pirole auf dem Herbstzug (möglicherweise auch nur lokal) pflanzliche Nahrung. Rastende Vögel in Weinbergen, Feigenbäumen oder Olivenhainen unterstützen diesen Eindruck (R e i n b o t h 1939, S t r e s e m a n n 1956).

Tabelle 16. Tierische Nahrung des Pirols

Klasse, (Ordnung), Familie, Artnamen	ad./pull.	ausgewählte Quellen, Bemerkungen
Schnecken (Gastropoda)	+	K l e i n e r (1929/30), M a l ' s h e v s k i u. P u k i n s k i j (1983)
Helicidae	+	
Weinbergschnecke (*Helix* spec.)	+	C s i k i (1904)
Heideschnecken (*Helicella obvia*, *H. hungarica*)	+	K e v e (1952/55)
Enidae		K e v e (1952/55); auch bei Elster
– (*Zebrina detrita*)	+	(*Pica pica*) festgestellt
Gürtelwürmer (Clitellata)		
Lumbricidae – Regenwürmer	+ +	N a u m a n n (1905) D e m e n t ' j e v u. G l a d k o v (1954)
Spinnentiere (Arachnida)*	+ +	R e y (1908), A l i u. R i p l e y (1972), P o p o v (1978)
Araneidae – Kreuzspinnen	+	C s i k i (1904)
Insekten (Hexapoda = Insecta)*	+	B e c h s t e i n lt. B o r k h a u s e n et al. (1800); auch Insekteneier
Isoptera – Termiten	+	K l a a s (1959); fliegende Termiten
Saltatoria – Heuschrecken*	+ +	C s i k i (1904), R o b i e n (1919), B a n n e r m a n n (1953) u. a.
Heteroptera – Wanzen	+	K o v š a r et al. (1974)
Lygaeidae		
– (*Dysdercus cingulatus*)*	+	A l i u. R i p l e y (1972)
Ritterwanze (*Lygaeus hospes*)*	+	A l i u. R i p l e y (1972)
Acanthosomatidae		
Stachelwanze (*Acanthosoma haemorrho-idale*)	+	C s i k i (1904)
Pentatomidae	+	
Baumwanzen (*Pentatoma* spec.., *P. rufipes, Palomena prasina*)	+ +	D e m e n t ' j e v u. G l a d k o v (1954), C s i k i (1904)
Rhaphidiidae – Kamelhalsfliegen	+	D e m e n t ' j e v u. G l a d k o v (1954)
Coleoptera – Käfer		
Scarabaeidae		
Maikäfer (*Melolontha hippocastani, M. melolontha*)	+ +	B o r k h a u s e n et al. (1800), C s i k i (1904), R e y (1908)
– (*Hoplia* spec.)	+	V i e t i n g h o f f (1927/29)
Getreidelaubkäfer (*Anisoplia* spec.)	+	G r o e b b e l s (1931) K o v š a r et al.
Walker (*Polyphylla fullo*)	+	(1974); eigene Beob.
Nashornkäfer (*Oryctes nasicornis*)	+	
Lucanidae		
Hirschkäfer (*Lucanus cervus*)	+	H a l l a u u. M i n a c k (briefl. 1983)

82

Klasse, (Ordnung), Familie, Artnamen	ad./pull.	ausgewählte Quellen; Bemerkungen
Chrysomelidae		
Kartoffelkäfer (*Leptinotarsa decemlineata*)	+	R a u l s (1953), M a n s f e l d (1954)
Curculionidae*	+	C s i k i (1904), V i c t i n g h o f f
Blattnager (*Phyllobius argentatus*, *Ph.* spec.)	+	(1927/29), A l i u. R i p l e y (1972)
Glanzrüßler (*Polydrusus mollis*)	+	
Distelgallenrüßler (*Cleonus* spec.)	+	
Gezähnter Weidenkätzchenrüßler (*Dorytomus tremulae*)	+	
– (*Myllocerus maculosus*)*	+	
– (*Balanius turbatus*)	+	
Hymenoptera – Hautflügler*	+	F e l i x (1977)
Diprionidae		
Kiefern-Buschhornblattwespe (*Diprion pini*)	+	A l t u m (1898)
Formicidae – Ameisen	+	C s i k i (1904), A l i u. R i p l e y
– (*Camponotus compressus*)*	+	(1972)
Vespoidea – Faltenwespen	+	F e l i x (1977)
Apoidea		
Honigbiene (*Apis mellifera*)	+ +	B a n n e r m a n n (1953), eigene Beob.; auch juv.
Homoptera – Gleichflügler		
Cicadina – Zikaden	+	D e m e n t ' j e v u. G l a d k o v (1954), K o v š a r et al. (1974)
Lepidoptera – Schmetterlinge	+ +	C s i k i (1904); auch Kokons
Pieridae		
Großer Kohlweißling (*Pieris brassicae*)	+	R o b i e n (1919); Gefangenschaft
Arctiidae		
Brauner Bär (*Arctia caja*)	+	O t t o u. O t t o (1981); Gefangenschaft
Amerikanischer Bärenspinner (*Hyphantria cunea*)	+	R e i c h a r d t (1956/57), K e v e u. R e i c h a r d t (1960); ganze Nester leer fressend
Lymantriidae		
Nonne (*Lymantria monacha*)	+	T o b i a s (1851), G r o s c h u p p (1888),
Buchenrots,,wanz (*Dasychira pudibunda*)	+	P r o b s t (1891), R o b i e n (1919),
Pappelspinner (*Leucoma salicis*)	+	C s i k i (1904), G r o e b b e l s (1932);
Goldafter (*Euproctis chrysorhoea*)	+	aber wohl keine Nonneneier
Notodontidae		
Gabelschwanz (*Cerura vinula*)	+	K a y s e r (1921)
Lasiocampidae	+	G r o s c h u p p (1888), B u x b a u m
Ringelspinner (*Malacosoma neustria*)	+	(1890), C h r i s t o l e i t (1899),

6*

Klasse, (Ordnung), Familie, Artnamen	ad./pull.		ausgewählte Quellen, Bemerkungen
Eichenspinner (*Lasiocampa quercus*)	+		Naumann (1905), Rey (1908),
Kiefernspinner (*Dendrolimus pini*)	+	+	Vietinghoff (1927/29), eigene Beob.
Sphingidae			
Windenschwärmer (*Herse convolvuli*)	+		Bianchi (1888), Csiki (1904),
Pappelschwärmer (*Laothoë populi*)	+		Robien (1919); auch in Gefangen-
Abendpfauenauge (*Smerinthus* spec.)	+		schaft
Noctuidae	+		Kollibay (1898), Csiki (1904),
Ahorn – Pfeileule (*Apatele aceris*)	+		Rey (1908), Robien (1919), Averin u. Ganja (1970)
Geometridae	+	+	Dement'jev u. Gladkov (1954),
Spinnerspanner (*Lycia hirtaria*)	+		Kovšar et al. (1974), Averin u. Ganja (1970)
Tortricidae	+		Rey (1903, 1908), Schlegel
Eichenwickler (*Tortrix viridana*)	+		(1927/29), Westerfrölke (1959)
Coleophoridae			
Knospenmotte (*Coleophora evonymella*)	+		Vietinghoff (1927/29)
Diptera – Zweiflügler	+	+	Csiki (1904), Bannermann (1953)
Tabanidae			
– (*Tabanus* spec.)	+		Popov (1978) u. a.
Kriechtiere (Reptilia)			
Lacertidae – Eidechsen	+		Averin u. Ganja (1970); 0,7 %
Vögel (Aves)	+		Buxbaum (1903), Gengler u. Kawelin (1909), Filiatov lt. Dement'jev u. Gladkov (1954); Eier und Nestlinge kleiner Vogelarten

Mit * gekennzeichnete Arten sind auch oder nur für *O. oriolus kundoo* nachgewiesen worden.

Immer dann, wenn sich der Pirol an Früchten vergreift, die der Mensch für sich selbst angebaut hat, beginnen die so Geschädigten gegen ihn vorzugehen. Ein Vertreiben mag noch angehen, das Töten ist jedoch zu verwerfen. Viele vergessen, daß die Pirole mit der Vertilgung großer Raupenmengen besonders in Siedlungsnähe zum Gelingen mancher Ernte beigetragen haben.

Wie erwähnt, beteiligt sich die Art zum eigenen Vorteil auch an der Eindämmung von Schadinsektenkalamitäten. Schuster (1905) meint, daß Weinbeerenkerne, die durch den Vogelmagen gegangen sind, besser keimen und der Pirol so als Verbreiter des Weines wirkt.

Die an die Nestlinge verfütterte Nahrung ähnelt in ihrer Zusammensetzung der der Elterntiere.

Auf der Jungvogel-Speisekarte stehen Raupen verschiedener Größe, sowohl behaarte als auch nackte, Käfer, Heuschrecken usw. Nachgewiesene Artengruppen sind in Tabelle 15 und 16 hervorgehoben.

Etwa ab dem 8. bis 10. Lebenstag tauchen in der den Nestlingen angebotenen Nahrung Beeren auf (K l a a s 1959). Sind z. B. Kirschen zunächst noch zu groß, wird deren Saft in die Sperrachen gedrückt und der Rest weiterverfüttert (Z i p p e l i u s 1972). Pflanzliche Nahrung bleibt insgesamt dennoch nur Ergänzung in der Nahrungspalette der Jungvögel (D e m e n t ' j e v u. G l a d k o v 1954).

Große und zottige Raupen werden für die pull.-Pirole durch die ad. aufbereitet. Das geschieht durch das Abreißen der festen Chitinköpfe und Einspeicheln der Raupen (K o v š a r et al. 1974), aber auch durch Kneten oder Weichklopfen der Beutetiere (u. a. R e i n s c h u. W a r n c k e 1971).

Eben flügge Pirole übernehmen das Vorbereiten der Nahrung selbständig, wenngleich kurzbehaarte Raupen auch sofort geschluckt werden (O t t o u. O t t o 1981 und briefl. 1981, S c h r a m m briefl. 1983). Die Geschwister O t t o (1981) verwiesen darauf, daß der von ihnen aufgezogene Pirol rote Insekten mied, aber wespenähnliche Schwebfliegen (Syrphidae) und kleine Hummeln (*Bombus* spec.) aufnahm. K o v š a r et al. (1974) erwähnen das gelegentliche Verfüttern von kleinen Erdklümpchen, Steinchen oder sogar Glas. Wieviele Jungvögel das Nest verlassen, ja ob die Pirole überhaupt zur Brut schreiten, hängt wahrscheinlich mittelbar vom Nahrungsangebot im Mai und Juni ab. Die genauen Wirkmechanismen sind hierbei nicht bekannt (siehe Abschn. 4.3.).

Auch Unterschiede örtlicher Siedlungsdichten sind zum Teil Folge eines differenzierten Nahrungsangebotes. Hinweise auf Ersatznahrung für in Gefangenschaft gehaltene Pirole (Lockvögel) findet man in der Zeitschrift „Die gefiederte Welt" (Magdeburg) bzw. bei P e t e r s (1967), B u b (1971), O t t o u. O t t o (1981) u. v. a.

4.6. V e r l u s t e

Will man R e i n s c h u. W a r n c k e (1971) folgen, haben ad. Pirole keine ernsthaften Feinde. Trotzdem geht es auch bei dieser Art nicht ohne Verluste ab.

4.6.1. Biotische Faktoren

In welchem Umfang Parasiten bestandsdezimierend wirken, ist weitgehend unbekannt (s. Abschn. 4.7.). Genauere Angaben vermitteln uns dagegen die Beutelisten der Greifvögel. Neben den in Tab. 17 genannten Arten standen Pirole auch beim

Zwergadler (*Hieraaetus pennatus*) – F e d j u š i n u. D o l b i k (1967)
Rotmilan (*Milvus milvus*) – P f l u g b e i l u. K l e i n s t ä u b e r (1952/54)
Turmfalken (*Falco tinnunculus*) – P o p o v (1978)
Rotfußfalken (*Falco vespertinus*) – C e r v a (1911)
Uhu (*Bubo bubo*) – U t t e n d ö r f e r (1952), D o r k a (1966)
und
Habichtskauz (*Strix uralensis*) – U t t e n d ö r f e r (1952)
auf der Speisekarte.

Tabelle 17. Pirole als Beute von Greifvögeln und Eulen

Art	erbeutete Vögel	Anteil-Pirole [%]	Quellen
Greife und Eulen insgesamt	43 059	0,58	Uttendörfer (1952)
Greife insgesamt	5 796	0,52	Morbach (1939)
Eleonorenfalke (*Falco eleonorae*)	2 811	18,5	Walter (1968)
	34	29,4	Uttendörfer (1947/48)
Feldeggs-Falke (*Falco biarmicus feldeggi*)	54	18,5	Mebs (1957, 1959)
Wanderfalke (*Falco peregrinus*)	6 410	0,94	Uttendörfer (1952)
	1 003	0,30	Schnurre (1954/56, 1965/66)
Sperber (*Accipiter nisus*)	58 077	0,48	Uttendörfer (1952)
	2 460	0,41	Morbach (1939)
	194	20,6	Wendland (1960/62)
Habicht (*Accipiter gentilis*)	8 309	1,33	Uttendörfer (1952)
	1 385	0,72	Schnurre (1973)
Mäusebussard (*Buteo buteo*)	389	5,15	Uttendörfer (1952)
Schwarzer Milan (*Milvus migrans*)	1 555	0,64	Uttendörfer (1952)
Waldkauz (*Strix aluco*)	6 000	3,0	Uttendörfer (1952)
Waldohreule (*Asio otus*)	274	3,65	Morbach (1939)

Offensichtlich sind es meist besonders schnelle Greifvogelarten, die im offenen Gelände Pirole erbeuten können. Der geringe Anteil an der Gesamtbilanz der Greifvogelstrecke (bezogen auf die relative Brutdichte des Pirols) entspricht dem durch die versteckte Lebensweise der Art zu erwartenden Werten. Die hohen Quoten beim Eleonorenfalken (*Falco eleonorae*) kommen in der Herbstzugzeit des Pirols zustande. Diesem fehlen auf den Felseninseln des Mittelmeeres, dem Brutgebiet des Eleonorenfalken, die entsprechenden Deckungsmöglichkeiten, so daß sie sich bei Gefahr sogar in Felsspalten verstecken (Walter 1968).

Nachtaktive Vögel wie z. B. der Uhu (*Bubo bubo*) erbeuten nur gelegentlich die nachts ziehenden Pirole.

Die Eier und Nestlinge des Pirols sind normalerweise kaum von Greifvögeln bedroht (Ausnahme wohl nur der Rotmilan, *Milvus milvus*). Sie werden schon eher das Opfer von Eichelhäher (*Garrulus glandarius*), Nebel- oder Rabenkrähe (*Corvus corone*) oder Elster (*Pica pica*) (Leverkühn 1886, Marowski 1892, Hocke 1905, Scholz 1907, Diesselhorst 1956 und eigene Beob.).

Auch Säugetiere sind eine Gefahr für den Pirolnachwuchs: Mäuse – Muridae

(G r o t h m a n n briefl. 1981) und Eichhörnchen – *Sciurus vulgaris* (M a r o w s k i 1892). Eine Reihe anderer Arten scheidet wegen der Bauart der Nester als Räuber aus.

Konsequenterweise muß ich auch den Menschen zur biotischen Verlustursache erklären. Die Menschen sind sogar die größte Gefahr für die Art:

- In manchen Ländern (besonders der Mittelmeerzone) werden auch heute noch Pirole oft massenhaft als Nahrung gefangen oder geschossen (K o e n i g 1886, V a l l o n 1891, Z e d l i t z 1909, D e s p o t t 1917, K o e n i g 1920, S p r a n g e r 1926 u. v. a.). K i e p e n h e u e r u. L i n s e n m a i r (1965/66) beobachteten in Alexandria, wie gefangene Pirole lebend, durch die Nasenlöcher auf Fäden gereiht und gebündelt zum Verkauf angeboten wurden.

- Die Vorliebe für Kirschen und andere Früchte, die die Menschen zum eigenen Verzehr anbauten, werden dem Pirol manchmal zum Verhängnis. Abschuß und Fang treffen nicht nur die noch unerfahrenen Jungvögel (L i e b e 1879, P i e t s c h 1885, H o f f m a n n 1910, T u t m a n n 1959 u. a.).

- Ab und an sind es auch einfach nur Jagd- und Neugier der Menschen, die die Pirole das Leben kosten (T o b i a s 1851, S c h i e b e l 1916).

- Einen mehr als satirisch übertriebenen Tötungsgrund registrierte P e i t e r (1899): da Pirole auch Nestlinge anderer Vogelarten fressen, werden sie in Parks abgeschossen.

- Nest- und Gelegekontrollen oder Beringungen führen gelegentlich zur Aufgabe der Brut (S c h e n k 1909, S c h u s t e r 1923, C o n g r e v e (1935).

- P o p o v (1978) berichtete von Nachstellungen um 1932 in der Tschuwaschischen ASSR, da Aufgüsse aus Pirolfedern als Heilmittel gegen Gelbsucht und Malaria galten.

- C s ö r g e y (1911) gab Pirolnestern in einigen Gebieten Ungarns geringe Chancen, da diese zum Verräuchern bei kranken Kuheutern gesucht und abgeschnitten wurden.

- Nach J o h a n s e n (1944) gehörten Pirolbälge bei den Schamanen des Altaigebirges zum Beschwörungskult.

Mittelbar bestandsdezimierend wirken besonders zur Brutzeit Holzeinschlag und andere Waldstrukturveränderungen (W i e h e 1973, G r o ß e r t briefl. 1971 u. a.). V i e t i n g h o f f (1927/29) verwies auf die in Folge einer Spinnerkalamität 1907/08, in Spanien entlaubten Bäume, die ebenfalls zu Verlusten unter den Baumbrütern führten.

Schutzbemühungen für den Pirol haben ihren Ursprung in frühen Einzelaktionen und der Aufklärungsarbeit einer Reihe von Ornithologen (Vogelschutzgesetz von Mecklenburg – Schwerin 1913, K u m e r l o e v e 1964 mit Quelle von 1867! u. a.).

Zum Abschluß der Gefahrenliste „Mensch" aber ein optimistischer Ausklang. Der Pirol steht, wie auch andere Sperlingsvogelarten, in der DDR und in einigen anderen europäischen Staaten unter Naturschutz.

Weitere biotische Faktoren erscheinen noch nicht hinreichend genau untersucht. Manchmal ist nicht einmal klar, ob ein biotischer Faktor direkt wirkt oder ob er nicht selbst nur Wirkung einer abiotischen Ursache ist. Hierher zähle ich

Zugverluste (z. B. durch Abmagerung oder Flüssigkeitsmangel, K o l l i b a y 1895, L e m k e 1979),

die Aufgabe der Brut nach Verlust eines Brutpartners oder auch ohne erkennbaren Grund (R e i n s c h u. W a r n c k e 1971),

Unfälle beim Verteidigen der Reviere (S c h e n k 1944/47),

genetische Defekte (B o k a i 1952/55).

4.6.2. Abiotische Faktoren

Die wirksamsten Faktoren sind in diesem Sinn offenbar die Witterung und auf höherer Ebene das Klima. Selbst die Fluktuation im Nahrungsangebot ist eng mit dem jährlichen Witterungsgang verbunden.

M a r o w s k i (1892) glaubt, daß etwa 50 % der Gelege in kalten Brutperioden verlassen werden. In solchen Jahren fehlen Nachgelege und einige Paare beginnen überhaupt nicht mit der Brut (S c h ü z 1935, R e i n s c h u. W a r n c k e 1971, eigene Beob.).

Unwetter, wie z. B. Hagelschlag, reißen unter Umständen sogar Lücken in die Altvogelbestände (B a t h o s 1956/57). Nach R a c z (1914, 1920) waren 6 Jahre notwendig, um die Verluste nach einem Hagelunwetter am 17. 8. 1914 auszugleichen. Weitere Beziehungen zwischen Witterungskomponenten und Bestandsfluktuation findet man in Abschnitt 4.3. analysiert. Diese bestätigen aber auch die These von N i e h u i s (1968), nach der das Vordringen des ozeanischen Klimas nach Mitteleuropa am Rückgang der Art „mitschuldig" ist.

H i n t z (1866) fand Piroleier, die der Wind aus dem Nest geschleudert hatte. Ausnahmsweise brechen wohl auch einmal die Trageäste der Nester unter der Windlast oder dem Gewicht der Jungvögel (H a u n 1905/06) und fallen Jungvögel aus der „Wiege" (W e s t e r m a n n briefl. 1982).

Offenbar verunglücken wenige Altvögel beim Nestbau, indem sie sich in den Schlingen des Baumaterials verfangen und so aufhängen (S c h o l z 1908, F l o e - r i c k e 1920, M o r b a c h 1939 sowie Abb. 76).

Die Verdrahtung der Landschaft war nur in drei mir bekannten Fällen Todesursache der Art (K a y s e r 1921, S c h e n k 1944/47, S c h w a r t h o f f 1974).

4.7. P a r a s i t e n

Auch der Pirol bleibt von Parasiten, die z. T. sogar arttypisch sind, nicht verschont.

N i e t h a m m e r (1937) nennt eine ganze Serie verschiedener Rundwürmer (Nemathelminthes) und Plattwürmer (Plathelminthes) aus dem Darmtrakt der Art, deren Kenntnis über das Vorkommen beim Pirol wohl vereinzelt schon auf N a u - m a n n (1905) zurückgeht:

Bandwürmer (Cestodes)
Raillietina compacta
Hymenolepsis farciminosa, H. serpentulus, H. stylosa
Dilepsis angulata, D. undula
Taenia angulata, T. frontina, T. serpentulus, T. nitzschi u. a.

Rundwürmer (Nemathelminthes)
Filaria anthuris
Acuaria anthuris, A. cordata
Echinorhynchus sigmoides u. a.

Unter den Ektoparasiten wurden beim Pirol vor allem Lauskerfe (Phthiraptera) bzw. Federlinge (Mallophaga) und Zecken (Ixodidae) registriert:

Mallophaga
Ricinus dolichocephalus (schwefelgelb!)
Philopterus ornatus u. a.
Acari (Milben)
Hyalomma spec., *H. marginatum*
Ixodes ricinus
Siphonaptera (Flöhe)
Ceratophyllus gallinae
Hippoboscidae (Lausfliegen)
Ornithomyia avicularia

(Nach Angaben von N a u m a n n 1905, E i c h l e r 1936, N i e t h a m m e r 1937, Z u k o v i c u. W i k e r h a u s e r 1954, H o o g s t r a a l u. K a i s e r 1961, H o o g s t r a a l et al. 1963 und v. d. E l z e n u. W o l t e r s 1978).

Sowohl Alt- als auch Jungpirole (Nestlinge) versuchten, sich während der Gefiederpflege von ihren „lästigen Gästen" zu befreien (was aber nicht immer hinreichend gelingt, wie durch „Milben" heimgesuchte Nestjunge hin und wieder belegen).

K a y s e r (1930) empfielt für in Gefangenschaft gehaltene Vögel der Art eine oftmalige Reinigung des Käfigs gegen „Ungeziefer".

4.8. L e b e n s d a u e r

Das beste Mittel zur Bestimmung des Alters eines Vogels ist deren individuelle Markierung, die Beringung also. Die geringe Anzahl von Beringungen und damit auch von Wiederfunden der Art im Verbreitungsgebiet lassen gegenwärtig eine hinreichend genaue Schätzung der Lebenserwartung noch nicht zu.

Als Mittelwert aus den mir bekannten und auswertbaren Rückmeldungen aus verschiedenen Quellen (n = 79) erhielt ich:

$$L = 1,4 \text{ Jahre}.$$

Dieser Wert mag als erste Hochrechnung der Lebenserwartung eines gerade flüggen Jungvogels gelten. Hat der Pirol bereits seinen ersten Winter überlebt, steigt der Schätzwert auf

$$L = 3,05 \text{ Jahre}$$

an (n = 32); und nach einem weiteren Jahr (n = 21) gar auf

$$L = 3,9 \text{ Jahre}.$$

Die Schwierigkeiten dieser Kalkulationen werden aber auch dadurch verständlich, wenn man berücksichtigt, daß Rückmeldungen aus den Winterquartieren fast völlig fehlen. Die Folge sind auffällig unterschiedliche Wiederfundswahrscheinlichkeiten in den verschiedenen Jahreszeiten. Die ältesten Ringvögel erreichten bei der

Art nur wenig mehr als 7 Lebensjahre (S c h e n k 1925/26, A g a r d i 1939/42, G l u t z 1969, S c h i f f e r l i 1969). Spitzenreiter ist der am 17. 6. 1916 bei Berkesd in Ungarn beringte und am 28. 4. 24 in Italien wiedergefundene Pirol, der damit fast 8 Jahre alt wurde (S c h e n k 1925/26).

In Gefangenschaft erreichen die Pirole bei guter Pflege gelegentlich ein noch höheres Alter (z. B. R a u s c h 1900, K u l l m a n n 1900). F a h n e r t (briefl. 1982) besaß ein Exemplar, das erst mit 9 Jahren und 3 Monaten einging. K a y s e r (1900) berief sich auf eine Quelle von 1847, nach der die Pirole in Gefangenschaft sogar bis zu 12 Jahren alt werden können. Für in Gefangenschaft gehaltene Pirole berechnete M i t s c h (1975) eine mittlere Lebensdauer von 4,1 Jahren (n = 50).

5. Lautäußerungen

Beginnt man sich mit der Lebensweise des Pirols zu beschäftigen, überrascht bald die Vielfalt der von ihm beherrschten Lautäußerungen. Intensive Beobachtungen in Nestnähe entdecken dem Ornithologen, daß die Art bei weitem nicht nur laute Rufe ertönen läßt.

Freilandfeststellungen zum stimmlichen Repertoire der Art sind umso wertvoller, wenn man bedenkt, daß Pirole in Gefangenschaft nur selten die volle Rufleistung erbringen. Handaufgezogene Nestlinge lassen zwar die Vermutung zu, daß den Pirolen der Flötenpfiff angeboren ist, er bedarf aber offensichtlich der Verfestigung durch andere ad. Männchen (H e i n r o t h 1926). Eine Reihe populationsdynamischer Fragestellungen werden wahrscheinlich sogar erst mittels qualitativer Stimmanalysen beantwortet werden können.

5.1. R u f e

Den Löwenanteil der Lautgebung nehmen bei vielen Vogelarten relativ kurze oder wenigsilbige Rufe und Rufkombinationen ein. Sie enthalten in äußerst komprimierter Form arttypische Nachrichten bzw. sind z. T. auch im Kontakt mit anderen Arten wirksam.

Die wohl am häufigsten zu vernehmenden Laute beim Pirol gehören zum „didlioh" – und „wiächt" – Typ. Während man das „wiächt" sowohl dem ♂ als auch dem ♀ zuordnete, meinten bisher die meisten Autoren, daß nur ♂ den typischen Pirolpfiff beherrschen (z. B. H e i n r o t h 1924, N i e t h a m m e r 1937 und sogar R e i n s c h u. W a r n c k e 1971).

Mit diesem Wissen ausgerüstet, überraschte mich vor Jahren das erste „didlioh" rufende Pirol-♀ außerordentlich. Spätere Literaturrecherchen zeigten jedoch, daß Pirolweibchen mit Flötenruf schon im 18. Jh. bekannt waren (B o r k h a u s e n et al. 1800). C. L. B r e h m (1831) schrieb, daß ♀ oft nur „wenig schöner singen" als ♂. K r e y e (1893) erlegte ein altes Pirol-♀ mitten im Rufen, das stark entwickelte Ovarien hatte. D o m b r o w s k i (1912) hörte den Pfiff oft auch von ad. ♀.

Im Unterschied zum Männchen verwendet das Weibchen den Pfiff seltener als das Männchen und zudem wohl nur im zwischenpartnerlichen oder jungenbezogenen

Kontakt. Der Ruf der ♀ ist leiser und in der Tonlage höher als der der Männchen. Das ist übrigens auch bei den einjährigen Vögeln so (K a y s e r 1921, Z i m m e r l i 1970/71, T e i x e i r a 1979).

Während der normale Pirolruf für mich bis zu 1,6 km weit vernehmbar ist, erreicht der Weibchenpfiff nur maximal 300–400 m Hörweite. Auf diese verringerte Lautstärke drosseln übrigens auch viele Pirol-♂ ihre Rufe nach dem Ausschlüpfen der Jungen.

Die Schwerpunktfrequenz der Rufe liegt bei 1900 Hz und ist damit um 670 Hz niedriger als für die Größe des Vogels zu erwarten war. Nach W a l l s c h l ä g e r (1982) bewirkt das eine Vergrößerung der Senderreichweite der Art. Die erhöhte Hörweite steht möglicherweise im engen Zusammenhang mit den bei der Art zu beobachtenden intraspezifischen Paarkontakten.

Das Rufrepertoire eines Männchens umfaßt hinsichtlich des Flötenrufes immer mehrere Variationen. Diese bestehen in transponierten Ruffolgen (S c h m i t t 1955) und aus unterschiedlichen Silbenkombinationen zusammengesetzten Flötenpfiffen. Es besteht der begründete Verdacht, daß jedes ♂ eines Gebietes ausgeprägte Rufe oder Rufkombinationen hat, mit denen es individuell identifizierbar wird.

Die Pirolpfiffe scheinen geringfügig auch einer geografischen Differenzierung zu unterliegen. J o h a n s e n (1944) stellte fest, daß die westsibirischen Exemplare (*O. oriolus sibiricus*) eine etwas raschere und lautere Stimme als die Nominatform haben. In Anatolien (Savasteppe und Bergama) ist nach K u m e r l o e v e (1953) der „Gesang" weniger klangvoll als in Mitteleuropa. L ü t t g e n s (1952) zur Folge ruft die Art in Südfrankreich meist kürzer als bei uns, dafür jedoch klangvoller und stärker variierend.

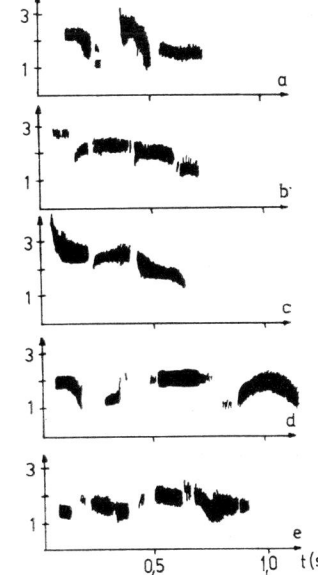

Abb. 41. Sonagramme des Pirolrufes (♂). a 5. 7. 1968 DDR (Schlaubetal, Krs. Eisenhüttenstadt), b 7. 6. 1975 DDR (Orlamünde, Thüringen), c 24. 5. 1969 DDR (Oranienburg); verkürzte Strophe nach Vorspiel des eigenen Gesanges, d Juni 1962 Finnland, e Mai 1973 Ungarn (Tatarszentgyörgi). Orig. nach D. W a l l s c h l ä g e r

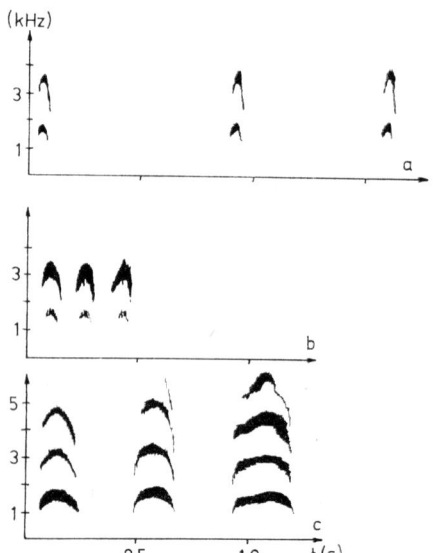

Abb. 42. Rufe junger Pirole. a Juli 1965 Polen (Masury); Standortlaute selbständiger juv. in Nestnähe, b August 1965 Frankreich; wie a) jedoch erregt, dohlenartig, c Juli 1965 Polen; distress-Ruf von flüggen juv. in der Hand. Orig. nach D. W a l l s c h l ä g e r

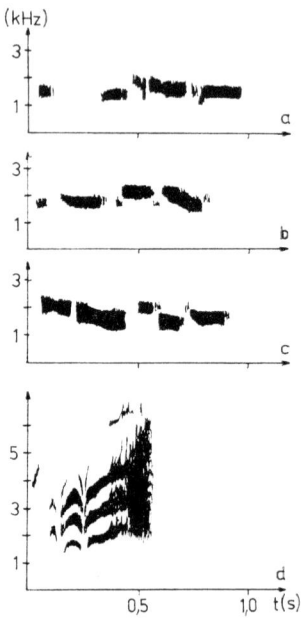

Abb. 43. Sonagramme verschiedener Pirolrufe (♂). a und b Mai 1972 UdSSR (Westkaukasus), Rufstrophen mit wenig ausgeprägten Tonsprüngen, c Juni 1971 UdSSR (Chabarowsk, Sibirien), Ruf von *Oriolus chinensis;* ähnlich a) und b) aber tiefere Frequenz, d Juni 1962 Finnland, Warnen (*wiärrch*), der geräuschhafte Schluß wird bei Erregung sehr langgezogen, klingt dann ähnlich dem Eichelhäher-Rätschen. Orig. nach D. W a l l s c h l ä g e r

Prinzipiell entspricht auch der Ruf von *O. oriolus kundoo* dem von *O. oriolus oriolus* (H e n r y 1955). K o v š a r et al. (1974) beschreiben ihn jedoch als weniger melodisch und gleichmäßig. Er enthält deutlicher getrennte Silben als unsere heimische Unterart.

Tabelle 18. Rufe oder Ruffolgen des Pirols

I. Altvögel

1. Werbung, Balz

♂ : – Rufe vom „*didlioh*"-Typ (rivalenbezogen),
  – Rufe vom „*hio*"-Typ (♀ bezogen) =
    hio, dijo, dijio u. a. ähnliche Rufe,
  – daneben werden in die Balzrufserien auch „*wiächt*"-Rufe eingeflochten,
  – *jick jäck jäck jäck* – Serien bei der Verfolgung der ♀, auch lockere *gwäd gwäd* Rufreihen (S c h m i d t - B e y 1925),
♀ : – „kreischende Töne" (H ö p p n e r 1954/56),
  – vereinzelt *hio*-Rufe und warnen.

2. Reviermarkierung

♂ : – Rufe vom „*didlioh*"-Typ =
    didlioh, dihio, didlilio, didlilijoli, didlüoh, didlilüoh, dirijo, dlioh, dilioh, didjioh, didiahio, didljano, didijeh, didjudjija, dijauk u. v. a. (mind. noch 40–50 Rufe)
  – diese werden in Erregung besonders häufig variiert, z. B. *lüdidlüoh* oder *lüdidlililioh*, dabei drehen sich die Vögel auf einem Ast sitzend hin und her.
♀ : – Rufe vom „*didlioh*"-Typ, aber höher und oft weniger lang, insgesamt leiser. Diese Rufe dienen möglicherweise auch nur der Stimulierung (Aktivierung) des Männchens.

3. Kontakte mit benachbarten Paaren
   (siehe dazu Abschnitt 7.2.)

♂ : – Rufe vom „*didlioh*"-Typ, aber auch warnend,
  – auf *jijijijick* rufendes ♂ antwortete ein anderes aus der Ferne (H a m m l i n g u. S c h u l z 1911),
♀ : – nicht beobachtet

4. Zwischenpartnerliche Kommunikation

♂ : – Rufe vom „*hio*"-Typ, z. T. in duettierendem Wechselrufen mit ♀ verwendet, auch *diju, dju* u. ä.,
  – Rufe vom „*wiächt*"-Typ, ebenfalls häufiger wechselrufend eingesetzt,
  – begleitet ♀ mit *i wä wä*-Rufen (Kayser 1921, eigene Beob.),
♀ : – auf *didlioh*-Rufe des ♂ antwortend mit *wäh* oder spechtähnlichen *gigigigigig* oder *giggigjik* und *gigiäk*,
  – Rufe vom „*hio*"- und „*wiächt*-Typ, letztere besonders häufig und auch zu anderen Anlässen.

5. Lockrufe, Zusammenhalt des Familienverbandes

♂ und ♀ :

- Rufe des „*gjäck jäck jäck*"-Typs (ad. untereinander) = *gjäk jäk jäk* oder rauhes *rüäck* bzw. *shrääk* (N a u m a n n 1905, H a r t e r t 1910, eigene Beob.), *räj räj* (A m a n n 1976), zweisilbiges Rätschen, wie *chrächräch*, aber auch ein scharfes *jäck jäck, gägäg* oder (besonders ♀) *rrrlä* (C r e u t z 1980, M e l d e u. M e l d e 1977, eigene Beob.),
- ad. fordern juv. mit sehr leisen, hohen *wuub, wüüb* oder auch *ä* zum Sperren auf (M e l d e u. M e l d e 1977),
- ad. halten den herumstreifenden Familienverband mit spechtartigen *gjü-gjü*-Rufen zusammen (S c h e l d e r 1919/20), aber auch oben genannte Rufe des „*gjäck jäck jäck*"-Typs in den Variationen *gigjick, gigigig, djijäjäck, jäjäjäjäck, jijijik* oder *jüjüjük* (H a m m l i n g u. S c h u l z 1911, eigene Feststellungen),
- locken besonders im Hochsommer mit kräftigen *iwä* oder *i wä wä* (C r e u t z 1980).

♀ : – ruft am Nest, solange juv. noch nicht geschlüpft sind *chraig*,
- antwortet auf Rufe der Nestlinge *deck deck* und *gigig*.

---

6. Erregungs- und Unbehagenslaute, Warnen

♂ und ♀ :

- Rufe des „*wiächt*"-Typs (Erregung, seltener Unbehagen) = *wiächt, riäkcht, wijächt, wijeächt, wijeärcht* u. a.,
- Unbehagen wird mit härterem *wiächt, riärr, wiärrrch, rrrääih*, aber auch *gijick, jick jäck* oder *jick jick* und *jick jück* ausgedrückt,
- diese werden auch gegen eine Pirolattrappe oder „Zigeuner" hervorgebracht,
- gereizt *kchchjäja* (K o v š a r et al. 1974),
- *gewäh, geweä, gwä, gwää, gwäk, gugugääk, wäää* (S c h m i d t - B e y 1925).

♂ : – *wiächt, wiärr* – selten so scharf wie ♀,
- leiser und gedehnter Lockruf (S c h o l z 1907).

♀ : – mit zunehmender bis hin zu höchster Erregung: *wiächt – wiächrrrch – chirrrch – chairrrch – chrrrrch* (sich fast überschlagend) bzw. *gwärr, girr, grrr* (G ü n t h e r 1912),
- warnen *wärr, wärrrt, wiärcht, chrärä* (u. a. R e i n s c h 1959),
- „eigentümliches Krächzen und Knurren" (S c h o l z 1907),
- *krääk* (V o i g t 1961),
- amselähnliches *tschiggug* (M e l d e u. M e l d e 1977).

---

7. Angst, Flucht

♂ und ♀ :

- bei Feindannäherung, unmittelbar vor der Flucht *wääh*
- erschreckt *jickjäck, gigigäck, jickijick* u.ä.,
- „ängstlich"-unangenehmes, krächzendes Schnarren (H a r t e r t 1910,) auch *qurrr* (N i e t h a m m e r 1937), *chrrr* (N a u m a n n 1905),

♂ : – erschreckt *wiäkiäck*
- auf der Flucht vor anderem Paar falkenähnliches Gickern (T s c h u s i 1867).

---

8. Angriff

♂ (und ♀) :

– mittelspecht-, wendehals- oder turmfalkenähnliches Gickern, besonders zwischen sich jagenden ♂, wie *gickgickgickgickgick, jikjikjikjik* oder *wibibibibibib*, aber auch aus *gütt, gitt, gä, gi, gick, gäck, gräk*, oder *ki*-Silben zusammengesetzt (C h r i s t o l e i t 1899, L a u e r 1914, S c h m i d t - B e y 1925 u. v. a., eigene Beob.),

– besonders gellend bei Angriffen gegen potentielle fremdartige Feinde (D i e s s e l - h o r s t 1956),

– angreifend, aber wohl vorwiegend ängstlich, *tschrrr* (D a l l a - T o r r e u. T s c h u s i 1888) oder *trrr chrrr trrr* (S c h u s t e r 1906/07) bzw. *chärrr, chäärrr* oder *chrrrr* (S t a d l e r 1927).

---

9. Zug

♂ und ♀ :

– turmfalkenähnliche *kli kli kli*-Serien (J ä c k e l 1854),

– nicht unangenehmes *giäk jäk jäk* und ein rauhes *kräck* oder *shräk* (N a u m a n n 1905),

– vielstimmiges Rufen („kein Chorsingen") mit *chrä, üdlüo, wä, ää,* und *chä*-Lauten (S t a d l e r 1927),

– *jick jick* oder *nick nick,* rastende auch immer wieder Flötenrufe (G a t t e r 1976)

– gelegentlich auch leiser Gesang (M e l d e u. M e l d e 1977, eigene Beob.).

---

10. Sonstige Rufe

♂ (und ♀) :

– *gurik* (zweite Silbe hart), evtl. zwischenpartnerliche Lautäußerung,

– *gänk, gränk* (langgezogen, W a l t e r 1912),

– *guäk* (selten, quäkend, S c h m i d t - B e y 1925),

– *kreits* (kreischend), lispelnde, zischende Töne wie *szrrr, szirrr* (D o r n i n g 1929/30),

– niesende und schnarchende Töne (B a n n e r m a n n 1953).

♀ : – sitzend *iw* oder *wi* (S c h m i d t - B e y 1925).

II. Einjährige Pirole („Zigeuner")

– Rufe des „*didlioh*"-Typs, aber in der Tonlage oft höher, insgesamt weniger klangvoll, rauher und teilweise unvollständig (*didiju, didijiu, didijui* u. a.),

– Rufe des „*wiächt*"-Typs, gelegentlich ergänzt durch *jijäkjäkjäk* oder *gijäkjäkjäk*-Reihen.

– *jiärrk*-Rufe (R e i n s c h u. W a r n c k e 1971).

III. Nestlinge und flügge Jungvögel

1. Betteln, Fütterung

– 1–2 Tage, piepsende Laute, später in „impertinentes Bellen" übergehend, das am Schluß in jammerndes Winseln ausläuft (*ai ai ai* klingend), nach der Fütterung ruhig werdend und in *ahai ahahahai* übergehend, schließlich im Piepslaut ersterbend (S c h o l z 1907),

– *richichi, üh üh üh üh* oder *ki ki ki*-Betteln (etwa 6 Tage alt; K o v š a r et al. 1974, U h l e n h a u t briefl. 1982, eigene Beob.).

- reagieren laut bettelnd auf Ruf der ad. und Imitationen (B i a n c h i 1888), Bellen wie *kjauk kjauk* . . ., *wauk wauk* . . ., *wiauk wiauk,*
- leise piepsend *pijut pijut, wing wing, wig wig, wück wück, kjück kjück, jieck jieck* oder *djick djick,* flügge Exempl. auch *wüüh* bettelnd (M o r b a c h 1939, M e l d e u. M e l d e 1977, eigene Beob.),
- *gä gä gä,* beim Füttern mehr wie *trahit* oder *tahiet* (H e i n r o t h 1926),
- *gägägägägä,* auf Imitation des Pirolpfiffs wie Küken piepsend (14 Tage alt; U h l e n - h a u t briefl. 1982),
- schmätzen ab 8. Tag bei der Fütterung,
- gesättigt, alle 2–4 s kurze *ä*-Laute.

2. Angstrufe

  - *qiu($^{rr}_{ch}$), glai($^{rr}_{ch}$), qu(ä)i($^{rr}_{ch}$)g, quärrauch* u. a. (H o f f m a n n 1927/29).

3. Rufe flügger Exemplare

  - *gü gü gü gü*-Reihen (abfallend),
  - *jijäjäk, gägäg, gägägä* (hell, H a m m e r l i n g u. S c h u l z 1911, N i e t h a m m e r 1937, V o i g t 1961),
  - *tschedewe, iwäwä, iwi, ihb, iehb* aber auch *jik* und *jick*-Laute (C r e u t z 1980),
  - *wie witt* (O e h m e n 1908/09),
  - *ie wie* (W e s t e r m a n n , briefl. 1983).

Abschließend sei bemerkt, daß auch die Flötenrufe anderer *Oriolus*-Arten denen der europäischen Art zum Teil sehr ähnlich sind.

Tabelle 18 gibt eine Übersicht von Lautäußerungen der Pirole in unterschiedlichen Lebenssituationen.

5.2. G e s a n g

Neben dem umfangreichen Repertoire an Einzelrufen hat das Pirolmännchen auch einen eigentlichen Gesang. Dieser ist seiner Form nach kein Reviergesang. Die Funktion der Markierung des Territoriums ist offenbar im „*didlioh*"-Ruf der Art fixiert.

Nach S c h i l d m a c h e r (1970) stellt dieses Pirollied einen unentwickelten Gesang ohne festen Aufbau dar, in den oft auch Ruflaute hineingenommen werden (ähnlich wie bei Star, Schwalben oder Zeisigen). Er gehört zu den Vogelliedern mit dem Charakter eines „Jungengesanges".

Zuerst hat das Lied des Pirols wohl B r e h m (1831) beschrieben. Besonders um die Jahrhundertwende wurde es von einer Reihe weiterer Ornithologen quasi wiederentdeckt (T o b i a s 1851, S e i d e l 1898, B a n k 1898, S c h e n k 1898, C h r i s t o - l e i t 1899, B r a u n 1903, N a u m a n n 1905 u. a. mehr).

Unterschiedliche Beschreibungen des Gesanges lassen die Vermutung zu, daß auch dieser individuell erheblich variiert. Nach meinen Erfahrungen besteht er aus einer Serie von schwatzenden, knarrenden und vereinzelt flötenden Tönen oder Pirolrufen, die z. T. so ineinander zusammengezogen werden, daß es wie ein Dahinsprudeln klingt. Einen ähnlichen Eindruck hatten u. a. S e i d e l (1898), B a n k (1898), H e s s e (1909), H e i n r o t h (1924), N i e t h a m m e r (1937), V o i g t (1961) oder auch C r e u t z (1980). Das Lied endet häufig mit einem normalen Pirolruf (B a n k 1898, M ü l l e r 1912, A m a n n 1976), gelegentlich wohl auch mit einem lauten, lang- und aufwärtsgezogenen scharfen Krächzton (G ü n t h e r 1912).

Der Pirolgesang ist selten weiter als 30–50 m vernehmbar. Er erinnert vom Liedbild her an die Melodien von Mehlschwalbe (*Delichon urbica*), Blutschnabelweber (*Quela qu. quela*), Teichrohrsänger (*Acrocephalus scirpaceus*), Schilfrohrsänger (*A. schoenobaenus*), Sumpfrohrsänger (*A. palustris*), Wacholderdrossel (*Turdus pilaris*), Dorngrasmücke (*Sylvia communis*) oder Zaungrasmücke (*S. curruca*); S e i d e l (1898), C h r i s t o l e i t (1899), H e s s e (1909), W o l t e r s (1932), R e i s e r (1939), B a n n e r m a n n (1953).

O. oriolus kundoo singt ähnlich wie die Nominatform (D e m e n t' j e v u. G l a d k o v 1954).

T o b i a s (1851) meint, daß ein- und zweijährige Pirole sogar noch mehr schwatzen als ältere Vögel. B r e h m (1831) gab seinem *O. garrulus* ja sogar den deutschen Namen „geschwätziger Pirol". S e i d e l (1898) registrierte in einem Fall drei gleichzeitig singende Pirol-♂.

S c h e n k (1898) hörte den Gesang bei Abwesenheit des Weibchens und schloß damit eine Balzfunktion aus.

5.3. A k u s t i s c h e K o m m u n i k a t i o n z w i s c h e n B r u t p a r t n e r n

Neben den in Abschnitt 5.1. beschriebenen Rufen bei der Aufzucht der Jungvögel sowie in der Auseinandersetzung mit anderen Pirolen, gibt es eine Reihe akustischer Beziehungen zwischen den Partnern eines Brutpaares, die einer gesonderten Betrachtung unterzogen werden sollen. Die Tatsache der Kommunikation zwischen Männchen und Weibchen an sich ist nichts Außergewöhnliches. Die Form scheint aber in auffälliger Weise dem hauptsächlichen Lebensraum der Art angepaßt zu sein.

B o r k h a u s e n et al. (1800) kannten bereits das meist in der Paarungszeit zu beobachtende Wechselrufen zwischen den Brutpartnern. Das sanfte „*bio*" des Männchens wird vom Weibchen in etwas höheren Tönen beantwortet. W e m e r u. K o e n e n (1907/08) sahen hierin eine Begrüßungsszene, bei der beide Vögel sogar „schnäbeln" sollen.

Diese Piroldialoge sind möglicherweise deshalb so selten beschrieben und beobachtet worden, weil sie nicht sehr weit zu hören sind, und viele Beobachter nicht wissen, daß das antwortende Exemplar ein Weibchen ist.

Das antiphonetische Rufen findet mit nur mäßiger Genauigkeit statt (s. Abschnitt 5.6.). Innerhalb der Gattung wurde duettierender Gesang auch bei *Oriolus chlorocephalus* und *O. brachyrhynchus* notiert (T h o r p e 1972). Wahrscheinlich dient er auch bei *O. oriolus* der gegenseitigen Identifizierung der sich nicht immer im Laubdach der Wälder sehenden Altvögel.

Gelegentlich schien es mir sogar, als wenn das Weibchen dem Partner in der Variation der „*bio*" bis hin zu „*didlilioh*"-Rufe folgte oder insgesamt angepaßt hatte. Hier müssen jedoch exakte Untersuchungen folgen.

Antiphonetische Gesänge diesen Typs dauerten im Norden der DDR zwischen

15 s (3 Rufpaare) und 14 min. Daneben treten Wechselruffolgen reduzierter oder völlig anderer Form auf:

♂		♀
„*i wä wä*"	–	„*wiächt*"
„*wiächt*"	–	„*wiächt*"
„*hio bzw.* „*didlioh*"	–	„*wiächt*" (häufig!)
„*didlioh*"	–	„*querr*" (E m m e r a n 1912).

Insbesondere beim „*wiächt*" – „*wiächt*"-Dialog verringern die Partner während des Wechselrufens ihren Abstand. Die Ruffolgen werden mit dem gegenseitigen Sehen oft eingestellt. Gelegentlich rufen die Partner auch bei der Revierverteidigung ziemlich genau im Wechsel, ohne daß zwischen ihnen eine Wechselbeziehung erkennbar ist (evtl. gegenseitiges Stimulieren zur Verteidigung?). Nach dem Ausfliegen der Jungen konnte kein antiphonetischer Gesang mehr beobachtet werden.

5.4. T a g e s r u f a k t i v i t ä t

Die Weckhelligkeit ist beim Pirol wohl gleichzeitig auch die Rufhelligkeit, d. h. die Männchen beginnen unmittelbar nach dem Erwachen mit dem Rufen. Gesang selbst tritt immer erst einige Zeit später auf.

M e w e s (1964) schätzte die notwendige morgendliche Helligkeit mit im Mittel 3 lx (1,4–7,5 lx beobachtet) ein. K r a p i v n y i u. N a d t o č i j (1981) maßen im Charkower Gebiet bei umfangreichen Erhebungen 1,5–2 lx. Auf Exkursionen wird registriert, daß die Pirole im Brutzeit-Durchschnitt zwischen 3.45 und 4.00 h Ortszeit mit dem Rufen beginnen. Anfang Mai liegt der mittlere Weckzeitpunkt noch um 4.30 h, am Anfang des Folgemonats bereits bei 3.15 h (u. a. B i r k 1912, 1916, F r i t z e n 1917, S e i l k o p f 1918, B o d n a r 1927/28, B a r s o n y 1952/55, M e w e s 1964 und eigene Beob.).

Witterungsbedingt bzw. auch durch individuelle Variation verursacht, schwankt der reale tägliche Rufbeginn zwischen 40 min vor und bis zu 2 h nach dem Erwartungswert. A. E. B r e h m (1861) wußte, daß die Art gelegentlich auch ab Mitternacht zu hören ist. In Gebieten mit hoher Siedlungsdichte rufen die Pirol-♂ in der Brutzeit den ganzen Tag, in der Paarungsperiode wohl auch nachts (A v e r i n u. G a n j a 1970).

Die Pirol-♂ erreichen bereits wenige Minuten nach Rufbeginn das Maximum ihrer täglichen stimmlichen Aktivität. Nach K r a p i v n y i u. N a d t o č i j (1981) sind bis 5 h bereits 25 % der Tagesrufbilanz (um 1640 Einzelrufe) absolviert. Dieselben Autoren ermittelten für die abendliche Rufspitze (Maximum 18–19 h) eine nur ½ bis ¼ so hohe Aktivität wie am Morgen. In der Fütterungsperiode liegt der nachmittägliche Gipfel bereits zwischen 14 und 15 h.

Um die Mittagszeit (10.30–14.30 h) rufen die Pirole nach eigenen Erfahrungen relativ wenig bzw. auch nicht. T h i e l e (1927) schreibt, daß die Pirole auch mittags aktiv sind, wenn alle anderen Arten schweigen. Das ist kein Widerspruch, wenn man T h i e l e 's Beobachtung lediglich auf die Paarungszeit bezieht.

Die aktuelle Rufintensität wird durch Umweltfaktoren beeinflußt. Der Tagesrhythmus wird durch diese gelegentlich sogar völlig überlagert. Neben der stimulierenden Wirkung von Feinden, Brutnachbarn und revierpassierenden nichtbrütenden Pirolen sind es in erster Linie die Witterungsbedingungen, die bremsend oder an-

Abb. 44. Rufquoten des Pirols Ende Mai bis Mitte Juni nach Tageszeiten. ● ♂, ○ ♀, R Regen, W starker Wind, x = durch Imitation oder Attrappe provoziertes Exemplar

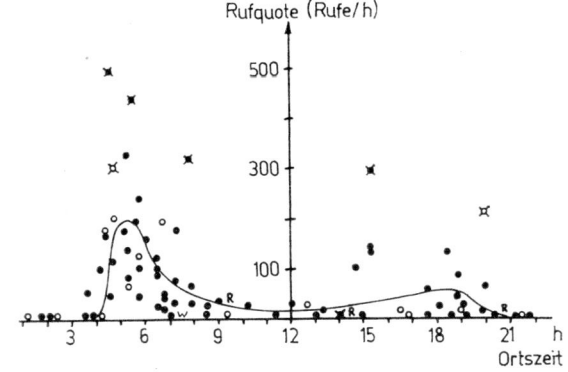

regend auf die Rufquantität der Art wirken. Wärme und insbesondere schwüle Wetterlagen lösen neben einer steigenden Rufanzahl häufiger auch den eigentlichen Pirolgesang aus. Offenbar reicht dafür nach sehr kalten Perioden auch der Temperaturanstieg auf normale Werte aus.

Der Pirol verdankt seinen Trivialnamen „Regenkatze" z. B. auch dieser Eigenschaft. Vor Schwülegewittern rufen viele Pirol- ♂ selbst dann noch, wenn alle anderen Arten nicht mehr singen.

An kühlen, trüben oder sogar regnerischen Tagen sinkt die Rufaktivität auf 0,5 % bis 30 % der täglichen Mittelwerte (K r a p i v n y i u. N a d t o č i j 1981, eigene Erhebungen).

Heftige starke Winde haben die stärkste rufbremsende Wirkung. Gewitterböen oder Sommerstürme lassen die Pirole selbst bei Temperaturen über 25 °C verstummen.

Andererseits rufen manche Pirole selbst bei lauter Musik, Schießstandlärm oder Geräuschen von Preßlufthämmern fast „unbeeindruckt" weiter (B r e h m 1861, K a y s e r 1900, 1914, S c h m i t t 1955).

Die Pirole stellen ihre abendlichen Lautäußerungen zwischen 19.30 und 21.00 h (um 1000 lx) ein; ausnahmsweise hört man auch noch bis 22 h warnende Rufe.

5.5. J ä h r l i c h e r   R u f a k t i v i t ä t s w e c h s e l

Mit der Funktionsnotwendigkeit der stimmlichen Äußerungen der Pirole wechselt über ein Jahr periodisch die tägliche Häufigkeit und die Bedeutung der einzelnen Rufe oder des Gesanges. Die Rufaktivität erreicht dabei offenbar kurz nach der Ankunft der Masse von Heimzüglern ihren jährlichen Höhepunkt. Auch extrem frühe Heimkehrer setzen erst zu diesem Zeitpunkt mit regelmäßigen häufigen Lautgebungen ein.

M e l d e u. M e l d e (1977) nannten den Pirol einen „Sonnenvogel", da insbesondere nach kalten regnerischen Maitagen, praktisch mit den ersten Sonnenstrahlen, mehrere Vögel der Art fast gleichzeitig zu rufen beginnen. Aus diesem Grund sind Jahreserstbeobachtungen des Pirols bei vielen Beobachtern auch Sangesbeginndaten. Der Schönwettereffekt wird durch stärkere nächtliche Zugbewegungen hinter Schlechtwetterfronten ergänzt.

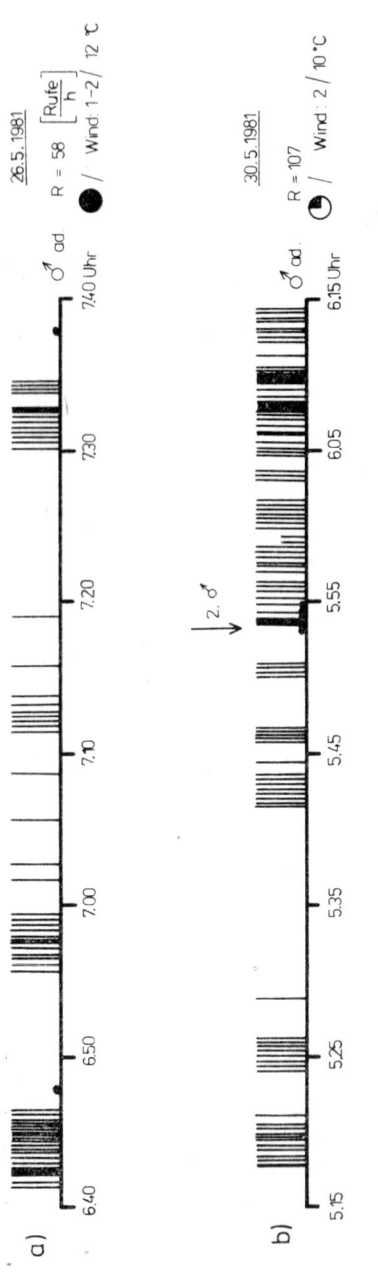
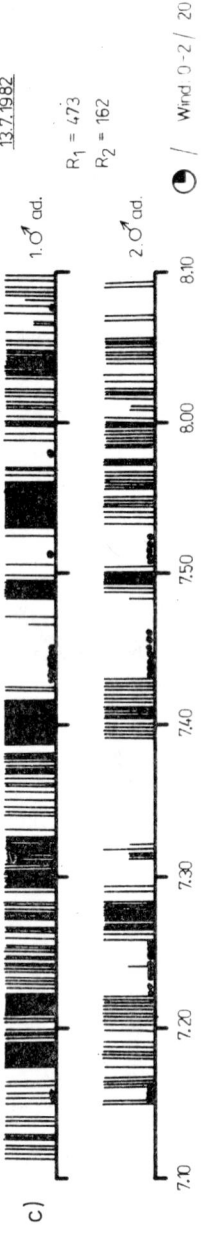

Abb. 45. Rufaktivitätsmuster von Pirol-♂. a unverpaartes Männchen mit Revier, b Veränderung der Aktivität nach Eintreffen eines 2. Männchens, c Rufmuster zweier Männchen benachbarter Reviere im „Grenzstreit". l vollständiger Ruf, i *bio*-Ruf, ● *wiächt*-Ruf

M e w e s (1964) Erhebungen belegen für die Zeit nach dem ersten Rufaktivitätshoch ein Nachlassen und in der Nestbauphase ein erneutes Ansteigen der Rufzahlen. Zu einem nochmaligen markanten Anstieg kommt es möglicherweise zum Ende der Brutetappe oder mit Beginn der Nestlingszeit. Andererseits geht bereits Anfang Juni bei einigen Exemplaren die Rufhäufigkeit schon wieder zurück (B a n n e r m a n n 1953, D o r s c h u. D o r s c h 1968).

Ende Juni sind normalerweise kaum noch Sangrufe des Pirols zu vernehmen (T r a t z 1918, F e h r i n g e r 1922, R e i n s c h 1959, eigene Beob.). Es gibt auch Ausnahmen von dieser Regel. Ist der Juni z. B. sehr kühl, so bemerkt man nach dem Ansteigen der Temperaturen auch noch im Juli ungewohnte Rufaktivitätsspitzen.

In Siedlungsdichtezentren verzögert sich der Zeitpunkt des Beginns der Rufpause häufig oder die Pause bleibt aus (D e m e n t ' j e v u. G l a d k o v 1954, eigene Beob.). Die Rufhäufigkeit fällt allerdings stets etwas ab.

Ab Ende Juli, manchmal auch erst ab August, beginnen viele Pirole erneut eifrig zu rufen. Um den 25. 8. ist es in Mitteleuropa schließlich auch damit vorbei, obwohl einzelne Exemplare und Durchzügler immer noch im Gebiet verweilen. G e n g l e r (1924) stellte ein Exemplar fest, daß noch am 2. 8. „wie im Frühjahr" auf Imitationen reagierte.

Der eigentliche Gesang des Pirols ist nur bis Ende Juni zu hören. Danach wird er durch einen weniger lauten Zwitschergesang ersetzt, den man dann aber bis zum Abzug der letzten Exemplare vernimmt (Subsong).

Warnrufe und Angstschreie werden wohl über das ganze Jahr situationsbedingt ausgestoßen. Die Häufigkeit des Warnens hat jedoch in der Brutperiode ein Maximum.

Während des Herbstzuges rufen die Pirole im allgemeinen nicht (B r a u n 1908, B ö k e r 1923, R e i n b o t h 1939). Im Frühjahr steigt die Rufaktivität bereits während des Zuges an (K u m e r l o e v e u. N i e t h a m m e r 1934, u. a.). Rastende Vögel verleiten so dazu, bereits auf Revieranzeige schließen zu können.

K u l l m a n n (1900) beschreibt einen Pirol, der in Gefangenschaft schon zu Weihnachten zu „dichten" begann, um bald in laute Rufe überzugehen. Informationen über stimmliche Äußerungen im Winterquartier liegen mir nicht vor.

R e i n s c h (1963) verwies darauf, daß 1962 in einem kühlen Frühjahr mit weniger Brutpaaren als in anderen Jahren, die Rufaktivität der Pirole insgesamt deutlich niedriger lag. Ich konnte ähnliches u. a. 1983 beobachten. Es ist nicht auszuschließen, daß hierbei besonders die niedrige Siedlungsdichte und die fehlende gegenseitige Rufstimulierung Hauptursachen sind.

5.6. R u f m u s t e r

Während der Zählungen zur Rufaktivitätsbestimmung fiel mir nach der Ankunft der Pirole stets auf, daß diese ihre lauten Rufe recht unregelmäßig gehäuft ertönen ließen. Das veranlaßte mich, eine Serie von Erhebungen der zeitlichen Abfolge der Lautäußerungen einzelner Exemplare vorzunehmen.

In Abb. 45a ist das typische Rufmuster eines Pirol-♂ aus der Nähe von Dummerstorf (Kreis Rostock) dargestellt. Etwa alle 5 bis 15 min läßt der noch unverpaarte Reviervogel eine Folge von Einzelrufen vernehmen, um möglicherweise in den Pau-

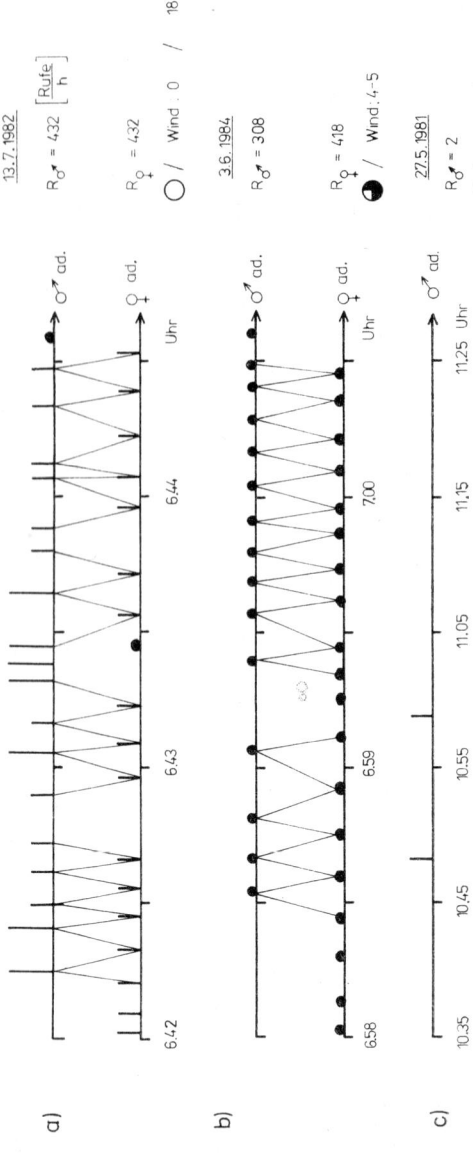

Abb. 46. Rufaktivitätsmuster einzelner und duettierender Pirole. a und b ♂-♀ – Duett, c ♂-Rufaktivität bei Regen, l vollständiger Ruf, ı *bio*-Ruf, • *wüächt*-Ruf

sen den Zuflug eines Weibchens abzuwarten. Im übertragenen Sinn erinnert das recht „ökonomische" Ruf-Sondierungsprinzip an ein „Radar"system.

Abb. 45b stellt die Ruffolge eines durch ein plötzlich auftauchendes zweites ♂ gestörtes, unverpaartes Pirol-♂ dar. Die steigende Erregung ist deutlich ablesbar. Wechselruffolgen mit benachbarten ♂ sind stets durch eine extreme Rufdichte der beteiligten Vögel gekennzeichnet (Abb. 45c). Sie unterscheiden sich von den Serien duettierender Brutpartner insbesondere durch die geringere Regelmäßigkeit der Wechsel (Abb. 46a und b).

Den Einfluß von Regen und Wind auf das Rufmuster zeigt Abb. 46c.

Für weitere Rufmustererhebungen empfehle ich eine Beobachtungszeit von 30 min bis 1 h 30 min. Darüber hinaus ist die erforderlich hohe Konzentration durch den Beobachter meist nicht mehr garantierbar. Die aktuelle Rufhäufigkeit sollte auf Rufe pro Stunde oder (für feinere Differenzierungen) auf Rufe je Minute umgerechnet oder erhoben werden. Eine grafische Darstellung der relativen Rufhäufigkeiten wird durch eine gleitende Mittelwertbildung über 1–2 min-Bandbreite erleichtert (Abb. 47).

Die umfangreichere Klassifizierung und Charakterisierung von Rufmustern bleibt der Zukunft und größerem Datenmaterial vorbehalten.

6. Fortpflanzungsbiologie

6.1. Revierbesetzung, Partnerwahl und Balz

Die aus ihren Winterquartieren zurückkehrenden Pirol-♂ besetzen die Reviere meist unmittelbar nach der Ankunft. Lediglich sehr früh eintreffende, meist gut ausgefärbte Exemplare (in Mitteleuropa bis Ende April), legen sich nicht immer sofort fest, sondern „treiben" sich in größeren Aufenthaltsräumen herum. Die Anwesenheit eines zweiten Männchens verändert bereits das Verhalten der Erstheimkehrer. Diese ziehen sich dann umgehend in die wohl schon vorausgewählten Reviere zurück. Vielfach besetzt der zweite Pirol dann ein Revier in unmittelbarer Nähe des bereits besetzten Territoriums.

Weitere, nun in Folge eintreffende Männchen besiedeln (praktisch wie das Wachsen eines Kristalls) die noch freien arttypischen Lebensräume, bis der Heimzug ausklingt. Man beachte in diesem Zusammenhang auch die Ergebnisse aus Abschn. 7.2.

Die Pirolreviere werden in Folge von deren Besitzern rufaktiv markiert und gleichzeitig wohl auch weiter erkundet. In der Nähe sich berührender Grenzen kommt es zu noch häufigen Streitigkeiten zwischen Nachbarn. Verspätet eintreffende oder durchziehende ♂ werden sofort angegriffen und aus dem Revier vertrieben. Die Verfolgungsjagden gehen oft sogar weit über das Territorium hinaus. R e i n s c h u. W a r n c k e (1971) bemerkten, daß bereits in dieser Phase Eichhörnchen, Krähen, Elstern und Eichelhäher vertrieben werden. Dieselben Autoren registrierten, daß (mit an Sicherheit grenzender Wahrscheinlichkeit) ein Revier in aufeinanderfolgenden Jahren von demselben Männchen besetzt war (siehe Abschnitt 4.4.).

Wenngleich die Pirol-♀ im Gelände schwerer als ♂ auszumachen sind, ist deren relativ zu den ♂ verzögerte Heimkehr bereits länger bekannt (vgl. Abschnitt 9.1.).

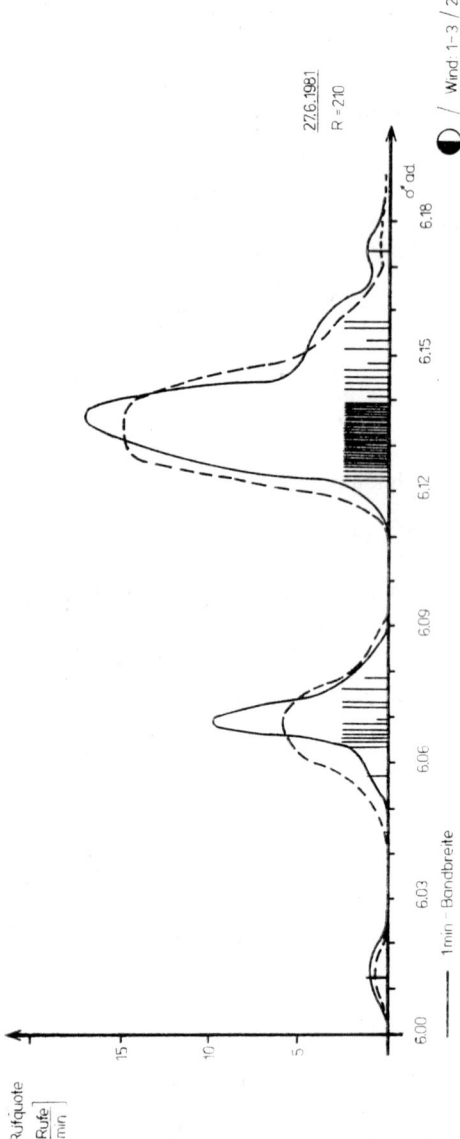

Abb. 47. Darstellungsvarianten des Rufaktivitätsmusters eines Pirol-♂ bei unterschiedlicher Bandbreite der Quotenfolgen. I vollständiger Ruf, i *bio*-Ruf

104

Sie treffen durchschnittlich 4–8 Tage nach den Männchen in Mitteleuropa ein. Es sind aber auch Fälle notiert, in denen lokal Differenzen von 0–19 Tagen zwischen der Ankunft des ersten ♂ und ♀ auftraten.
Die Weibchen verteilen sich nach und nach auf die werbenden (oder nur revieranzeigenden?) Pirolmännchen.

Herrscht zur Zeit der Heimkehr im Brutgebiet kühle Witterung, verhalten sich die Pirol-♂ sehr still; manchmal ist man sogar verleitet, die Anwesenheit der Vögel zu übersehen. Andererseits findet in solchen Tagen auch nur ein zumindest stark verzögerter Durchzug von ♀ statt. Das geringfügigere Angebot an potentiellen Brutpartnerinnen wirkt sich neben der Witterung gleichermaßen dämpfend auf die Rufaktivität aus. Aber auch die Umkehrung gilt: trifft ein Weibchen ein, können die um sie werbenden Männchen selbst bei Nieselregen und 5 °C in erstaunliche Rufaufregung geraten.

Die Aufteilung der ♀ auf die Territorien vollzieht sich möglicherweise nicht immer komplikationslos. Die Männchen reagieren im Revier auf das Erscheinen eines Konkurrenten bereits vor der Ankunft der Weibchen. „Beim Einflug eines Rivalen wird das Flöten lauter, heftiger und rascher in seiner Folge. Das Halsgefieder wird gesträubt, und der Revierinhaber begibt sich auf den höchsten Zweig des Wachbaumes" (zit. R e i n s c h u. W a r n c k e 1971).
In zwei Fällen beobachtete ich, wie ein (für das Männchen sichtbares) Weibchen in ähnlicher Weise attackiert wurde. Ein nicht zu ergründendes Beschwichtigungsverhalten ließ die Reviervögel beide Male plötzlich „umschalten" und mit wieder geglättetem Gefieder rufend in den Aufenthaltsbaum des Weibchens fliegen.
M ü l l e r (1871) beobachtete mehrere wohl um ein Weibchen kämpfende Männchen, von denen sich dann ein neugebildetes Paar absonderte.
Auch C h r i s t o l e i t (1899) registrierte mehrere ♂, die neben einem ♀ sitzend um dieses warben. Ähnliche Feststellungen haben sicher S i e m s s e n (1794) zur Bemerkung verleitet, daß sich das Pirol-♀ „von zwei Hähnen bedienen lassen" soll.
Derartige Versammlungen werbender ♂ trifft man an den Arealgrenzen seltener als in den Zentren der Artverbreitung mit den dort bedeutenderen Siedlungsdichten an.
Offenbar vollzieht sich die Paarbildung (einschließlich Balz) also auf zwei unterschiedliche Arten:
die ♀ verteilen sich auf die durch werbende ♂ besetzten Reviere (Dauer der Paarbildung wohl 1–2 Tage)
die ♀ werden in Zonen über oder außerhalb besetzter Reviere von ♂ umworben und wählen hier ihren Partner, mit dem sie dann die Territorien besiedeln (Dauer der Paarbildung 3–7 Tage)
Zwischen diesen Ausprägungen werden vielleicht in Abhängigkeit von der örtlichen Siedlungsdichte, auch abgewandelte Paarbildungen vollzogen.
Besonders im Fall der Gruppenbalz veranstalten die sich jagenden ♂ und ♀ bzw. auch Einzelpaare auffällige Balzflüge. Die Flugspiele variieren so zwischen ruhigen, fast ruckartigen Gleitbögen der ♂ und wilden Hetzjagden zwischen ♂ oder ♂ und ♀, bei denen die ♂ ihr gelbes Gefieder besonders auffällig zur Geltung bringen. In der Luft aneinander geratene Pirolmännchen erinnern dann an tönende gelbe Federkugeln.

Haben sich die Paare in die Reviere zurückgezogen, hört man nach R e i n s c h u. W a r n c k e (1971) auch hin und wieder den leise zwitschernden Gesang des ♂.

Der Hinweis von E r l a n g e r (1899) auf verpaarte Pirole in den Oasen Tunesiens, die sich wahrscheinlich auf Durchzügler beziehen, bedürfen einer Bestätigung.

Nach vollzogener Verpaarung beginnt bald die Nistplatzsuche. In dieser Zeit beobachtet man (aufgrund der versteckten Lebensweise der Art in unseren Breiten relativ selten) Kopulationen. Zu diesen gehören einleitende Flugweisen, wie z. B. Rütteln des ♂ mit gefächertem Schwanz über dem ♀ oder steile Schauflüge vor diesem (siehe auch H ö p p n e r 1954/56). Manchmal geht das Paar auch unmittelbar aus einer Verfolgungsjagd zur Kopulation über. Dazu „tanzt" das ♂ hüpfend und rufend neben dem ♀ oder von Ast zu Ast um das ♀ herum, um schließlich 1-bis 4mal auf das mit gefächert abgespreizten Schwanz dasitzende ♀ aufzusitzen. Anschließend setzt das ♂ seine „tanzende" Werbung fort, oder beide Partner jagen erneut davon.

G r o ß (1899) sah ein entsprechendes Kopulaverhalten eines Paares auf dem Waldboden (Weg).

Das Kopulationsverhalten selbst ist insgesamt gesehen jedoch noch zu wenig untersucht, um alle dahingehenden Erscheinungen einsortieren zu können. So ist auch die von W e m e r u. K o e n e n (1907/08) erwähnte Bewillkommnungsszene mit Duettieren und Schnäbeln sowie gemeinsamen Durchschlüpfen des Brutbaumes möglicherweise dem Repertoire der Balz entlehnt.

Gleichermaßen unsicher steht der Beobachter gelegentlich zu verzeichnenden Paarauflösungen gegenüber:

Am 28. 5. 1983 kontrollierte ich ganztägig zwei benachbarte Pirolpaare bei D u m m e r s t o r f (DDR, Kreis Rostock) und notierte um 8.15 h die Anwesenheit eines bisher unbekannten 3. Pirolmännchens, in dessen provisorischen Revier sich gegen 10.00 h ein Weibchen einstellte. Das dritte Revier berührte beide seit mehreren Tagen bestehende Territorien. Zwischen allen ♂ kam es zu den bekannten Reviergrenzfehden, in das auch die ♀ eingriffen. Etwa um 18.00 h war das zuletzt aufgetauchte Weibchen verschwunden, und am nächsten Morgen fehlte auch das unbekannte Männchen. Die beiden anderen Paare zogen ihre Bruten erfolgreich auf.

Bleibt ein revieranzeigendes ♂ unverpaart, wird das Revier spätestens nach 2–3 Wochen verlassen. In (lange) kühlen und nassen Mai/Juni-Zeiten lösen sich Pirolpaare ebenfalls häufiger wieder auf oder verschwinden einfach unbemerkt aus den bisherigen Territorien.

Wahrscheinlich steht dieses Verhalten auch mit der regelmäßig in solchen kühlen Frühjahren zu registrierenden Anzahl unverpaarter Pirole in Zusammenhang – daß dabei ♂ dominieren, mag beobachtungsmethodisch bedingt sein.

6.2. G e s c h l e c h t s r e i f e - u n d - v e r h ä l t n i s

Pirole sind normalerweise ab dem 3. Kalenderjahr, also nahezu zweijährig, fortpflanzungsreif. Unter bestimmten Umständen wird von einem geringen Teil der Jungvögel wohl auch noch ein weiteres Jahr bis zum ersten Brutversuch ausgelassen, wie Angaben von T o b i a s (1851), K a y s e r (1898) oder R e i n s c h u.

W a r n c k e (1971) vermuten lassen. Die Ursache dafür mag jedoch auch in der Witterung der Monate Mai und Juni zu suchen sein.

Die Kleider der zweiwintrigen Pirol-♂ zeigen eine überdurchschnittliche Variabilität der Zeichnung. Vielfach befindet sich das Gefieder bereits in der Altvogel-Grundtönung „gelb-schwarz", doch wird diese mehr oder weniger stark durch olivfarbene oder dunkelbraune Zonen gedeckt (S i e m s s e n 1794, T o b i a s 1851, A l t u m 1869, K a y s e r 1898, B l a s i u s 1905, G l u t z 1963, u. a.).

Problematisch ist die Beantwortung der Frage nach der Geschlechtsreife vorjähriger Pirole. Auch hier sind aufgrund von Feldbeobachtungen Aussagen fast nur für männliche Exemplare gemacht worden. R e i n s c h (1959, 1961) spricht sich gegen das Brüten einjähriger Vögel aus. N a t o r p (1938) ist sich dahingehend nicht sicher, vermutet aber, daß es „Fortschrittskleider" geben kann, die eine Bestimmung des Alters der Brutvögel erschweren. Das wird auch durch einen aufgezogenen Nestling, der nach der ersten Mauser bereits „gelb" war, gestützt (N a u m a n n 1905).

Einjährige Männchen der Art zeigen Ende Mai/Juni bereits gut ausgebildete Hoden, die aber im allgemeinen kleiner als bei ad. ♂ sind (S c h l e g e l 1922/26, N a t o r p 1938).

Weitere Autoren sind von der Möglichkeit des Brütens im 2. Lebensjahr überzeugt (u. a. B l a s i u s 1905, N i e t h a m m e r 1937).

In diesem Zusammenhang wies R e i n s c h (1961) auf das Verhalten vorjähriger Pirole hin. Diese treffen ja zum Teil noch nach den ad. Weibchen im Brutgebiet ein und verursachen durch das Aufsuchen der zunächst günstigsten Lebensräume für die Art nicht wenig Unruhe. Die jungen ♂ lassen sich in der Regel nicht so schnell von den alten ♂ vertreiben und stören den Brutverlauf gelegentlich nicht unerheblich. Welche Funktion mag dieses Verhalten für die Art besitzen?

Hin und wieder werden einzelne im 2. bzw. auch im 3. Kalenderjahr herumstreifenden Pirole, sogenannte „Zigeuner", auch in den Revieren der Brutpaare bis zum Brutende geduldet (N a t o r p 1938 u. eigene Beob., besonders 1981). R u t h k e (1951) beobachtete einmal 4 ♂ und 1 ♀ gleichzeitig an einem Nest fütternd und vermutete als Bruthelfer vorjährige juv. desselben Brutplatzes (Brutgebietbindung).

Besonders interessant sind die Feststellungen von R e i n s c h (R e i n s c h u. W a r n c k e 1971): „Im Jahre 1960 fehlte bei einem Brutpaar, dessen Brutablauf sich durch Rivalenkämpfe stark verzögert hatte, eines Tages das vollausgefärbte ♂ beim Füttern der Jungen. Bei der Fütterung half plötzlich ein nicht ausgefärbtes Tier dem ♀. Es konnte nicht geklärt werden, ob das alte ♂ von einem Feind geschlagen oder von dem jungen Rivalen verdrängt worden war."

Vielleicht stellen die halbwüchsigen Pirole tatsächlich eine aktive Populationsreserve der Art dar.

Neben den „Zigeunern" treten, wie erwähnt, immer wieder nichtbrütende Altvögel auf (u. a. T i s c h l e r 1941, B ä h r m a n n 1961/64, und eigene Beob.) Die ad. ♂ gesellen sich oft zu den Jungtieren (ad. ♂ zu juv. ♂ wie 3 zu 1, T i s c h l e r 1941) und verhalten sich in den Trupps ähnlich wie diese.

Nichtbrüter entdeckt man besonders häufig in Jahren mit einer naßkalten zweiten Maihälfte.

Einige der vorgehenden Ausführungen suggerieren ein Überangebot von ♂ in Relation zu den vorhandenen ♀. Ist dem aber tatsächlich so? A l t u m (1869) schreibt, daß es eine Tatsache sei, daß es viel mehr Pirol-♂ als -♀ gibt. Zu diesem Ergebnis kommt auch G r o e b b e l s (1937). K ö n i g (1968) beschränkt sich darauf, die zur Brutzeit auftretenden ♂-Trupps als für die Brutbestandserfassung erschwerend zu charakterisieren.

Andererseits konnten in Kontrollgebieten im Norden der DDR nur in Ausnahmefällen revieranzeigende Männchen beobachtet werden, die dann kein Weibchen abbekamen (siehe Abb. 49).

Trotz langjähriger Beobachtung von „Zigeuner"-Pirolen wage ich, selbst mit einem Feldstecher ausgerüstet, im Gelände nicht sicher, vorjährige ♂ und ♀ zu trennen. Auch der bei Jungtieren noch unvollständige, weniger schöne Pirolruf ist kein Geschlechtsmerkmal, denn sowohl ♂ als auch ♀ beherrschen ihn!

Wenn also beim Pirol tatsächlich die ♂-Zahlen die der ♀ übertreffen, so meiner Meinung nach nicht mehr als um 10–25 %.

6.3 Brutrevier und Aktionsraum

Als Revier oder Territorium bezeichnet man einen Bezirk, der von einem Tier oder einer Mehrzahl artgleicher Tiere eingenommen und gegen andere Artgenossen behauptet wird. Es bietet den Tieren den zur Entfaltung der Lebensäußerungen benötigten Raum, womit wenigstens bis zu einem gewissen Grad verhindert wird, daß abträgliche Masseneffekte eintreten (S c h w e r d t f e g e r 1963).

Nicht zu verwechseln mit dem Revier ist der Aktionsraum. Er ist das von einem Tier oder einer Gruppe von Tieren zwecks Ernährung und Fortpflanzung regelmäßig aufgesuchte Areal. Im Gegensatz zum Territorium, in dem intraspezifische Intoleranz herrscht, wird der über das Revier hinausgehende Teil des Aktionsraumes nicht verteidigt. Aktionsräume benachbarter Paare können sich durchaus überschneiden (S c h w e r d t f e g e r 1968).

Bei einigen Arten bzw. auch nur einzelnen Brutpaaren einer Species kann Revier und Aktionsraum identisch sein.

Pirolpaare verteidigen ihre Reviere in der Besetzungsphase außerordentlich temperamentvoll. Auseinandersetzungen mit Nachbarn nehmen nach Fixierung der Reviergrenzen im Normalfall ab, sie können in Gebieten oder in Jahren mit geringer Siedlungsdichte sogar schon während der Revierbesetzung fast gänzlich ausbleiben. Während der Brutzeit genügt dann oft die Reviermarkierung durch die Platztiere, um Nachbarpaare auf Distanz zu halten.

Gegenüber „fremden" Pirolen, insbesondere einjährigen Jungpirolen, besteht dagegen vielfach über die gesamte Brutzeit ein energisches Konkurrenzverhalten, das aber von einzelnen Eindringlingen zumindest zeitweilig blockiert werden kann. Balz- und Paarungsrevier stimmen beim Pirol überein; auch das Brutrevier weicht kaum einmal davon ab. Es dient zudem als Nahrungsgebiet, wenngleich dieses jedoch noch viel umfangreicher sein kann und in der Ausdehnung zeitlichen Variationen unterliegt.

Das ♂- und ♀-Brutrevier sind identisch, die Aktionsräume der Geschlechter können sich dagegen unterscheiden (♂ > ♀). Zu dieser Problematik sind weitere Erhebungen notwendig, da verschiedene Paare offenbar recht unterschiedliches Verhalten zeigen können.

Auch innerhalb des Brutreviers gibt es Verhaltensunterschiede hinsichtlich des Grades der Verteidigungsaktivität. Im Nistbaum und an besonders exponierten Singwarten oder Revier-Grenzabschnitten werden Eindringlinge mit maximaler Agressivität bedacht.

Die Untersuchungsergebnisse über Pirolreviere in Nord-Mecklenburg basieren auf folgender Erhebungs- und Beobachtungsmethodik:

Jeweils 2 bis 4 Paare wurden über eine Brutsaison etwa in zweitägigem Abstand kontrolliert. Für eine Kontrolle eines Paares wurde im Mittel 40 min Beobachtungszeit aufgewandt.

Die Beobachtungszeiten konzentrieren sich besonders auf die frühen Morgenstunden (4.00 bis 7.00 MEZ), die Mittagszeit (11.00 bis 13.00 MEZ) und den Abend (17.00 bis 21.00 MEZ). Darüber hinaus wurde jedes ausgewählte Paar mehrfach nahezu ganztägig oder über einen Zeitraum von mehreren Stunden kontrolliert.

Bei allen übrigen Paaren eines Sommers mußten jeweils 2–3 Kontrollen von durchschnittlich 70 min Dauer für die Bestimmung der Revierparameter genügen. In diese Erhebungen wurden nur ausnahmsweise gleichzeitig Zählungen zur Sangesaktivität und spezielle Verhaltensbeobachtungen eingeschlossen.

Die Reviergröße und -form ergab sich durch die Auswertung der in Arbeitskarten festgehaltenen Bewegungsaktivitäten, Singwarten und Grenzstreitigkeiten der rufaktiven Partner (siehe Beispiel in Abb. 48).

Die Fixierung von Größe und Gestalt des Aktionsraumes eines Paares ist nicht immer möglich, da sich diese bei benachbarten Paaren überschneiden. Im Fall von isoliert brütenden Paaren fehlen die Grenzstreitigkeiten. Eine geeignete Hilfe bei der Festlegung der Revierabgrenzung ist aber die Imitation des Pirolrufes durch den Beobachter. Anhand der Reaktion auf die Nachahmung kann der erfahrene Beobachter leicht feststellen, ob er sich noch oder schon im Pirolrevier befindet. Einige Pirole ziehen sich bei Nachahmung des Pirolrufes übrigens in ihr Revier zurück.

D o r s c h (1968) empfiehlt, zur Revierabgrenzung besonders auf Warnrufe zu achten.

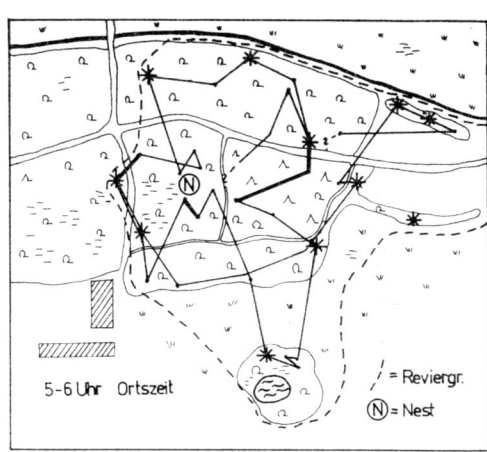

Abb. 48. Flug- und Rufaktivität eines Pirol-♂ im Revier, 4. 6. 1982, bei Dummerstorf, Krs. Rostock – DDR, ★ Singwarte, — Flugstrecke

Das Nest entdeckt man am schnellsten in der Zeit der Jungenaufzucht, spätestens aber im November oder Dezember nach Laubfall. Besonders aufwendig erschien mir die Suche von Pirolnestern in Kieferngehölzen oder bei sumpfigen Untergrund.

Die Reviergrenzen der Pirole sind auch für den Menschen meist leicht zu erkennen. Waldränder, Baumreihen, Feldgehölze, Solitärbäume, Baumartenwechsel, Wege oder Gewässerkanten, ja, sogar gehölzbewachsene Bahndämme dienen der Limitierung des Territoriums. Daneben existieren aber auch nicht sofort erkennbare Revierränder. Diese erklären sich erst in größerer Höhe durch Strukturunterschiede in der Laubzone der Bäume, gelegentlich auch erst in den Kronenspitzen.

Es sollen die in zwei Fällen beobachteten Reviergrenzabschnitte ohne optische Umweltveränderung nicht verschwiegen werden. Sie befanden sich in beiden Fällen auf einer nicht von Nachbarn tangierten Mischwaldseite und blieben auch über drei Jahre etwa konstant.

Die Reviergrenzen lassen sich beim Pirol im Gegensatz zu vielen anderen Arten mit nicht so ausgeprägter Territorialität als meist nur wenige Meter oder sogar nur

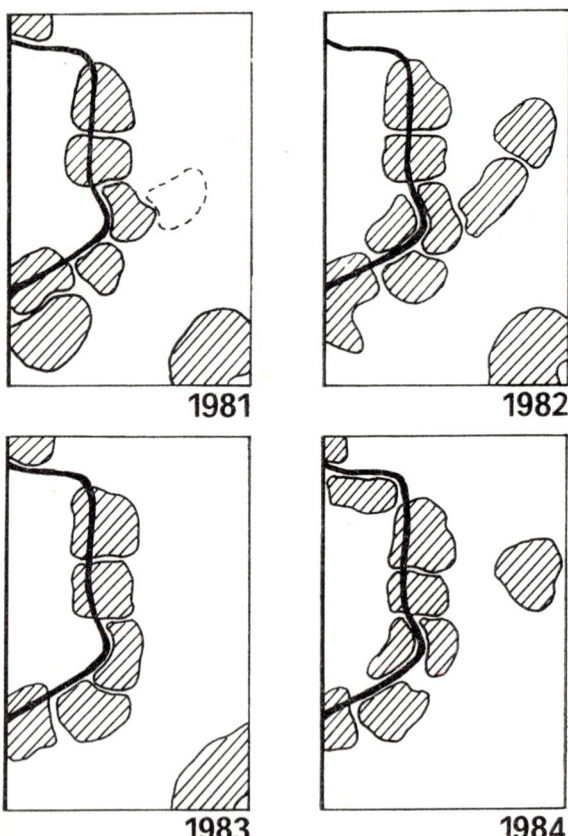

Abb. 49. Reviergrenzen in einer 2 × 3 km-Teilfläche des Untersuchungsgebietes in der Warnowniederung bei Rostock (DDR) von 1981 bis 1984. – – – für unverpaartes ♂

Abb. 50. Revier- und Auf-
enthaltsraum der Pirole
benachbarter Reviere bei
Dummerstorf (DDR), aus-
gezogene Linie Revier-
grenze, unterbrochene Li-
nien Aufenthaltsraumgrenzen

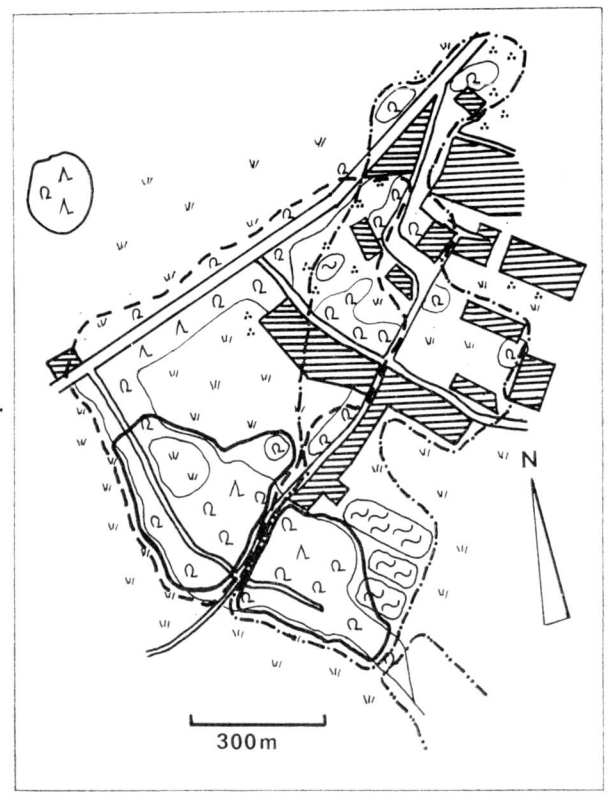

Zentimeter breite Säume verstehen. Abb. 49 zeigt die Skizzen der Pirolreviere vier
aufeinanderfolgender Jahre aus einem festen Beobachtungsgebiet. Abb. 50 stellt
Revier- und Aktionsraumgrenzen zweier benachbarter Paare dar.

Besonders exponierte Bäume (z. B. an Waldrändern, herausragende Exemplare)
sind oft Sing- oder besser Rufwarten, die sich über das gesamte Revier verteilen
und doch bevorzugt an den Grenzen zu Nachbarrevieren stehen. Manchmal ist es
schwierig, diese bevorzugten Plätze herauszufinden, da einige Pirole nahezu überall
zu vernehmen sind und die Warten nur weniger häufig aufgesucht werden.

N a u m a n n (1905) erwähnt, daß die Altvögel in den Rufbäumen häufig ihren
Sitz wechseln. Dieser Parameter hat aber augenscheinlich eine starke individuelle
Varianz. Selbst der Nistbaum kann zur Singwarte werden (R e i n s c h 1958). Den
plaudernden eigentlichen Pirolgesang habe ich z. B. oft aus diesem Baum gehört.

Die Pirolpaare suchen die Singwartenbäume (-äste) meist regelmäßig auf ihren
Kontrollflügen entlang der Reviergrenzen auf. Die Dauer eines solchen Rundfluges
ist reviergrößenabhängig (12–300 min) und die Flugstrecke wird oft genug verändert
und modifiziert.

Trotz allem hat es den Anschein, als ob die Vögel im Territorium ein festes

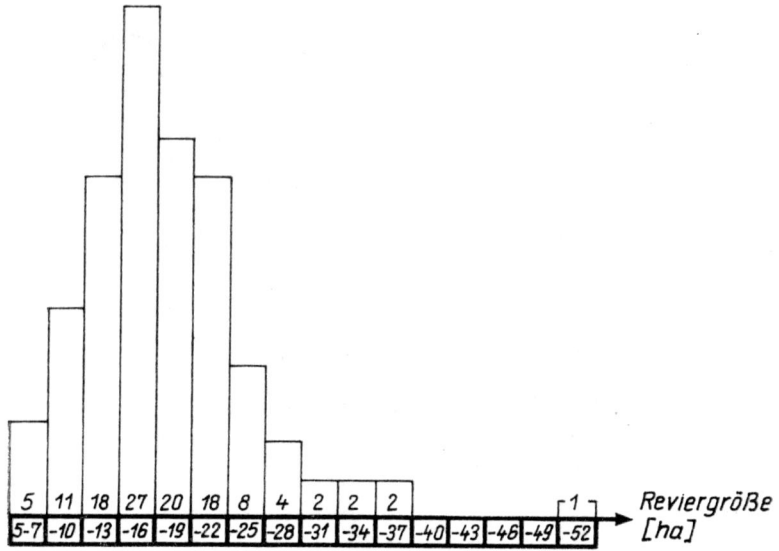

Abb. 51. Verteilung der Reviergrößen der Pirolpaare im Untersuchungsgebiet bei Dummerstorf (DDR) 1981–1983

Flugbahnen- und Anflugpunkte-System aufbauen und fast unverändert bis zum Abzug beibehalten. Weitere Untersuchungen auf diesem Gebiet sind zu empfehlen.

Über die Größe der Brutreviere gibt es nur wenige Untersuchungen. M e l d e u. M e l d e (1977) nennen 25–35 ha, manchmal aber auch viel kleinere Territorien. R e i n s c h u. W a r n c k e (1971) kommen auf 10–25 ha, dabei die oberen Werte im Fall geringerer Siedlungsdichten. In beiden Arbeiten wurden die Reviergrößen jedoch nicht einfach aus den Siedlungsdichtewerten hochgerechnet, sondern anhand von Feldbeobachtungen bestimmt.

Im Untersuchungsgebiet Nord-Mecklenburg konnten Reviergrößen zwischen 6 und 37 (50) ha beobachtet werden. Der Mittelwert (n = 118) liegt bei 17,2 ha (siehe Abb. 51). Der Aktionsraum kann darüber hinaus bis zu 80 ha betragen.

Abb. 52 stellt die Beziehungen zwischen der Reviergröße und der Siedlungsdichte in der Umgebung eines besetzten Reviers dar. Diese spezielle Betrachtungsvariante der Siedlungsdichte sei „bedingte" Siedlungsdichte genannt, da die Existenz des zentralen Reviers Voraussetzung ist. Die Tendenz der im Durchschnitt kleineren Territorien bei höherer bedingter Siedlungsdichte ist nur zu ahnen und nicht statistisch gesichert.

Die Verteilung von Reviergröße und Entfernung des Revierzentrums von einer Ortschaft offeriert sich ein wenig deutlicher (Abb. 53). Das Ergebnis ist aber zunächst nicht plausibel und bedarf einer weiteren Klärung. Möglicherweise sind Pirolhabitate in der Nähe von Siedlungen häufig nahrungsintensiver als anderswo, obwohl aber gerade hier auch das andere Extrem aus der Reviergröße heraus angenommen werden muß.

112

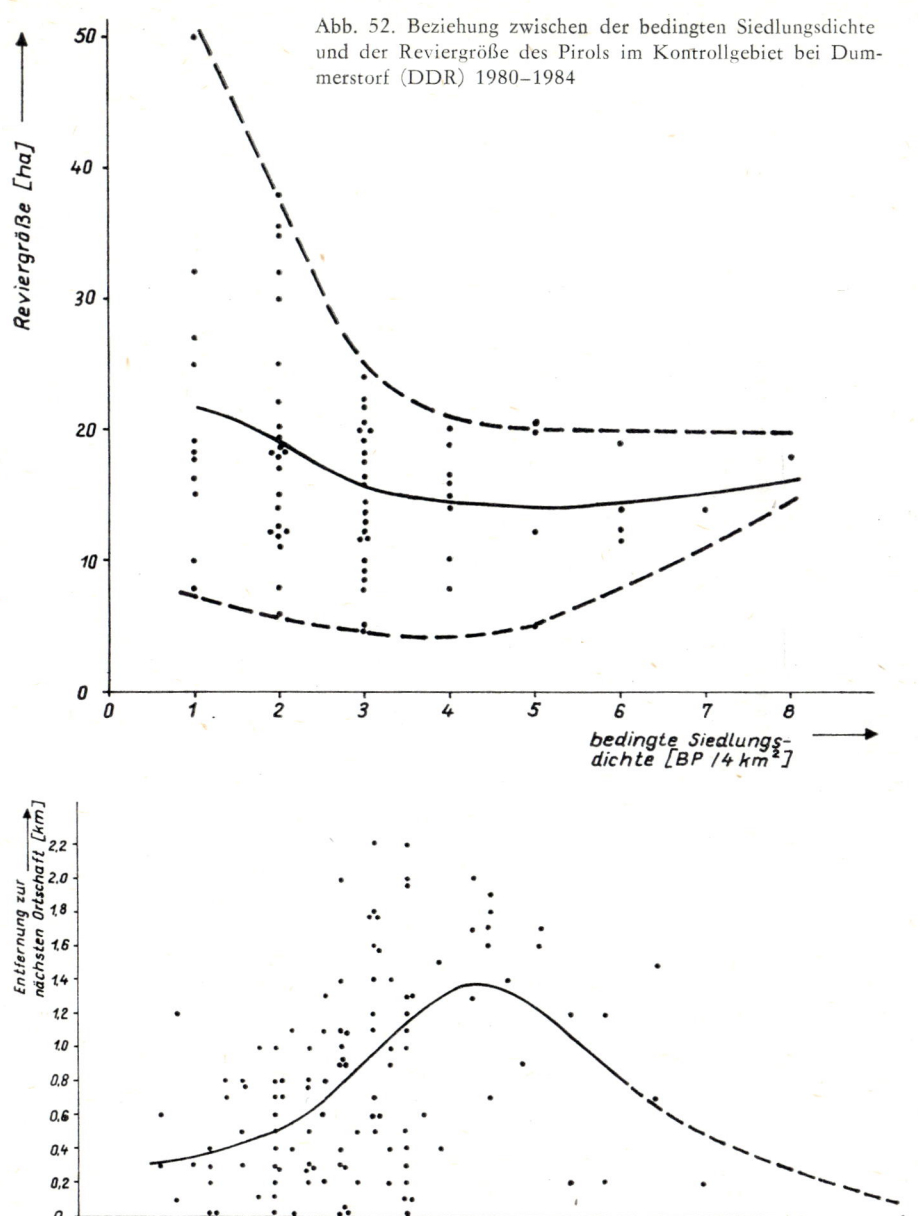

Abb. 52. Beziehung zwischen der bedingten Siedlungsdichte und der Reviergröße des Pirols im Kontrollgebiet bei Dummerstorf (DDR) 1980–1984

Abb. 53. Zusammenhang zwischen der Reviergröße der Brutpaare des Pirols und der Entfernung des Brutplatzes von der nächsten Ortschaft. ● Einzelbeobachtung

In zwei Fällen beobachtete ich eine Veränderung der Revierlage im Verlauf der Brutsaison. In beiden Fällen kam es zu einer etwa 10–15 m weiten Rück- bzw. Vorverlagerung der Reviergrenze zwischen zwei benachbarten Paaren. Diese Verschiebung war aber nicht das Ergebnis von verstärkten Rivalenkämpfen. Die Ursache bestand möglicherweise in unterschiedlichen Entwicklungssituationen der Bruten der Paare.

Die Form der Territorienumrandung ist nicht immer mehr oder weniger gleichmäßig konvex. Entsprechend den natürlichen Gegebenheiten treten mitunter recht verwinkelte Revierformen auf.

Nahe der Ortschaft Petschow (südlich Rostock) registrierte ich über mehrere Jahre ein auf zwei isolierte Gehölze aufgespaltenes Revier, das nur durch einen wenige Meter breiten Flug-Kanal Verbindung hatte.

Ein weiterer Faktor zur Charakterisierung der Revierstruktur im Kontrollgebiet ist die Entfernung zwischen benachbarten Pirolterritorien (von Revierzentrum zu Revierzentrum). Diese betrug in Nord-Mecklenburg im Mittel 770 m (Min. 210 m – Max. 3000 m, Abb. 54). Der Nestabstand ist durchschnittlich nur wenig geringer. R e i n s c h u. W a r n c k e (1971) zeigten die Abhängigkeit der Nestabstände benachbarter Paare von der Siedlungsdichte im Beobachtungsgebiet (700 m bzw.

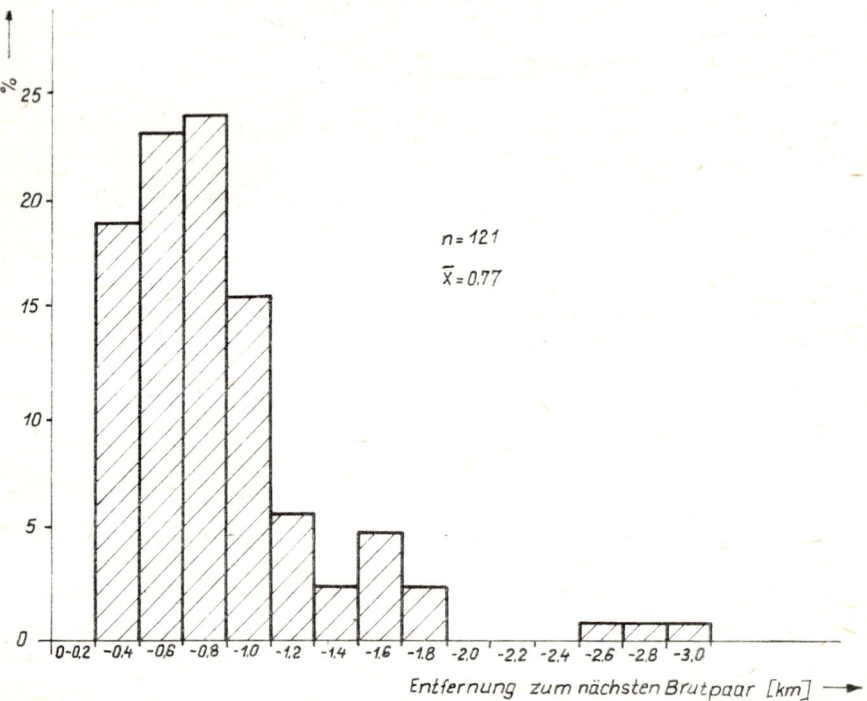

Abb. 54. Verteilung der Brutpaare des Pirols hinsichtlich der Entfernung zum nächsten Brutpaar (1980–1984)

Abb. 55. Verteilung der
Waldrandlagen der Pirol-
reviere nach Himmelsrich-
tungen im Untersuchungs-
gebiet

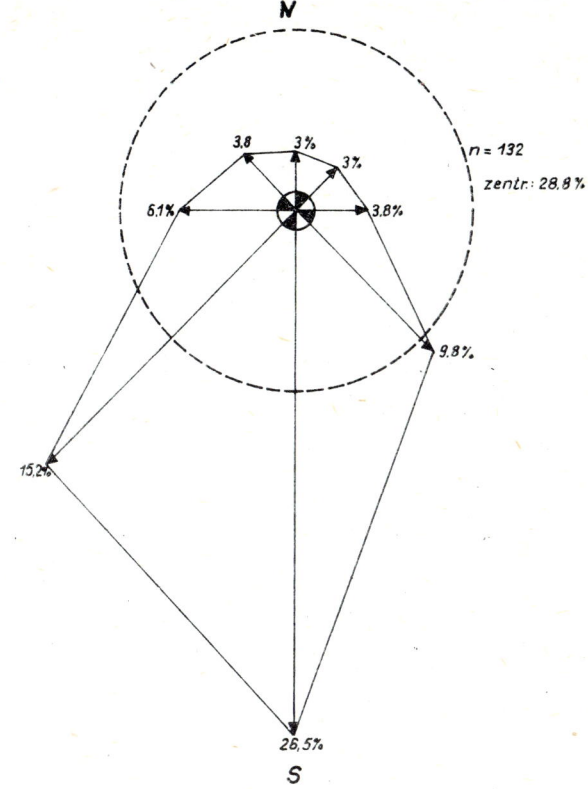

1 400 m im Mittel). Die Nestabstandsdaten stimmen in etwa auch mit denen von
G e o r l e t t e (1939) oder M e i s s n e r et al. (1981) überein. D e m e n t ' j e v u.
G l a d k o v (1954) kommen in Zonen höchster Siedlungsdichte sogar auf durch-
schnittliche Nestentfernungen von nur 80 m!

Es wurde bereits erwähnt, daß die Pirole die Waldrandlagen bevorzugen. Abb. 55
zeigt die Verteilung der 132 kontrollierten Pirolreviere bezogen auf die einzelnen
Himmelsrichtungen der entsprechenden Waldkanten. Der gestrichelte Kreis in der
Abbildung zeigt die bei Gleichverteilung zu erwartenden Werte. Vernachlässigt man
einmal die Stellung der zentral oder gehölzdeckend gelegenen Territorien, so entfallen
allein auf die drei Südrichtungen (SO bis SW) etwa 2,5 mal so viel Reviere wie
auf West-Nord-Ost. Vielleicht besteht für dieses Phänomen die Erklärung ebenfalls
in dem auch nur geringfügig höheren Nahrungsangebot in Südlagen.

Vergleichbare Zahlenangaben konnte ich aus den Arbeiten von R e i n s c h u.
W a r n c k e (1971) sowie M e l d e u. M e l d e (1977) rekonstruieren, wenngleich
die fehlende Ortskenntnis der hier auf Karten dargestellten Gebiete Fehlkalkulatio-
nen nicht ausschließt. Die provisorischen Ergebnisse aus Tabelle 19 belegen die Bevorzugung von Südwaldrandlagen der Territorien an allen Beobachtungspunkten.

Tabelle 19. Empirische Verteilung der Revierlagen in drei Untersuchungsgebieten

	I. Mittelfranken Reinsch u. Warncke 1971	II. Lausitz Melde u. Melde 1977	III. Mecklenburg eigen. Beobachtungen
auswertbare Reviere	50	56	132
zentral	26 %	28,6 %	28,8 %
N	4 %	1,8 %	3,0 %
NO – O	18 %	8,9 %	6,8 %
SO – SW	38 %	41,1 %	51,5 %
W – NW	14 %	19,6 %	9,9 %

Vielleicht können weitere Beobachtungen den zu vermutenden Nordtrend (I → III) der Südlagenausprägung sichern helfen bzw. andere differenzierende Faktoren herauskristallisieren (Siedlungsdichte, Witterung).

Die Position der Nester im Revier erscheint relativ zufällig. In Mecklenburg liegen bei Paaren mit nur einem Nachbarn die Nester oft dezentral und nahe an der Grenze zu diesem.

Tabelle 20 gibt einen Überblick über weitere Charakteristika der untersuchten Pirolpopulation.

Die erstaunlich hohe Variation des Waldanteils an den Pirolrevieren und auch der Mittelwert von etwa 68 % bestätigen noch einmal, daß der Pirol ein Waldrandvogel ist. Die Zweigipfligkeit der entsprechenden Verteilung (Abb. 56) entzieht sich

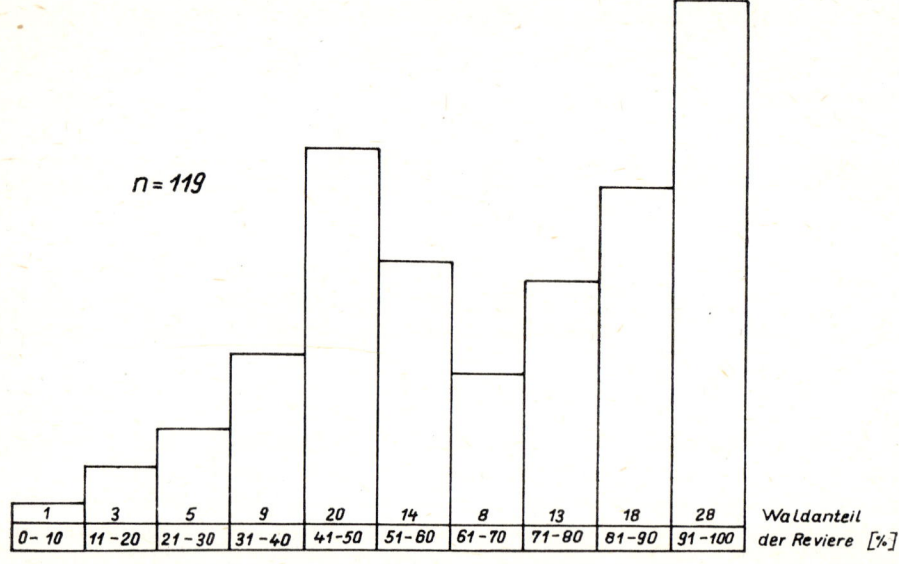

Abb. 56. Häufigkeitsdiagramm der Waldanteile der Pirolreviere in Nordmecklenburg (DDR)

Tabelle 20. Struktur-Parameter der Pirolpopulation aus drei Untersuchungsjahren in Nord-Mecklenburg

Merkmal	Jahr	n	x_{min}	x_{max}	$\bar{x}$	s^2	x_u, x_o	$s \%$
Nesthöhe	1981	19	3,5	20	10,3	21,6	8,0–12,5	45,2
(m)	1982	18	3,5	20	8,6	25,7	6,1–11,1	59,1
	1983	10	3,5	10	6,3	6,2	4,8– 7,8	39,5
	Insg.	47	20	20	8,8	21,5	7,4–10,2	52,7
Reviergröße	1981	46	6	27	15,4	28,4	13,8–17,0	34,6
(ha)	1982	44	5	35	17,6	53,4	15,4–19,8	41,5
	1983	29	10	50	20,2	71,0	17,1–23,3	41,8
	Insg.	119	5	50	17,4	50,6	16,1–18,7	40,9
Waldanteil	1981	46	21,1	100	70,1	597,6	62,8–77,4	34,9
am Revier	1982	44	14,3	100	64,5	574,0	57,2–71,9	37,1
(%)	1983	29	6,0	100	68,2	784,1	57,6–78,8	41,1
	Insg.	119	6,0	100	67,6	629,2	63,1–72,1	37,1
Entfernung	theor.	–	0	2,4	0,75	0,23		64,4
des Brutplatzes	1981	58	0	2,1	0,77	0,36	0,61 –0,93	77,3
zur nächsten	1982	45	0	2,2	0,83	0,35	0,65 –1,01	71,2
Ortschaft (km)	1983	29	0	2,2	0,92	0,46	0,68 –1,18	73,1
	Insg.	132	0	2,2	0,82	0,38	0,72 –0,93	74,5
bedingte Sied-	1981	38	0,025	0,15	0,073	0,0011	0,062–0,084	45,3
lungsdichte	1982	28	0,025	0,2	0,077	0,0020	0,059–0,094	58,1
4 km² (BP/10 ha)	1983	18	0,025	0,1	0,058	0,00066	0,046–0,074	44,8
	Insg.	84	0,025	0,2	0,071	0,0013	0,063–0,079	51,2
Entfernung zum	1981	52	0,3	2,5	0,74	0,19	0,61 –0,86	59,9
nächsten Brut-	1982	40	0,22	2,7	0,74	0,22	0,59 –0,89	63,1
paar (km)	1983	29	0,5	2,9	0,85	0,26	0,66 –1,05	58,5
	Insg.	121	0,22	2,9	0,77	0,22	0,68 –0,85	60,5

1981 sehr gutes Piroljahr,
1982 durchschnittliche Brutpaarzahl,
1983 geringste Brutpaarzahl im Gebiet

x_{min}, x_{max} = kleinster bzw. größter Wert
$\bar{x}^2$ = Mittelwert
s^2 = Stichprobenstandardabweichung
$s \%$ = Variationskoeffizient (s/$\bar{x}$ · 100 %)
x_u, x_o = 95 % – Konfidenzgrenzen für den Mittelwert

gegenwärtig noch einer plausiblen Erklärung, sie mag aber auch mit lokalen Traditionen im Zusammenhang stehen.

Reviere mit einem hohen baumlosen Freilandanteil sind vielfach auffällig groß. Zählte man die baumbestandenen Teilflächen eines Pirolrevieres im Untersuchungsgebiet zusammen, so lag die Summe unabhängig von der Reviergröße stets über 2 ha.

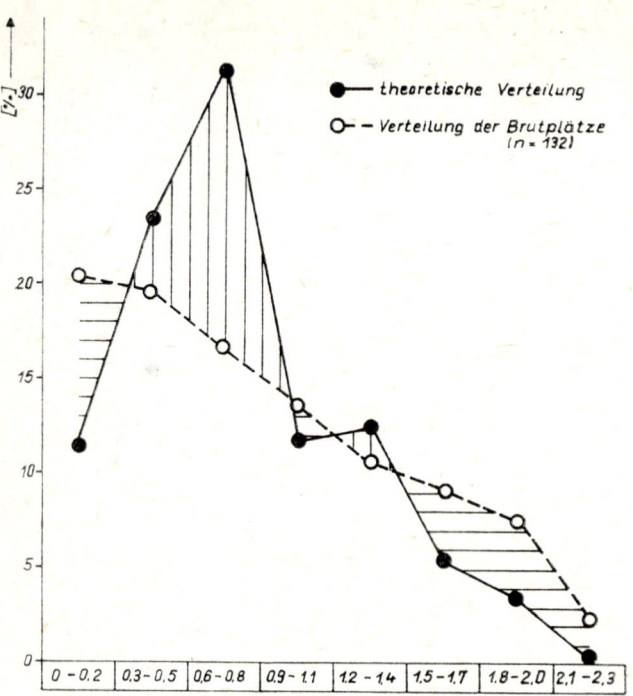

Abb. 57. Analyse der Verteilung der Entfernungen zwischen Brutplatz und nächster Siedlung (empirisch-theoretisch)

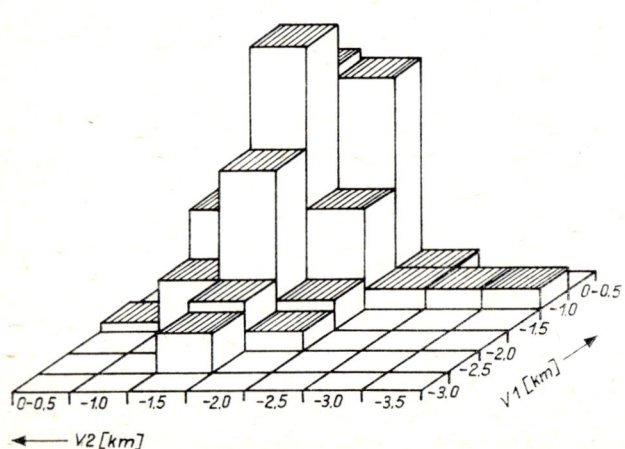

Abb. 58. Verteilung der Brutpaare des **Pirols** nach der Entfernung zur nächsten Siedlung (V1) und der mittleren Entfernung zu den vier nächsten **Brutpaaren** (**V2**) (1980—1983)

118

Die große Popularität der Art hängt wahrscheinlich auch etwas mit dem relativ häufigen Vorkommen der Brutpaare in der Nähe von kleineren Siedlungen zusammen.

Abb. 57 veranschaulicht die Abweichungen der beobachteten Entfernungen zwischen Brutplätzen und nächster Ortschaft zur im Kontrollgebiet bei zufälliger Standortwahl theoretisch zu erwartenden Verteilung (Computersimulation). Die Erhebungen bestätigen die Bevorzugung der Ortschaftsnähe – auf Kosten der „Halbdistanz". Überdurchschnittlich oft macht man Nestfunde auch weiter entfernt ($> 1,5$ km).

Die Konzentration auf Siedlungsnähe korreliert andererseits nicht mit der Siedlungsdichte (in Abb. 58 durch die mittlere Entfernung der vier nächsten Brutnachbarn modifiziert).

Interessanter ist in dieser Hinsicht die Zweipoligkeit der Beziehung: Revierwaldanteil ←→ Ortsentfernung (Abb. 59). Auch hier spiegelt sich (noch gravierender) die kumulare Dispersion aus Abb. 56 wider. Man muß bei der Einordnung dieser Grafik allerdings auch berücksichtigen, daß sie durch die in Ortschaftsnähe veränderte Gehölzstruktur überlagert wird.

Die bedingte Siedlungsdichte (in Umgebung eines bekannten Brutpaares) und auch die Entfernung zwischen den Zentren zweier benachbarter Territorien reagieren als Merkmal kaum auf die im Beobachtungsgebiet insgesamt vorhandene Brutpaaranzahl. Diese Erscheinung wird durch die intraspezifischen Beziehungen der Art geregelt (siehe Abschnitte 7.2. und 8.6.).

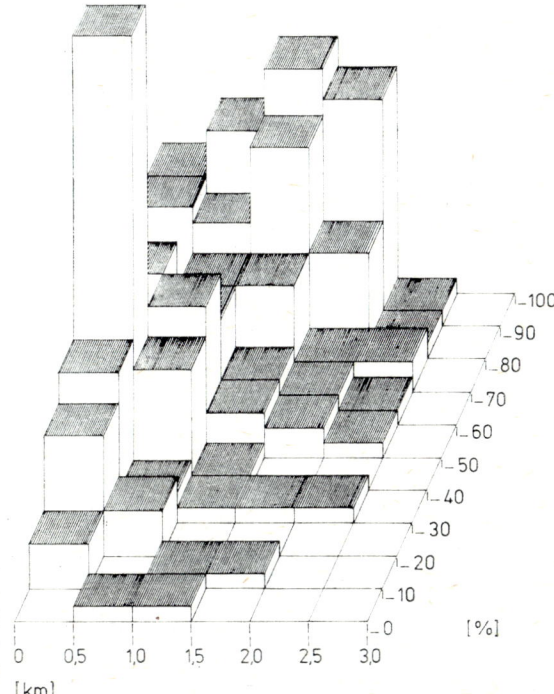

Abb. 59. Verteilung der Pirolbrutpaare nach der Entfernung der Reviere zur nächsten Ortschaft und dem Waldanteil der Reviere im Untersuchungsgebiet ($^0/_0$) (1981 bis 1984)

6.4. Neststand

Die Wahl des Nistbaumes wird durch einen Komplex von unterschiedlichen Umweltfaktoren gesteuert. In erster Linie stimuliert das jeweilige Nahrungsangebot die Revierannahme durch die Altvögel.

In diesem Sinn ist wahrscheinlich auch eine (lokal mehr oder weniger stark ausgeprägte) Bindung der Brutpaare an Feuchtgebiete oder Gewässer zu interpretieren. H e l l m a y r (1899) verwies darauf, daß in Niederösterreich die Pirolnester stets in Zweigen über einem Gewässer befestigt wurden, aber auch aus nahezu allen anderen Zonen des Verbreitungsgebietes der Art wird von Niststätten in unmittelbare Gewässernähe oder über der Wasseroberfläche berichtet.

Es hat sich andererseits aber auch gezeigt, daß Pirolreviere selbst in trockenen Kiefernwäldern mit fast unveränderten Grenzen mehrere Jahre (auch mit Unterbrechungen) bezogen werden. Die Reviertreue gipfelt schließlich sogar in der mehrfachen Benutzung desselben Brutbaumes, derselben Astgabel oder des lediglich ausgebauten vorjährigen Pirolnestes.

Die typische Astgabel für das Pirolnest wird übrigens bei Mangel an geeigneten Zweigen auch einmal durch parallele Trageästchen oder sogar eine acht-förmige Verwachsung ersetzt (H a u n 1907/08, Z a g o n 1974, u. a.). Innerhalb des Nistbaumes findet man das „Brutkörbchen" normalerweise in der Randzone der oberen Kronenhälfte. Allerdings zeigt dieses Merkmal eine erhebliche Variation, und so sind Nester, die in Stammnähe befestigt wurden, selten, aber nicht die Ausnahme.

Sortiert man die in der Literatur für den Pirol „bevorzugt" genannten Baumarten, so dominieren Eichen (*Quercus*) mit etwa 25 % vor Kiefern (*Pinus*) mit 15 %, Birken (*Betula*) und Erlen (*Alnus*) mit jeweils 7–8 %. Im vorderen Feld der Nennungen liegen weiterhin Pappeln (*Populus*), Eschen (*Fraxinus exelsior*) und Buchen (*Fagus sylvatica*).

Das Bild dieser Baumarten-Verteilung bleibt auch bei einer Auflistung der mir zugänglichen Einzelbrutnachweise annähernd erhalten. Es ist aber nur für den mittel- und osteuropäischen Raum repräsentativ, da in die Tabelle 21 in erster Linie Daten aus den genannten Gebieten eingehen konnten. Zählergebnisse aus Südeuropa standen mir nicht zur Verfügung.

Die Tabelle differenziert diese Beobachtungen zusätzlich für verschiedene Orte des Verbreitungsgebietes der Art. Sie erfaßt somit auch eine lokale Spezialisierung des Pirols hinsichtlich der Wahl seines Brutbaumes, die vielleicht Ergebnis der ebenso ausgeprägten Reviertreue ist. Möglicherweise sind auch die Jungvögel auf die Baumart geprägt, in der sie ihre Nestlingszeit verlebten, Belege dafür stehen aber aus.

Am auffälligsten ist die gebietsweise zu entdeckende Bevorzugung der Kiefer als Brutplatz (z. B. für Böhmen bei T s c h u s i und D a l l a - T o r e 1887 sowie K a y s e r 1898, für Bayern bei R e i n s c h u. W a r n c k e 1971, für die ehemalige Mark Brandenburg bei M a r o w s k i 1892 diskutiert). Gelegentliche Bruten in Kiefern gibt es wohl im gesamten Verbreitungsgebiet, selbst in der Kulundasteppe sind Kieferngehölze häufig vom Pirol besiedelt worden (J o h a n s e n 1904).

Die Tabelle der Nistbaumarten des Pirols enthält summarisch auch Notierungen zu seltener registrierten Nistgehölzen. T s c h u s i u. D a l l a - T o r e (1887) und B r i n k m a n n (1966) nennen Nester in Fichten (*Picea abies*), R a d e t z k y 1925/26) bzw. G r o e b b e l s (1937) beziehen sich sogar auf einen Brutnachweis in einer Tanne (*Abies alba*).

Zu den selten genutzten Laubgehölzen zählen in diesem Zusammenhang weiter Hainbuchen (*Carpinus betulus*), Platanen (*Platanus* × *hybrida*), Haselnuß (*Corylus avellana*), Eberesche (*Sorbus aucuparia*), Weißdorn (*Crataegus*), Holunder (*Sambucus nigra*) und Traubenkirsche (*Padus avium*). Neben den bereits genannten Obstbaumarten sind Nester in Kirschbäumen (*Cerasus avium, C. vulgaris*) und in Pflaumenbäumen (*Prunus domestica*) entdeckt worden.

B a n n e r m a n n (1953) u. K l a a s (1959) behaupten für Nordeuropa bzw. das Rhein-Main-Gebiet allgemein eine Bevorzugung von Obstbäumen. Für Südeuropa nennen eine Reihe von Autoren die Stechpalme (*Ilex aquifolium*), Korkeichen (*Quercus suber*) und Eukalyptus (*Eucalyptus*). M a k a t s c h (1943, 1950, 1956) fand ein Nest in einem Feigenbaum (*Ficus caria*) und bestätigte wie auch Z i p p e - l i u s (1972) den Pirol in Edelkastanien-Beständen (*Castanea sativa*). B o s e m (1943) fand ein Nest der Art in einem Ruhrbirnenbaum (*Sorbus torminalis*), von M e d r e c z k y (1907) in einer Pyramidenpappel (*Populus nigra var. italica*), A g a r d i (1939/42) und A v e r i n u. G a n j a (1970) in Akazien (*Acacia*). Im Neretvatal vermutete R u c n e r (1952/53) den Pirol in Steinlinden-Sträuchern (*Phillyrea*), in Siebenbürgen bemerkte Z e y k (1920) ihn zur Brutzeit in Weingärten.

Anhand der spärlichen Angaben über die Niststätten der Unterart *O. oriolus kundoo* läßt sich eine gewisse Ähnlichkeit hinsichtlich der Baumansprüche zur Nominatform ableiten. Aus dem zusätzlichen Artenangebot des asiatischen Verbreitungsgebietes erwähnen B a t e s u. L o w t h e r (1952) die Morgenländische Platane (*Platanus orientalis*), A l i u. R i p l e y (1972) darüber hinaus den Mangobaum (*Mangifera indica*), Brotfruchtbaum (*Artocarpus heterophyllus*), Indischen Mahagoni (*Toona* spec.), Trompetenbaum (*Catalpa* spec.) und I v a n o v (1969) den Wacholder (*Juniperus communis*).

Sowohl B a t e s u. L o w t h e r (1952) als auch D e m e n t ' j e v u. G l a d k o v (1954) bekunden für die Unterart *kundoo* eine Bevorzugung von Bäumen in der unmittelbaren Nähe von Wasser. Selbst in einem weiteren Merkmal, der Nesthöhe über dem Boden (oder einer Wasseroberfläche), können annähernd gleiche Verhältnisse innerhalb des gesamten Artgefüges angenommen werden.

Das Datenmaterial für eine vergleichende statistische Analyse ist wiederum nur für *O. o. oriolus* umfangreich genug. Tabelle 22 weist die mir zugänglichen und erhobenen extremen und mittleren Nesthöhen nach Baumtypen getrennt aus. Die natürlichen Größenrelationen der Baumarten lassen sich, von einigen Verzerrungen abgesehen, durchaus in den Mittelwerten der beobachteten Baumhöhen wiedererkennen. Abb. 60 kennzeichnet die Verteilung der Nesthöhen aus verschiedenen Erhebungsgesamtheiten bzw. von verschiedenen Beobachtern oder Beobachtergruppen. Auffällig ist dabei zunächst, daß die aus der Literatur gewonnenen Daten (ohne die speziell aufgeführten Erfassungen) im Mittel am niedrigsten liegen. Hier-

Tabelle 21. Nistbaumarten des Pirols (Oriolus oriolus)

Baumtyp	nachgewiesene Arten	a	b	c	d	e	f	g	h	i	k	l	Insgesamt	(%)
Eiche	Quercus robur, Q. petraea, Q. rubra, Q. cerris, Q. palustris	1	6	28	13	42	14	2	30	3	6	138	186	(19,4)
Pappel	Populus alba, P. tremula, P. nigra, P. x canadensis	30	15	11	10	9	5	2	21	1	1	59	125	(13,0)
Erle	Alnus glutinosa, A. incana	23	10	27	17	—	—	1	12	2	—	29	106	(11,0)
Birke	Betula spec.	—	4	11	3	1	—	3	28	4	—	55	73	(7,6)
Ahorn	Acer pseudo-platanus, A. platanoides, A. campestre	21	16	2	—	—	9	1	5	1	—	21	60	(6,3)
Esche	Fraxinus excelsior	4	12	5	7	1	—	1	2	—	—	8	36	(3,8)
Buche	Fagus sylvatica	3	—	17	8	4	—	—	—	1	—	7	35	(3,6)
Roßkastanie	Aesculus hippocastanum	14	1	—	3	—	4	—	2	—	—	17	35	(3,6)
Weide	Salix pentandra, S. cinerea, S. fragilis, S. caprea	6	2	8	2	—	10	—	—	1	—	14	32	(3,3)
Apfelbaum	Malus domestica	1	5	—	1	1	4	—	—	—	—	17	24	(2,5)
Walnuß	Juglans regia	—	—	—	—	—	15	—	—	—	—	21	21	(2,1)
Birne	Pyrus communis	1	—	—	—	—	7	—	—	—	—	16	17	(1,8)
Linde	Tilia platyphyllos, T. cordata	2	4	1	—	1	1	—	2	—	—	6	13	(1,4)
Ulme	Ulmus minor, U. glabra	3	3	—	—	—	5	—	—	—	—	6	12	(1,2)

Fortsetzung Tabelle 21

Baumtyp	nachgewiesene Arten	a	b	c	d	e	f	g	h	i	k	l	Ingesamt (%)
Robinie	*Robinia pseudo-acacia*	–	1	1	–	–	3	–	2	–	–	6	8 (0,8)
sonstige Laubgehölze		5	8	1	2	6	3	**2**	8	–	–	38	54 (5,6)
Laubbäume		114	87	112	66	63	76	16	112	13	7	458	837 (87,2)
Kiefer	*Pinus sylvestris, P. nigra*	–	2	10	4	–	–	–	10	**6**	**53**	104	120 (12,5)
Nadelbäume		–	2	10	4	–	–	–	10	6	53	107	123 (12,8)
Summe		114	89	122	70	63	76	16	122	19	60	565	960

Halbfette Ziffern entsprechen mindestens 10 % der Neststandortstichprobe

zu Tabelle 21

a Nestfunde W. B ö h m ' s im Bezirk Halle (lt. R. G n i e l k a briefl.)
b Daten aus dem Bezirk Halle (Magdeburg)/DDR (ohne a)
c Ergebnisse aus Mecklenburg/DDR (ohne d)
d Daten aus dem Kreis Rostock/DDR

Zusammenstellungen in der Literatur:

e P a u l u s s e n (1955); Belgien
f A v e r i e n u. G a n j a (1970); Moldawien/UdSSR
g F l ö ß n e r (1982); Bez. Magdeburg/DDR
h C r e u t z (1983); Oberlausitz/DDR
i S t e i n k e u. H e i n d o r f f (1982); Bez. Magdeburg/DDR
k R e i n s c h u. W a r n c k e (1971); Bayern/BRD
l Summe der in der ausgewerteten Literatur mit Nestbaum notierten Brutnachweise.

123

Tabelle 22. Nesthöhen-Statistik nach Gehölzgattungen, Angaben in m

Baumtyp	n	Nesthöhe		
		minimal	maximal	durchschnittlich
Eiche	45	2	16	8,54
Pappel	58	2	16	7,71
Erle	77	1,5	9	4,77
Birke	24	2,5	10	6,29
Ahorn	34	1,3	12	5,84
Esche	23	3	15	7,89
Buche	24	2	20	9,23
Roßkastanie	15	1,8	11	5,46
Weide	18	1,4	11	4,08
Apfelbaum	8	2	6	4,19
Linde	6	3,8	10	6,63
Ulme	6	1,7	7	3,87
Holunder	5	2	3,5	2,60
Kiefer	30	2	19	11,05

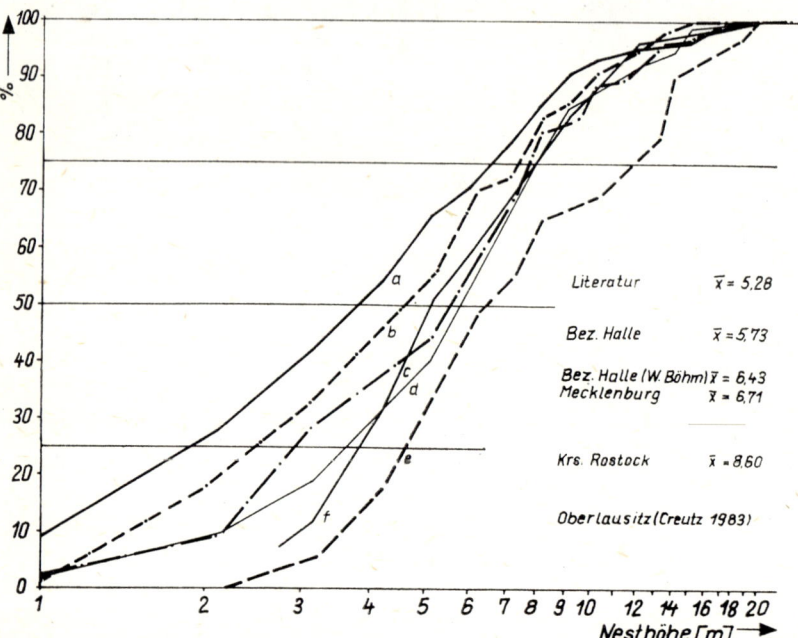

Abb. 60. Summarische Verteilung der Nesthöhen für verschiedene Quellen

124

bei spielt offenbar auch der Umstand eine Rolle, daß niedriger hängende Pirol-nester mit höherer Wahrscheinlichkeit entdeckt werden. Dem widerspricht mög-licherweise die gleichermaßen aus meist Zufallsfunden zusammengesetzte Werteverteilung aus Mecklenburg. Auch die von mir selbst für einen kleinen Ausschnitt aus Mecklenburg aus dem Küstenhinterland gesammelten Nestdaten suggerieren eine nach Norden ansteigende Höhentendenz.

Da aber nur gebietsweise Totalerfassungen einen methodischen Fehler ausschalten, sind derartige Aussagen einstweilen noch mit gebührender Vorsicht zu betrachten. H o m e y e r (1866) bestätigte allerdings seinerseits eine Beobachtung von v. H a h n , wonach in besonders stürmischen und windigen Frühjahren die Nester vom Pirol niedriger angelegt werden als sonst.

D e m e n t ' j e v u. G l a d k o v (1954) entdeckten bei *O. oriolus kundoo* immer dann besonders geringe Nesthöhen, wenn sich die Brutstätte über einer Wasserober-fläche befand. I v a n o v (1969) bemerkte an der Nordgrenze des Areals dieser Form große Nesthöhen, meist in Parks, niedrige Standorte dagegen besonders in Dörfern.

Den wohl bisher überhaupt niedrigsten Brutplatz eines Pirolpaares (0,8 m) be-schrieb S c h w a r t h o f f (1974) in einem Birnen-Spalier.

6.5. N e s t b a u , N i s t m a t e r i a l

Die Nestbauweise des Pirols beschreiben zu wollen, heißt auch am „Streit" um die Mitwirkung des Männchens am Bauablauf teilzunehmen. Den Fehdehandschuh warf übrigens A. R e i n s c h , der sich selbst viele Jahre mit dieser Art beschäftigt hat. Nach R e i n s c h (1958, 1959, 1961, 1964) erbaut allein das Weibchen das Nest. Die Schuld an der gegenteiligen Auffassung (auch der männliche Pirol ist an der Errichtung der Niststätte beteiligt) soll nach R e i n s c h (1958) und R e i n s c h u. W a r n c k e (1971) allein bei G. N i e t h a m m e r (1937) liegen. Alle späteren Autoren, die N i e t h a m m e r s Meinung teilten, haben nach Auffassung oben genannter Bearbeiter später nur noch von diesem abgeschrieben.

Es muß nun zunächst berichtigt und darauf hingewiesen werden, daß nicht etwa N i e t h a m m e r (1937, 1941) als erster auf eine zumindest gelegentliche Hilfe des Pirolmännchens beim Nestbau hingewiesen hat. Aus der Fülle dieser früheren Ar-beiten seien nur wenige hervorgehoben: M ü l l e r (1871), J. F. N a u m a n n (1905), W e m e r u. K o e n e n (1907/08), S c h o l z (1908), K a y s e r (1921), H e i n -r o t h (1926) und G r o e b b e l s (1937).

Ich komme anhand der Daten in der durchgesehenen Literatur und auch aus eige-nen Notierungen zum Schluß, daß Pirolweibchen nicht immer alleine bauen. In der Anfangsphase der Webarbeiten beteiligen sich auch relativ häufig die ♂ am Bauge-schehen – sie begleiten die ♀ bei der Materialsuche, sie sammeln hin und wieder selbst Nistmaterial und viel seltener helfen sie durch direkte Bautätigkeiten am Nest. Das kann auch für *kundoo* gelten (D e m e n t ' j e v u. G l a d k o v 1954, A l i u. R i p l e y 1972).

In Ausnahmefällen erreicht diese Hilfe beim Verarbeiten der Niststoffe wohl sogar die Stufe der scheinbar koordinierten Aktion der Brutpartner (M ü l l e r 1871, S c h o l z 1908, H e i n r o t h 1926, U s i n g e r 1927 und N i e t h a m m e r 1937).

H o h l t (1957) sah im wechselseitigen Anbieten des Niststoffes beim Pirol ein Beschwichtigungssymbol.

Der Innenausbau der Nestmulde blieb in allen mir bekannten Fällen dem Weibchen vorbehalten. S t r e s e m a n n (1948) zitiert übrigens einen Fall, bei dem neben dem ♂ und ♀ auch ein juv. ♂ mitbaute!

Nachdem sich die Paare gefunden und aneinander gewöhnt haben, beginnt die Suche nach einem geeigneten Nistplatz. Es erfordert viel Zeit, Ausdauer und auch etwas Glück, das Paar dabei beobachten zu können. R e i n s c h (1958, 1964) meint, daß die ♀ die Niststätten selbst auswählen. Das Weibchen probiert mitunter durch mehrfaches Probeanfliegen die Eignung der ausgewählten Astgabel und verwirft diese nötigenfalls auch wieder. M ü l l e r (1871) spricht diese Rolle dem ♂ zu.

Unmittelbar nach der Platzwahl beginnt der Nestbau. Zeitlich gesehen liegt das etwa zwischen dem dritten und 14. Tag nach der Erstbeobachtung der ♂ (H i n t z 1861, B l a s i u s 1862, M a r o w s k i 1892, M e j e r 1883, K o v š a r 1974 und eigene Daten). Gelegentlich scheint die Periode der Partnerwahl und der Nestplatzsuche sogar noch schneller abzulaufen, wie Angaben über den Baubeginn in Moldawien vermuten lassen (A v e r i n u. G a n j a 1970).

Heftige Rivalenkämpfe verzögern den Baubeginn, das wird auch von R e i n s c h (1961) bestätigt. S a l m e n (1982) unterstellt dem Pirol Empfindlichkeit gegen Störungen vor der Nestfertigstellung. Die Vögel in Mecklenburg scheinen gegen dahingehende Beeinträchtigungen eine größere Verhaltensvariabilität zu zeigen.

Späte Daten zum Nestbaubeginn lassen sich mitunter nicht nur auf Rivalenkämpfe zurückführen, sondern sind durch Ersatzbrutversuche nach Störungen oder auch Verlusten des ersten Nestes oder Geleges bedingt. Mehr als eine Ersatzbrut konnte meines Wissens noch nicht belegt werden.

Das Nestgrundgeflecht besteht aus bastähnlichem Material von etwa 20–40 cm Länge. Die einzelnen Fasern oder Streifen werden, meist vom ♀, mit großem Geschick zunächst um einen Ast der Gabel gewickelt. Dabei kommt dem Vogel die Möglichkeit des Einspeichelns des Nistmaterials zu Gute. Der Bast klebt zumindest zeitweilig am Tragästchen an.

Z i p p e l i u s (1972) beschreibt die anfänglichen Befestigungen besonders eindrucksvoll. Die von der Autorin anhand von Filmaufahmen gewonnenen Skizzen des bauenden Weibchens zeigt Abb. 61.

Das noch freie Ende des einseitig befestigten Fadens wird derart auf der Gegenseite der Astgabel verankert, daß die Faser mehr oder weniger straff gespannt erscheint. Das geschieht meist wieder mit streichenden Einspeichelbewegungen des Schnabels. F l o e r i c k e (1920), U s i n g e r (1927) u. a. beobachteten ♀, die mit dem freien Ende eines Bandes um das Tragästchen herumflogen. W a e n g l e r (1909) bemerkte dazu, daß der Vogel dabei so schnell ist, daß man ihm kaum mit dem Auge folgen kann.

Gelegentlich werden bei diesen gröberen Arbeiten auch feinere Zwischenzweige des Brutbaumes mit eingewebt (R e y 1912).

Gibt es beim Befestigen der ersten Fäden Schwierigkeiten oder lockern sich die Haltefäden, z. B. durch länger anhaltenden Regen, werden die begonnenen Nester auch aufgegeben (R e i n s c h u. W a r n c k e 1971).

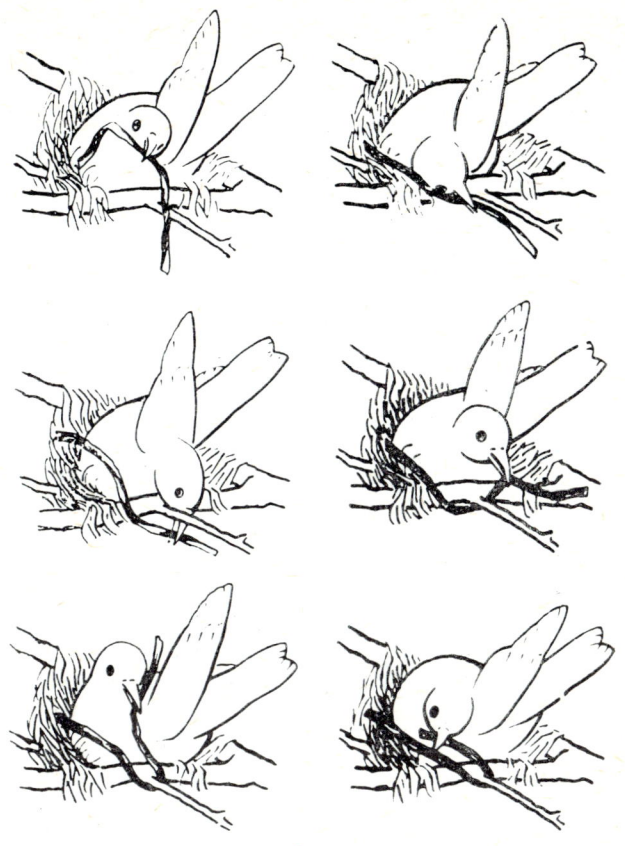

Abb. 61. Pirol-♀ beim
Nestbau. Aus Z i p p e l i u s
1972

Hat das Geflecht eine bestimmte Festigkeit erreicht, beginnt der Altvogel mit dem Formen des Nestes. Dabei setzt sich der Pirol – wohl nur das ♀ – in das angefangene Nest und drückt mit Bauch, Brust und Flügelbug die vorgespannten Fäden in die typische Körbchenform. Diese Drehungen nehmen beim späteren Innenausbau sogar noch zu, das verbaute Material wird feiner und kürzer.

Das von Z i p p e l i u s (1972) beobachtete ♀ fügte mit dem Beginn des Probesitzens noch in die Außenwand einzusetzendes Material durch Übergreifen über den Nestrand ein.

Auch der eingezogene Nestrand (zum Schutz gegen das Herausfallen der Jungen oder Eier) ist ein Ergebnis des Formens und Verfestigens der Wandung. Die von W e m e r u. K o e n e n (1907/08) beschriebene extreme Nestdicke entsprang einer Störung beim Innenausbau.

Angaben über die Bauzeit schwanken meist zwischen 6 Tagen (A v e r i n u. G a n j a 1970) und 12 Tagen (M e j e r 1883). R e i n s c h (1964, 1971) verweist auf ein Paar, das 23 Tage benötigte, und das eigenartigerweise ohne Rivalenkämpfe.

127

Auch die Werte von M a r o w s k i (1892) beziehen sich auf Extremfälle (21–28 Tage).

Die Pirole bauen den ganzen Tag. Ohne daß ich es mit genauen Zahlenangaben belegen kann, scheinen sie aber die Morgen- und frühen Vormittagsstunden zu bevorzugen. R e i n s c h (1958, 1959, 1961, 1964) veröffentlichte umfangreiche Beobachtungsergebnisse über die Bauaktivität und notierte bis zu 25 (durchschnittlich etwa 10) Anflüge mit Nistmaterial in der Stunde. In dieser Größenordnung befinden sich alle weiteren ausgewerteten Daten. Die Anflugsaktivität steigert sich mit der Baudauer, bricht dann jedoch mit Fertigstellung in nur wenigen Stunden auf nahezu Null zusammen. Selbst in der Zeit der Brut oder des Fütterns der Jungen trägt das ♀ gelegentlich noch einmal einen Halm ein, ohne ihn auch immer zu verwenden. Wie bereits erwähnt, führen Störungen verschiedenster Art, besonders aber Rivalenkämpfe, zu Bauunterbrechungen bis zu mehreren Stunden und verzögern die Fertigstellung der Niststätte.

Das Nistmaterial wird nach Möglichkeit in der unmittelbaren Umgebung des Brutbaumes aufgenommen oder abgezupft (100–300 m Umkreis). Fehlt es an geeigneten Stoffen, besonders zu Beginn der Arbeiten, fliegen die Altvögel auch bis zu 2 km auf Suche hinaus (H a e f n e r 1912, R e i n s c h u. W a r n c k e 1971, C r e u t z 1952/54, u. a.).

Ich habe 1983 versucht, diesem Umstand Rechnung zu tragen, und im Revier zweier Brutpaare entsprechende Bastbüschel weithin sichtbar angebracht. Sie wurden, wahrscheinlich durch ein ausreichendes natürliches Materialangebot, nur zurückhaltend angenommen (in jedem Nest lediglich zwei gelbe Baststreifen).

Die Pirole verlieren in dieser Zeit manchmal sogar ihre Scheu vor dem Herabfliegen auf den Boden, und nehmen von dort z. B. Papierfetzen geschickt auf.

Z i p p e l i u s (1972) beschrieb einen einjährigen Gefangenschaftsvogel, der im Frühjahr zu bauen begann, aber kein Nest fertigstellte. Ähnliches berichtete auch F a h n e r t (in lit.) von einem 7 Monate alten ♂. Der Pirol wand Bastfäden um die Käfigstangen oder verflocht sie in den Haaren des Pflegers. Das wiederholte sich auch in den späteren Lebensjahren des Vogels im Frühjahr immer wieder. Das ♂ mauserte in der Gefangenschaft nicht in ein Alterskleid um. Es scheint so denkbar, daß bauende Pirolmännchen in ihrem geschlechtsspezifischen Hormonpegel gestört sind.

Die folgenden Zeilen enthalten Tagebuchauszüge von K. U h l e n h a u t, einem hervorragenden Pirolkenner. Sie markieren in brillianter Weise den Tagesablauf eines Pirolpaares während der Bauphase und könnten stellvertretend für viele andere Priolpaare entstanden sein:

29. Mai 1983, Nest fast fertig, ab 6.10 im Zelt sitzend, Beobachtungsentfernung 15 m

6.30 ♀ kommt, begibt sich in die Nestmulde, dreht sich darin strampelnd, legt dabei den Schnabel auf den Nestrand, schiebt und stochert mit dem Schnabel Halme und Wollfäden ineinander, schlingt diese auch noch um die tragenden Äste – bleibt 8 min im Nest

6.43 ♀ kommt mit Wolle, die es geschickt um den oberen Nestrand und einen Tragast schlingt, mal von rechts nach links und auch umgekehrt, wobei es jedesmal mit dem Kopf drumrumfährt und die Wolle von der anderen Seite ergreift. Beim Ineinanderschieben der Halme macht das ♀ schüttelnde Kopfbewegungen, verfestigt in der Nestmulde sitzend die Ränder – fliegt 6.46 ab

♀ kommt jetzt in schneller Folge und bringt Halme heran, auch einmal Weidenblütenwolle. Es legt das Baumaterial nur ab, fliegt sofort weiter. ♂ flötet in der Nähe, ♀ baut allein, bringt erneut halbreife Grashalme, begibt sich nun wieder in die Nestmulde schiebt und webt

♀ trägt wieder Material ein, verbaut aber erst später, schlingt erneut Halme und die tragenden Äste, erfaßt sie von außen mit dem Schnabel. Es hat Mühe mit einigen eben gebrachten langen Halmen, sticht sie außen in das Nest; zieht sie heraus und schlingt sie dann hin und her ums Ästchen. ♀ macht dabei schüttelnde Kopfbewegungen, läßt den Halm los, fährt mit dem Kopf auf die andere Seite und zieht den Halm durch, verwebt das Ende in der Nestwand, es schiebt, drückt und strampelt in der Nestmulde

. . .

7.30 Störung (bis etwa 8.00)

8.12 ♀ bringt Halm und legt ihn ab, bringt erneut Halm und verbaut diese, blickt immer wieder über den Nestrand zu mir hin

8.23 ♀ bringt Halm

8.26 ♀ bringt Halm

8.27 ♀ bringt erneut einen Halm und verbaut alles, drückt und strampelt, daß der Zweig vibriert, fliegt ab, ist aber sofort wieder mit einem Halm da, setzt sich ins Nest und fliegt ab, ♂ hat seinen Lieblingsplatz schräg oben über dem Nest

. . .

9.02 ♀ kommt mit Feder, vorhin schon einmal, ♂ fliegt mit. Zwei andere Pirole pfeifen in der Nähe. ♂ setzt sich auf den Ast, fast über dem Nest, beugt sich nach vorn, spreizt Flügel und Schwanz und singt hastig. Als ein anderer Pirol „gigigigig" ruft, fliegt es ab, ♀ bleibt im Nest

9.10 ♀ bringt Spinnweben, schlingt sie oben um den Ast und Nestrand

. . .

9.23 ♀ kommt und baut, ♂ vertreibt ein junges ♂ aus der Nestnähe

. . .

12.10 ♀ trägt und baut noch genauso eifrig wie vorhin, webt, flicht mit schüttelnden Kopfbewegungen

. . .

15.00 Durchzug einer Gewitterfront, das ♀ baut nicht

15.40 ♀ am Nest, sitzt darin längere Zeit unbeweglich als würde es ruhen

15.56 ♀ baut weiter, ♂ ruft „gräck-gräck-gräck", ♀ sitzt immer wieder still und fliegt 16.00 davon

. . .

16.53 ♀ wieder da, bringt verästeltes Pflanzenteil. Ein anderes ♀ kommt mit, wird aber vom ♂ verjagt, als es in Nestnähe sitzt. Das fremde ♀ kommt sofort zurück, wird diesmal nicht angegriffen. ♀ sitzt wieder beschaulich im Nest

16.56 ♀ stürmt förmlich über den Nestrand davon

16.58 ♀ bringt etwas, legt es ab und gleich davon

. . .

Am 30. Mai baute das betreffende ♀ noch immer, am 31. Mai wurde dann das erste Ei gelegt.

Die Ausdehnung des Pirolnestes hängt in nicht unwesentlichem Maße von der Größe der gewählten Nestgabel ab. Der Öffnungswinkel der Astgabel schwankt in der Regel zwischen 25° und 65°. Bei engeren Winkelmaßen befindet sich das Nest normalerweise etwas weiter von der Verzweigungsstelle entfernt. Als Ausnahme muß der von K o c h (lt. R e y 1905) beobachtete Öffnungswinkel von 90° erscheinen; und in diesem Sinne sind auch die bereits erwähnten annähernd parallelen Trageästchen zu sehen.

Der Durchmesser der das Nest haltenden Zweige lag bei dem mir vorliegenden Material (n = 16) zwischen 6 und 10 mm – meist jedoch ein Stangendurchmesser mehr an der unteren und der zweite mehr an der oberen Grenze des genannten Wertebereiches. Das gleiche Intervall ermittelte M a r o w s k i (1892).

Von den Nestern anderer europäischer Vogelarten unterscheidet sich das Pirolnest vor allem durch seine merkwürdige Befestigung. Wie alle *Oriolus*-Arten bauen auch die heimischen Pirole „hängemattenähnliche" Niststätten mit dem Nestboden über dem freien Grund.

Entfernt erinnert das Nest an einen Becher oder Napf, wenngleich auch mit einer meist drei- bis viereckigen Randung. An zwei annähernd gegenüberliegenden Kanten ist es mit den Zweigen der Nestgabel verbunden.

Das Gewicht trockener Nester liegt zwischen 20 und 30 g (R e i n s c h 1959, R e i n s c h u. W a r n c k e 1971). Ihr Außendurchmesser beträgt im Mittel 125 × 145 mm (Min. 92 × 110 mm, Max. 150 × 180 mm). Die Nesthöhe schwankt zwischen 60 mm und 140 mm (Mittelwert 96 mm, n = 12).

Als Diameter der oft fast kreisrunden Nestmulde wurden durchschnittlich 89 mm (Min. 75 mm, Max. 110 mm) gemessen. Die Tiefe der Nestmulde verblieb bei den Nestern aus Mecklenburg im Bereich von 50 mm bis 130 mm (Mittelwert 80 mm).

Diese Variabilität der Ausmaße der Pirolnester spiegelt sich ebenfalls in den von anderen Autoren notierten Größenangaben wider:

Außendurchmesser: $\bar{x} = 122 × 140$ mm
– Min. 80 mm (G r o e b b e l s 1937)
  bzw. 95 × 130 mm (P o p o v 1978)
– Max. 200 mm (P r a z a k 1897)

Nesthöhe: $\bar{x} = 90$ mm
– Min. 60 mm (D e m e n t' j e v u. G l a d k o v 1954,
          P r a z a k 1897)
– Max. 130 mm (M a k a t s c h 1976)
  bzw. 150 mm (F e d j u š i n u. D o l b i k 1967)

Innendurchmesser: x̄ = 87 mm
                   – Min. 70 mm (u. a. K a y s e r 1914)
                   – Max. 130 mm (F e d j u š i n u. D o l b i k 1967)
Nesttiefe: x̄ = 56 mm
                   – Min. 30 mm (W e m e r u. K o e n e n 1907/08,
                                 G r o e b b e l s 1937)
                   – Max. 90 mm (F e d j u š i n u. D o l b i k 1967).
Die Dicke der Nestwand bestimmte M a k a t s c h (1976) mit 22 mm. W e m e r u.
K o e n e n (1907/08) wiesen einen Extremfall von 50 mm nach.

Andere Autoren notierten Bodenstärken zwischen 22 mm und 50 mm. Eigene Untersuchungen ergaben für die Seitenwände Maße von 10 mm (meist nahe des oberen Nestrandes) und bis zu 23 mm sowie am Boden 14 mm – 29 mm.

Nester von *O. oriolus kundoo* sind kaum kleiner als die der Nominatform (s. z. B. A l i u. R i p l e y 1972).

Entscheidend für die Haltbarkeit eines Nestes ist jedoch nicht nur der Querschnitt, sondern in erster Linie seine Struktur und das verwendete Baumaterial.

Die Nestbasis fertigen die Pirole je nach Angebot vor allem aus mehr oder weniger breiten Grasblättern, bastähnlichen Fasern, Grashalmen, Rindenstreifen und längeren Wollfäden. Zwischen dieses Traggerüst flechten sie anschließend eine breite Palette zum Teil recht unterschiedlicher Materialien wie kürzere Baststreifen, feine Grashalme und trockene Grasblättchen, Papier- und Kunststoffetzen, Birkenrinde und Rispen verschiedener Gräser. Nur wenig seltener werden Tierhaare, Federn, Strohhalme, trockenes Laub und Gewebestückchen verbaut.

Insgesamt machen die meisten Pirolnester von außen einen recht sperrigen und hellen, gelegentlich weißlichen Eindruck.

Das Nestinnere selbst ist viel „ordentlicher" gestaltet. Die kreisförmig gelegte Polsterung besteht in der Regel aus feinen bis feinsten Halmen und Rispen, dünnen Wurzelstückchen, Tierhaaren, Watte, Moos und manchmal aus dem noch nicht verrotteten Blattnerven-System verschiedener Blätter.

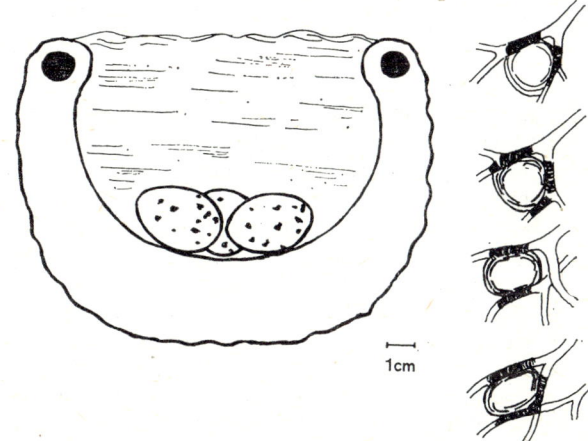

Abb. 62. Typisches Pirol-
nest im Querschnitt und
Varianten der Nestbefesti-
gung

1cm

Hin und wieder tauchen im Nestinnern sonst nur für die Außenbefestigung verwendete Baumaterialien auf. Unter den so relativ ungewöhnlichen Polsterungen registriert man oft genug wieder Papier, Bast, Federn, und selbst ein etwa 45 cm² großes Stückchen Plastfolie haben die Altvögel verwendet.

Meist am Außennest, vereinzelt in der Wand oder zwischen der Innenpolsterung, lassen sich bei einer aufmerksamen Nestanalyse auch einmal Reste von Spinnen- oder Insektenkokons entdecken. Die Rasse *kundoo* verwendet nach Angaben von B a t e s u. L o w t h e r (1952) Baumwollflocken. W i t h e r b y (1928) beschreibt die Einbeziehung von Flechten für die Nestunterseite.

A l i u. R i p l e y (1972) erwähnen das häufige Drapieren der Nester von *O. oriolus kundoo* mit Spinngeweben – ansonsten scheinen nur wenige Unterschiede zu *O. o. oriolus*-Nestern zu bestehen (H a r t e r t 1910).

Wie bei anderen Vogelarten gibt es auch beim Pirol viele Beispiele für zum Teil relativ skurile Bauvarianten oder Nistmaterialien.

Zum normalen Spektrum passen so noch relativ gut: Kunstseidefasern (C r e u t z 1952/54), *Raphia*-Bast (u. a. R u d o w 1889), Schilfblätter (S c h o l z 1908), ein Tapetenstreifen in der Nestbasis (S c h o l z 1907), Spinnweben (u. a. M ü l l e r 1871, G r o e b b e l s 1937), Nesselbast, Werg, Wolle, „weißes Moos" (N a u m a n n 1905), Hobelspäne (M ü l l e r 1871), Kornähren (Anonym 1883) und Pappeldaunen (P o p o v 1978).

B a n n e r m a n n (1953) berichtete von einem Pirolnest, das völlig aus chirurgischen Verbänden gefertigt war und erwähnt ein weiteres Pirolpaar, das sein Material von einer Vogelscheuche aus einem nahe gelegenen Feld holte.

K l a a s (1959) nennt ein Nest, das bis auf den Innenausbau nur aus Holzwolle und Holzspänen zusammengesetzt war. Dahinter steht sicher ein von R e i s e r (nach T s c h u s i u. D a l l a - T o r r e 1887) bei Wien bemerkter Bau aus Käsepapier und Salamiwurstpelle nicht zurück.

R e y (1905) verweist auf eine von B a l d a m u s in Frankreich in einem Pirol- nest gefundene 1000 Franc-Note.

H a u n (1907/08) erfreute sich an einem in einer Nestunterwand aufgestöberten Kalenderblatt (6. Mai) und dem Etikett einer Likörflasche.

Die besondere Vorliebe für Papiere und Gewebe unterstreichen darüber hinaus vom Pirol verwendete Leinwand- und Spitzenstreifen (R e y 1905), halbe Zahl- karten, Zeitungsfetzen, ein Blatt aus einem Kurzschriftheft, Bonbonpapier, Brief- umschläge (R e i n s c h 1959), schwarzgelbe (!) Papierstückchen eines Plakats (P o r t i g 1944), Gaze und Nylonfasern (Z a g o n 1974) und in einem Fall sogar ein Papierstück, auf dem die Art selbst (!) abgebildet war (D e i c h l e r u. K l e i n - s c h m i d t 1896).

C o n g r e v e (1918) kannte ein nur aus Papier gefertigtes Nest.

Die Verwendung großer Mengen von Schafwolle beobachteten C o n g r e v e (1918), R a d e t z k y (1925/26) und R e i n s c h (1959, 1964).

Fast gänzlich aus Staniolstreifen bestanden Nachkriegsnester, die H e g y m e g h y (1944/47) und L a b i t t e (1951) entdeckten.

Von ähnlichen Abnormitäten berichteten ergänzend L e v e r k u h n (1886), H e l l - m a y r (1899), B a u (1907/08), W e m e r u. K o e n e n (1907/08), D i r n -

aichner (1918), Obermayer (1918), Hermann (1931), Reinsch (1958) sowie Reinsch u. Warncke (1971).

Ein wenig skeptisch ließ mich nur die Mitteilung Floericke's (1920) werden, der ein Pirolnest skizzierte, das im Grundgeflecht aus einer einzigen Kinderdrachenschnur bestanden haben soll.

Wie dem aber auch sei – Pirolnester sind ausgesprochen haltbar. In ihrer „Lebensdauer" überbieten sie selbst die oft noch im Mai des Folgejahres stabilen Sing- oder Schwarzdrosselnester. Die enorme Haltbarkeit begünstigt übrigens die Suche nach dem Neststandort im Herbst oder Winter. Noch im Februar habe ich Nester entdeckt, deren Bodenwand mit dem Zeigefinger nur schwer zu durchstoßen waren.

Ab und zu finden die Pirole nach ihrer Heimkehr aus dem Winterquartier Reste vorjähriger Nester vor. Gelegentlich wird dann wohl auch Nistmaterial des alten Nestes wieder verwendet (Brinckmann 1942, Rudow 1887). Ausnahmsweise bessert das Weibchen einfach das vorjährige, zerzauste Nest aus, um es erneut zu benutzen (Rudow 1887). Sowohl Marowski (1892) als auch Brinckmann (1966) erwähnen die wiederholte Verwendung des Baumaterials innerhalb einer Brutperiode bei Aufgabe des Brutplatzes oder notwendigen Nachgelegen.

Eichstädt teilte mir im Frühjahr 1983 eine Beobachtung mit, die annehmen läßt, daß hin und wieder ein Weibchen der Nachbarin Nistmaterial aus dem Nest „stiehlt".

Ausnahmsweise profitieren andere Vogelarten von der Haltbarkeit der Pirolnester. Beretzk (1944/47) beobachtete in Ungarn ein Sperlingspaar (*Passer* spec.), das ein verlassenes Nest der Art für die eigene Nutzung auf „die Größe eines Menschenkopfes" ausbaute.

Ähnliches verzeichnete Kaiser (1967) für den Haussperling (*Passer domesticus*) auf Poel.

Den wohl bisher einmaligen Fall der umgekehrten Verwendung eines artfremden Nestes durch den Pirol registrierte Agardi (1943). Das von ihm kontrollierte Paar beendete die von einem Stieglitzpaar (*Carduelis carduelis*) begonnene Niststätte.

6.6. Eier und Eiablage

Die Pirolweibchen beginnen unmittelbar nach Fertigstellung des Nestes mit der Eiablage. Häufige Auseinandersetzungen mit benachbarten Paaren können Verzögerungen von wenigen Tagen hervorrufen. Ein noch späterer Legebeginn resultiert wohl meist aus Störungen schon während der Nestbauphase oder aus Nest- oder Gelegeverlusten.

In der DDR sind die ersten Eier der Art gewöhnlich um die Monatswende von Mai und Juni zu finden. Ein besonders früher Legebeginn wurde für den 4. oder 5. 5. 1971 nach Angaben von Rehfeld (lt. R. Gnielka briefl.) für das Harzvorland rekonstruiert. Auch um den 1. Juli kann es noch zur Ablage des ersten Eies in Nachgelegen kommen (z. B. im Jahre 1964 bei Aschersleben, W. Böhm lt. Gnielka).

Die Analyse von 145 Gelege- oder Jungvogelfunden wies als mittleren Legebeginn den 2. Juni aus. Einen wesentlichen Anteil an diesem Material hatten Nestdaten aus den Bezirken Halle und Magdeburg (R. G n i e l k a und H. K ö n i g briefl.).

Die aufgrund der Fundumstände meist notwendige Rückrechnung auf den Zeitpunkt der ersten Eiablage erfolgte unter Voraussetzung einer:

täglichen Eiablage

einer 14tägigen Brutzeit nach Ablage des letzten Eies

einer 15tägigen Nestlingszeit.

Demzufolge hatte dann durchschnittlich bis zum

10. 5.	in	0,5 %	10. 6.	in	88,0 %
20. 5.	in	2,0 %	20. 6.	in	99,0 %
25. 5.	in	11,0 %	30. 6.	in	99,5 %
31. 5.	in	46,0 %	und 10. 7.	in	100,0 %
5. 6.	in	77,0 %			

der beobachteten Nester die Eiablage begonnen.

Der Legebeginn in anderen Zonen des Areals der Art weicht von mitteleuropäischen Werten entsprechend einer früheren oder späteren Ankunft ab. J o h a n s e n (1944) belegt mit einer frühesten Eiablage im zweiten Junidrittel in Sibirien den östlichen Grenzwert, S t r e s e m a n n (1948) mit Ende Mai in Spanien schlüpfenden Jungvögeln das andere Extrem. Interessant ist sicher auch eine Zusammenstellung von Gelegefunden in Moldawien, die eine deutlich spätere Eiablage im Norden des Landes anzeigt (A v e r i n u. G a n j a 1970).

Wahrscheinlich klimatisch bedingt brütet *Oriolus o. kundoo* von April bis August. Aber auch bei dieser Unterart sind die dominierenden Brutmonate Mai und Juni (A l i u. R i p l e y 1972).

Die Eier selbst werden normalerweise in den Morgenstunden gelegt. M i n a c k (briefl. 1983) glaubt, diesen Zeitraum auf bis 8 Uhr beschränken zu können.

Die Pirol-♀ legen täglich ein Ei. G l u t z (1962) beoachtete einen Vogel, der das 4er Gelege in sechs Tagen vervollständigte. Die Eier liegen ohne eine feste Ordnung in der Nestmulde. Die Anordnung wechselt sogar während der Brutzeit mehrfach.

Bei Verlust des noch leeren Nestes oder des Geleges kommt es bei entsprechender Witterung zur Neuanlage der Nester und einem Nachgelege. Mehr als zwei Nachgelege konnten noch nicht beobachtet werden (L a b i t t e 1951).

Ein Vollgelege enthält in Mitteleuropa (einschließlich Ungarn) normalerweise 3 bis 4 Eier. Tabelle 23 zeigt die in diesem Gebiet anhand der Daten aus der Literatur, von Gewährsleuten und aus selbst entdeckten Gelegen zusammengefaßte Verteilung von mutmaßlichen Vollgelegen. Nester mit nur einem Ei entstammen wahrscheinlich gestörten Bruten.

Das 6er Gelege erwähnt B a m b e r g (1906/07) aus dem Raum Weimar. Angaben von B l a s i u s (1896) und von F l o e r i c k e (1920) lassen vermuten, daß noch weitere Gelege mit 6 Eiern beobachtet wurden.

Die Verteilung der Gelegegrößen unterliegt offensichtlich einer geografischen Gliederung.

C o n g r e v e (1934) nennt für England als den Regelfall 3er Gelege, nie fünf Eier. Ähnliches gilt wohl ebenfalls für Nordwestfrankreich, während in Belgien und auch Südeuropa wie in Mitteleuropa 3 bis 5 Eier anzunehmen sind (R e i n s c h u. W a r n c k e 1971).

Tabelle 23. Gelegegröße und Jungvogelanzahl anhand von Daten aus Mitteleuropa (einschließlich Ungarn)

	Gelegegröße						
	1	2	3	4	5	6	
n_i	2	3	60	161	24	1	$\bar{x}_{274} = 3,72$
%	0,8	1,2	23,9	64,1	9,6	0,4	

	Jungvogelanzahl						
	1	2	3	4	5	6	
n_i	8	43	135	135	5	–	$\bar{x}_{326} = 3,26$
%	2,5	13,2	41,4	41,4	1,5	0,0	

Allerdings sind die Meinungen hierzu nicht ganz einheitlich: W e n z e l (1897) beobachtete in Mitteleuropa dominant 3er Gelege, selten 4, nie 5 Eier. Ebenso verblüffend ist eine Erhebung von M a r o w s k i (1892) für die ehemalige Mark Brandenburg, bei der in 100 Gelegen meist 4, aber auch nie mehr als 4 Eier notiert wurden.

Erstaunlich niedrig kommen mir gleichfalls die Ergebnisse G e o r l e t t e 's (1939) vor, der praktisch am Rand von Mitteleuropa in 30 Nestern nur 2–3 Eier, manchmal auch nur ein Ei vorfand.

Stehen diese Diskrepanzen zu gegenwärtigen Verhältnissen vielleicht mit der drastischen Siedlungsdichteabnahme im vergangenen und zu Beginn des jetzigen Jahrhunderts in Zusammenhang?

Oriolus o. „sibiricus" legt 3 bis 4 Eier (J o h a n s e n 1944), *O. o. kundoo* 2 bis 4, in der Regel jedoch 3 Eier (H a r t e r t 1910, B a t e s u. L o w t h e r 1952, A l i u. R i p l e y 1972).

Ein schwach ausgeprägter negativer Trend der mittleren Gelegegröße über die Monate Mai, Juni und Juli begründet die Annahme, daß in Nachgelegen (und eventuell auch späten Erstgelegen) geringere Eizahlen zu erwarten sind. N a u m a n n (1905) registrierte in den kleineren Nachgelegen nie mehr als 3 Eier, nahezu gleiche Angaben machen M a r o w s k i (1892) und L u t z u. W i n k (1907).

Piroleier sind mehr oder weniger oval, nicht selten etwas gestreckt spitzoval. Die Grundfarbe ist weiß, manchmal hell-cremefarben, in Ausnahmefällen auch rosa gehaucht. M a k a t s c h (1976) besaß ein tatsächlich zart rosa gefärbtes Pirolgelege.

Die Eier sehen relativ glattschalig und seidenglänzend aus, selten fehlt jeglicher Glanz. Beim genauen Betasten und unter der Lupe entdeckt man auf der Oberfläche dennoch eine Reihe von Unebenheiten. Die reliefartigen Erhebungen und Rillen lassen sich am leichtesten feststellen (siehe Abb. 20). Nach Analysen von S z i e l a s k o (1913) verlaufen sie nach allen Richtungen und erreichen eine Breite von etwa 0,6 mm, Täler eine Breite von 0,3 mm. Poren sind oft nur undeutlich sichtbar, meist fein und rund, etwa 0,001 mm im Durchmesser. Sie stellen eine Verbindung zwischen Außenwelt und Eiinnerem dar (siehe Abb. 16 und 19).

Die Zeichnung der Eier ist relativ spärlich und besteht aus kleinen oder bis zu 4 mm großen unregelmäßig runden Flecken sowie seltener zerflossenen Schlieren. Die Farbe der Flecken erstreckt sich von graubraun über purpurbraun bis nahezu nach schwarz. Ausnahmsweise treten winzige graue Punkte, Brandflecken bzw. rötlichbraune Höfe um dunkle Flecken auf.

Die Zeichnung ist meist etwas dichter um den stumpfen Pol konzentriert. Eine Analyse von 14 Piroleiern erbrachte nachstehend aufgeführte Fleckenrelationen (bezogen auf den Grad der Zeichnung der Eioberfläche am spitzen Pol):
1,0–2,6–3,8–3,5–5,9–5,4–5,5–8,3–8,2–10,4 (= stumpfe Polkappe)
Pässler (1851) besaß Piroleier mit nur acht Flecken; Naumann (1905) erwähnt völlig weiße Eier.

Die Pirole können sich eine derartig auffällige Färbung der Eier „leisten", da die Gelege gegen die Sicht von oben durch die Lage der Nester im Raum quasi wie bei Höhlenbrütern gedeckt sind.

Das Gewicht der Piroleier hängt wie bei allen Vögeln vom Bebrütungszustand ab. Das Frischgewicht schwankt zwischen 5,9 g und 9 g – Mittelwertangaben liegen zwischen 6,3 g und 8,7 g (Kovšar et al. 1974, Makatsch 1976, Schönwetter 1983).

Im Vergleich mit anderen nesthockenden Vogelarten ist sowohl das Ei als auch das Gelegegewicht (8–11 % bzw. 45–60 % des Körpergewichts eines ♀) relativ groß (Makatsch 1959).

Eine Durchsicht entsprechender Publikationen und eigener Messungen (n = 21) ergaben für *O. o. oriolus* ein durchschnittliches Längen-Breiten-Verhältnis von
30,52 mm zu 21,36 mm (n = 674)
und für *O. o. kundoo* von
29,03 mm zu 21,08 mm (n = 120).
Schönwetter (1983) ermittelte (mit zum Teil gleichen Quellen!) für *O. o. oriolus*
30,4 mm zu 21,3 mm (n = 737)
und für *O. o. kundoo*
29,0 mm zu 20,8 mm (n = 115).

Extremwertangaben für die Eier der Subspecies *oriolus* variieren gewöhnlich um minimal 28,0 × 20,3 mm und maximal 32,0 × 22,0 mm. Die wohl größte Länge entdeckte Jourdain (1906/09) mit 36,0 mm, die kleinste Groebbels et al. (1936) mit 26,5 mm. Letztgenannte Autoren veröffentlichten als größte Breite 23,5 mm und Nemeth (in Makatsch 1976) als kleinste Breite 19,7 mm sowie Schönwetter (1983) 19,4 mm.

Der detaillierten und umfangreichen Übersicht von Makatsch (1976) entnahm ich extreme Maße für *O. o. kundoo*-Eier nach Baker:
Max.: 32,5 × 21,5 mm und 27,0 × 22,3 mm
Min.: 25,0 × 19,0 mm.
Schönwetter (1983) verzeichnete Längen von 26,0–33,0 mm und Breiten von 19,0–22,3 mm.

Rey (1912) erwähnt für die Nominatform ein Spurei von 19,7 × 15,0 mm und einem Schalengewicht von nur 0,165 g. Auch Sonne (1919/28) fand ein derartiges Ei in einem 4er Gelege.

Die Eischale wiegt normalerweise zwischen 0,28 und 0,50 g, im Mittel 0,395 g (G o d e l m a n n 1908/09, R e y 1912, D e m e n t ' j e v u. G l a d k o v 1954, C r e u t z 1980, S c h ö n w e t t e r 1983). Weitere Eimaße beschreibt S z i e l a s k o (1913).

Abb. 21 zeigt zunächst einen Ausschnitt der relativ glatten Oberfläche des Pirol-eies. Die große Menge der das Eiinnere mit der umgebenden Luft verbindenden Poren ist bei 470facher Vergrößerung gerade erkennbar. Der insgesamt glatte Eindruck der Eioberfläche wird auch durch die hier sichtbaren Einsenkungen nur wenig abgeschwächt. Die Rasterelektronenmikroskop-Aufnahme Abb. 20 veranschaulicht dagegen eine auffällig veränderte Oberflächenstruktur am Rande eines dunklen Pigmentflecks mit deutlich schollenartigen Auflagen.

Die Aufnahme eines Bruches durch die Eischale (Abb. 16) läßt von oben nach unten das Stratum spongiosum (Schwammschicht), das Stratum mamillare und ein wenig von der äußeren Schicht der Schalenhaut (Fasern) erkennen. Reste der Kutikula fehlen hier.

In Abb. 17 ist eine, der sich an das kristallin strukturierte Stratum spongiosum anschließenden Mamillen sichtbar. Die kalcifizierten Spitzen der Mamillen sind in der äußeren Schalenhaut versenkt und werden von Fasern durchdrungen, die die einzelnen Mamillen miteinander verbinden (B u k e n 1982).

Recht ungewöhnlich ist die Existenz einiger Kanäle durch die Eischale, bei denen es sich möglicherweise um besonders große Poren mit einem Durchmesser von etwa 8–10 μm handelt. Abb. 18 zeigt einen trichterförmigen Kanaleingang auf der Eischalenoberfläche. Abb. 19 einen Querschnitt durch die Eischale mit einem derartigen Kanal.

6.7. Brutdauer und -beteiligung

Der Pirol beginnt normalerweise nach der Ablage des ersten oder zweiten Eies mit dem Bebrüten des Geleges. Lediglich G r o e b b e l s et al. (1936) nehmen einen Brutbeginn nach Ablage des letzten Eies an. Derartiges konnte ich nur in Fällen häufiger Auseinandersetzungen mit benachbarten Paaren registrieren. Während der Eiablage überwiegen jedoch vielfach noch die Brutpausen gegenüber den Bebrütungsetappen.

Beide Partner beteiligen sich am Bebrüten des Geleges. Nur wenige Beobachter schlossen in ihrem Beobachtungsgebiet eine Beteiligung der Männchen aus (R e i n s c h 1958, 1959, 1964, Z i p p e l i u s 1972).

Die Pirol-♂ lösen die ♀ nur selten und kurzzeitig ab. Die Auffassung, daß diese Ablösung meist in den Mittagsstunden erfolgt, kann ich für Mecklenburg nicht teilen. Sie zieht sich allerdings seit fast 200 Jahren wie ein roter Faden durch die ornithologische Literatur (z. B. B o r k h a u s e n et al. 1800, T s c h u s i u. D a l l a - T o r r e 1887, N a u m a n n 1905, B u c h n e r 1922, N i e t h a m m e r 1937 und M a k a t s c h 1976).

A v e r i n u. G a n j a (1970) glauben, daß die männlichen Exemplare erst nach dem 8. Tag beim Brüten mitwirken. Die von mir beobachteten Pirol-♂ saßen mindestens ab dem 6. Tag früh (6–8 h) und ohne weitere Häufungen vereinzelt zu anderen Tageszeiten auf dem Nest.

Wärmt das Männchen die Eier, ist das Weibchen mit der Nahrungssuche beschäftigt. Obwohl es Anzeichen für ein Füttern von ♀ durch die Pirol-♂ gibt (D e m e n t ' j e v u. G l a d k o v 1954), ernähren sich die Weibchen in der Regel allein. Das unbesetzte Gelege wird hin und wieder vom Pirol-♂ bewacht. Es ruft dann erregt bis zur Rückkehr seines Partners.

Das Verhältnis zwischen der Dauer der Sitzphasen und Pausen untersuchten R e i n s c h (1958, 1959, 1964) und R e i n s c h u. W a r n c k e (1971). Ihre Ergebnisse bestätigen die längeren Brutunterbrechungen zu Beginn der Eiablage (bis 66 min). Später, etwa ab dem 6. Tag, sind keine signifikanten Unterschiede in der Bebrütungsdauer zwischen den Bruttagen nachweisbar:

Pausen:	Bebrütung:
min. $=$ 1 min	min. $=$ 1 min
max. $=$ 14 min	max. $=$ 85 min
$\bar{x}$ $=$ 5,1 min	$\bar{x}$ $=$ 24,2 min
n $=$ 115	n $=$ 83.

A v e r i n u. G a n j a (1970) notierten bis zu 3,5 h ununterbrochene Brütungsdauer.

Nachts sind die Pirolnester offenbar ständig besetzt. Längere Brutunterbrechungen treten auch durch Auseinandersetzungen mit benachbarten Paaren auf, wenn sich die Weibchen an den Verfolgungsjagden beteiligen.

Die Brutdauer bis zum Schlupf der Jungvögel wird nahezu einheitlich mit 14–15 Tagen angegeben. Einfach ist die Ermittlung dieser Zeitspanne aber keineswegs, da der Brutbeginn praktisch gleitend ist und damit oft nicht präzise registriert werden kann. Geht man von einem Pausenanteil von etwa 50 % als Zeitpunkt des Starts des regelmäßigen Brütens aus, beträgt die Brutdauer in Mecklenburg 15–18 Tage. Dem entsprechen auch die Angaben von B o r k h a u s e n et al. (1800) mit 15–20 Tagen, von R e i n s c h (1958, 1959, 1961, 1964) mit 16–19,5 Tagen, Z i p p e l i u s (1972) mit 16–17 Tagen, A v e r i n u. G a n j a (1970) mit 16 Tagen und H a f t o r n (1971) mit 13– (17–18) Tagen.

Brutdauernotierungen von 13 Tagen scheinen sich auf einen angenommenen Bebrütungsbeginn nach Ablage des letzten Eies zu beziehen.

6.8. S c h l u p f - u n d N e s t l i n g s z e i t

Ausgehend vom Beginn der Eiablage erreicht das Schlüpfen der Jungpirole Mitte bis Ende Juni in Mitteleuropa seinen Höhepunkt. Trotz des zum Legebeginn relativ frühen Brutanlaufs ist der Schlupfabstand der Jungvögel enger, als man zunächst annehmen möchte. Das Schlüpfen erstreckt sich für alle Jungen eines Nestes bei der Art über 12 bis 60 h. Die zuletzt geschlüpften Vögel sind oft schwächer als ihre älteren Nestgeschwister, was durch den Fütterungsvorsprung dieser Tiere noch krasser ins Auge fällt.

Bei warmer und trockener Witterung signalisiert das immer unruhigere „Gelege-Kontrollieren" der Pirolweibchen die ersten Risse in den Eiern. Die Männchen können sich in den Bebrütungspausen der Weibchen über den Schlupfablauf informieren.

Nicht aus allen Eiern schlüpfen auch Jungvögel. Tabelle 23 zeigt die Verteilung beobachteter Jungvogelanzahlen. Die Schlupfrate von 87,6 % ist verhältnismäßig hoch und vielleicht noch am besten mit der des Hausrotschwanzes (88 %) zu vergleichen (M e n z e l 1976).

Die Jungvögel verbleiben 13 bis 20 Tage im Nest (u. a. H a f t o r n 1971, S t a s t n y 1980). Sie verlassen dieses oft noch nicht (gänzlich) flugfähig. Möglicherweise hängt das mit der für vier fast ausgewachsene Jungpirole zu klein werdenden Nestmulde zusammen.

Die zu früh ausfliegenden Vögel werden um den 18. bis 20. Tag flügge (K o v š a r et al. 1974), nachdem sie 2–5 Tage im Brutbaum herumgeklettert sind oder am Boden oder im Unterholz weitergefüttert werden (u. a. G a r l i n g 1919). Z i p p e l i u s (1972) nimmt an, daß es die später geschlüpften schwächeren Nestlinge sind, die durch die älteren Nestgeschwister zum vorgezogenen Verlassen der Nestmulde angeregt werden.

Beide Altvögel füttern und hudern die Jungvögel. Beim Hudern überwiegt sowohl bei Sonnenschein als auch Regenwetter die Aktivität der Weibchen.

Die Nestlinge zeigen einen ausgeprägten Klammerreflex, der sich in erster Linie durch das feste Verhaken der Krallen im Nestboden äußert. Damit schützen sie sich vortrefflich vor dem Herausfallen aus ihrem bei Wind oft weit ausladend federnden Nest.

Die anfänglich blinden Piroljungen sperren aufgrund des Nesterschütterungsreizes der auf- und abfliegenden Eltern. Ertönt deren Warnruf, ducken sie sich stumm ins Nest (Z i p p e l i u s 1972 und eigene Beobachtungen). Ist keine Gefahr signalisiert, verhalten sich die Nestlinge ziemlich auffällig. Ihre Bettellaute sind weithin hörbar und erreichen nach dem 8. Lebenstag einen bellend, winselnden Klang.

Beim Sperren drehen die juv. Exemplare ständig den Kopf hin und her, so daß das eigentümliche Bild des Wackelns der Köpfchen entsteht.

6.9. W a c h s t u m   u n d   F ü t t e r u n g   d e r   N e s t l i n g e

Die soeben geschlüpften Pirole haben nach kurzer Trocknungsphase ein flauschiges, nicht sonderlich dichtes Daunenkleid von goldgelber bis gelblichweißer Farbe. Der Schnabel ist grau; die Füße erscheinen bläulichgrau.

Etwa nach 4 bis 5 Tagen durchbrechen die Spitzen der heranwachsenden Flügel und (wenig später) die Schwanzfedern die Haut.

Am 6. Tag erkennt man die ersten Anzeichen des Öffnens der Augenschlitze. Spätestens am 8. Tag sind die großen Augen völlig geöffnet.

Die Rachen der Nestlinge sind orange bis orangerot gefärbt (H o e h e r 1972: rosaorange).

Etwa mit dem 12. bis 13. Tag fallen nach A v e r i n u. G a n j a (1970) die Daunen heraus, lediglich am Kopf verbleiben Reste bis zur Kleingefiedermauser. Die Nestlinge sehen trotz der fehlenden Daunen auch mit ausgewachsenem Nestlingsgefieder stets flauschig aus. Etwa ab dem 11. Lebenstag betreiben die Jungpirole, besonders bei Regen, Gefiederpflege (R e i n s c h u. W a r n c k e 1971).

Der Schnabel der Vögel wird zunehmend dunkler, und um die Augen entsteht in der zweiten Hälfte der Nestlingszeit ein deutlich abgegrenzter gelber Ring (S c h o l z 1907). Dieser hebt sich ein wenig vom zeisig- oder olivgrünen Gefieder der bald ausfliegenden Pirole ab.

U h l e n h a u t (briefl. 1982) kontrollierte die Gewichtsentwicklung der Nestlinge einer Pirolbrut aus dem Magdeburger Gebiet. Die vier Jungvögel schlüpften
in einem Zeitraum von 2 Tagen (7. 6. – 9. 6. 1981). Trotz des offenbar durchschnitt-
lichen Schlupfgewichtes des jüngsten Pirols der Brut, wurde dieser am 15. 6. nur
noch tot im Nest vorgefunden. Die drei weiteren Exemplare flogen nach 14 bis
16 Tagen aus.

Der Wachstumsverlauf der Brut kann durch die Regressionsfunktion

$$y = b_1 (1 + \tanh (b_2 [x + b_3])$$

charakterisiert werden, wobei die Zielgröße y das Gewicht und die Einflußgröße x
das Alter der Pirole sind. Wenngleich diese Meßreihen auch noch keine Aussagen
für alle Pirolnestlinge zulassen, seien folgende Ergebnisse herausgehoben:
Pirolnestlinge erreichen mit 6,5–7,5 Lebenstagen ihre größten Wachstumsschübe.
Diese liegen dann zwischen 5,5 g und 6,5 g täglicher Zunahme ($\varnothing$ 6,1 g).
Später geschlüpfte Pirole nehmen relativ zu ihrem Eigengewicht schneller zu als
ältere Nestgeschwister.
Das Endgewicht der Wachstumsphase der Nestlinge beträgt 63–68,3 g ($\varnothing$ 64,5 g).

Abb. 39 veranschaulicht die Eingangsdaten und die Ergebnisse der Regressions-
analysen, die gut mit P o p o v 's (1978) Gewichtswerten 10tägiger Pirole (47–53,2 g)
harmonieren.

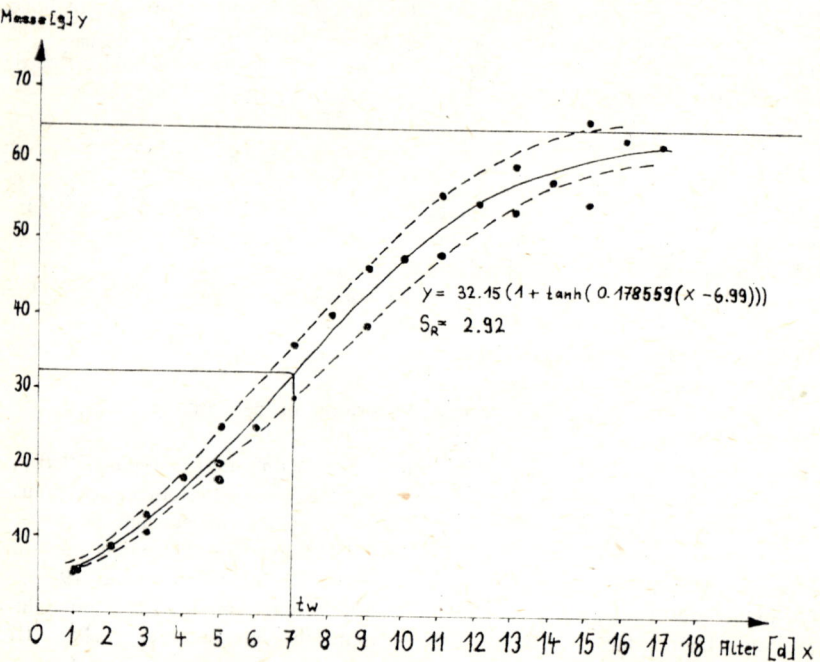

Abb. 63. Wachstum der Nestlinge einer Pirolbrut. Nach Daten von K. U h l e n h a u t

Die jungen Pirole werden von beiden Altvögeln gefüttert. Wie bereits erwähnt, sperren die Nestlinge zunächst allein auf den Nesterschütterungsreiz hin, der von den am Nestrand ab- und auffliegenden Eltern ausgelöst wird. Mit dem Öffnen der Augen erfolgt das Sperren dann nicht mehr nur reflektorisch nach oben, sondern immer gezielter in Richtung der Altpirole. Der Ruf und auch der Anblick der Eltern werden schließlich zu dominierenden Signalen.

Gelegentlich ist sogar ein Wechselrufen zwischen den Jung- und Altvögeln zu hören; allerdings gleicht der lockende Jungvogellaut eher einem Quietschen denn dem arttypischen Ruf.

Auf das „didlioh" hin reagieren die juv. Pirole mit lauter werdendem Betteln, auf Warnrufe durch stilles Drücken in das Nest. Während der Fütterung zittern die Nestlinge am ganzen Körper, flattern intensiv mit den Flügelstummeln und recken sich hoch über den Rand ihrer Wiege, in dessen Boden sie sich aber stets festkrallen. Gesättigt fallen sie nach S c h o l z (1907) in einen apathischen Schlaf. Ich konnte in dieser Situation regelmäßig einen etwa alle 20 s von den Jungvögeln angestoßenen „ä"-Laut vernehmen.

Die beiden Altpirole füttern etwa zu gleichen Anteilen. Dabei erscheinen sie in der Regel nur ausnahmsweise gleichzeitig am Nest (R i c h t e r 1949, K l a a s 1959 und eigene Beobachtungen).

K l a a s (1959) stellte fest, daß das ♂ nach der Fütterung sofort wieder vom Nest verschwindet, während das ♀ bis zur nächsten Futterübergabe durch das ♂ die juv. hudert. Gleichzeitiges Erscheinen am Nest löst gelegentlich Konflikte zwischen den Eltern aus, bei denen in allen beobachteten Fällen das Männchen den Rückzug antrat. Andererseits übergibt das ♂ nicht selten die für die Jungen vorgesehene Nahrung an das stellvertretend fütternde ♀. Die Gesamtfütterungsaktivität (gemessen in Fütterungsanflügen beider Elternvögel je Stunde) schwankt zwischen 1 und 24 und liegt im Durchschnitt bei 9. Z i m m e r m a n n (1923) gibt als Mittelwert 13 Fütterungen je Stunde an.

Die umfangreichen Erhebungen von R e i n s c h (1958, 1959, 1964) verdeutlichen die Veränderung dieser Aktivität über die Nestperiode. In den ersten fünf Tagen nach dem Schlupf steigt die Fütterungsfrequenz zunächst deutlich an (2,5 auf 9,5). Danach stagniert sie oder fällt nur geringfügig ab, wenngleich ihre Varianz offenbar (witterungsbedingt) zunimmt.

Im Verlaufe der Nestlingszeit bringen Altpirole mit jedem Anflug immer größere Beutestücke, die damit eine insgesamt kontinuierlich ansteigende Energiezuführung garantieren. A v e r i n u. G a n j a (1970) verweisen auf eine am Morgen und Abend im Tagesverlauf gesteigerte Fütterungsaktivität.

F a h n e r t (briefl. 1982) beobachtete bei einem aufgezogenen Pirol das Betteln alle 30 bis 45 min.

Nach erfolgter Fütterung warten die Pirole in der Regel auf die Kotabgabe der Zöglinge. Die festumhüllten weißlichen Ballen werden bis etwa zum 8.–10. Lebenstag von beiden Elterntieren verschluckt, später weit vom Nest fortgetragen und abgeworfen.

Bei „Unwohlsein" fühlen sich die sonst kühlen Füße der Jungvögel „heiß" an (F a h n e r t, briefl. 1982).

Noch im Nest beginnt bei einigen Exemplaren die erste Kleingefiedermauser.

6.10. Selbständigkeit der Jungen und Familienverband

Hat der erste Jungpirol das Nest verlassen, folgen ihm die Geschwister bald nach. Durch die unterschiedlichen Schlupfzeitpunkte und damit verbunden der unterschiedliche Entwicklungsstand sind die Pirole beim Verlassen des Nestes jedoch nicht alle gleichermaßen flugfähig. Die Folge davon ist eine unterschiedliche Dauer der Kletterphasen. Auch die jungen Pirole, die bereits fliegen können, verlassen sich im Geäst noch häufig auf ihre kräftigen Beine.

Etwa mit 20 Tagen beherrschen auch die Kleinsten ihre Flügel dann so gut, daß sie ihren Eltern entgegenfliegen können. Die Jungvögel reagieren auf den Ruf oder das Locken der Eltern zudem akustisch. Das aus der Nestlingszeit bekannte winselnde „Bellen" oder „Quietschen" dient den Altpirolen zur Standortbestimmung der Brut.

Haben erst einmal alle Nestlinge ihre „Wiege" verlassen, kehren sie nur noch ausnahmsweise dahin zurück.

Naturgemäß sind die noch flugunfähigen Pirole (besonders am Boden) vielfältigen Gefahren ausgesetzt. Näherte ich mich ihnen, so fiel mir häufig das Verhalten der ♂ auf. Diese machten mit lautem Rufen und fliegenschnäpperähnlichem aufleuchtendem Aufflattern auf sich aufmerksam; insgesamt an das Verleiten anderer Arten erinnernd.

Beide Altvögel füttern die Jungen auch nach dem Ausfliegen weiter. Die Intensität läßt nach meinen Erfahrungen auch jetzt noch nicht nach. Allmählich beginnt der Nachwuchs aber doch mit dem eigenständigen Nahrungserwerb.

Über die Zeitdauer bis zur völligen Selbständigkeit bestehen unterschiedliche Auffassungen. P a u l u s s e n (1955) meinte, daß die Jungen am Boden umkommen, da sie hier nicht gefüttert werden. Nach N a u m a n n (1905) müssen sie ihre Nahrung bald selbst suchen. K o v š a r et al. (1974) erkannten eine dreiwöchige Nachfütterungsperiode. Z i p p e l i u s (1972) beobachtete auch Fütterungen der am Boden hockenden juv. Pirole.

Offenbar gibt es Familien, die noch länger zusammen bleiben, wie Angaben von S n i g i r e w s k i (1928), K l a a s (1959) und C r e u t z (1983) belegen. S i e m s - s e n (1794) und W a g n e r (1922) vermeinen familienweisen Zug bei Konstantinopel oder in Nordportugal registriert zu haben.

Auf jeden Fall ist der Übergang in die Selbständigkeit gleitend. Die Jungen steigern den eigenständig aufgenommenen Nahrungsanteil wahrscheinlich in Abhängigkeit vom schwindenden Angebot durch die Eltern.

Verschiedene Gefangenschafts- und Freilandbeobachtungen zeigen, daß die jungen Pirole erbeutete Raupen und Würmer instinktiv durch „Weich"- und Leerklopfen aufbereiten (u. a. S c h r a m m briefl. 1983, eigene Beobachtungen).

Nach dem Ausfliegen der Jungvögel kommt es noch zu einer weiteren wesentlichen Veränderung in den Pirolfamilien: die Grenzen der bisherigen Reviere werden überschritten. Zunächst sind es die fütternden Altvögel, die zur Bewältigung des Nahrungsbedarfes der Brut in revierangrenzende Bereiche eindringen. Handelt es sich dabei um Reviere benachbarter Paare und sind dort die Jungen schon ausgeflogen, werden die fremden Altvögel nicht oder fast nicht mehr attackiert.

Nach dem „Flügge-Werden" verlassen die relativ eng beieinander verbleibenden

Jungpirole gelegentlich das Revier der Eltern, werden aber in den ersten Tagen noch von den erregten Altvögeln zurückgelockt. Nach 5 bis 10 Tagen streifen die Familien schließlich aber doch in einem wesentlich erweiterten Areal umher, wobei Zonen geeigneten Nahrungsangebotes zum Sammelpunkt mehrerer Gemeinschaften werden können.

Man kann damit rechnen, Pirolfamilien bereits eine Woche nach dem Ausfliegen der Jungen über 1 km vom Neststandort entfernt anzutreffen.

6.11. Pirol als Kuckuckswirt

In ihrer vergleichenden Studie über die Eignung von Niststätten möglicher Wirtsvögel für den Kuckuck (*Cuculus canorus*) ordneten G ö r n e r u. K n e i s (1981) das Pirolnest in die Kategorie: „mittlere Tauglichkeit" ein. Die praktisch überdurchschnittliche Eignung spiegelt sich jedoch nicht in entsprechenden Nachweishäufigkeiten von Kuckuckseiern oder -jungen beim Wirtsvogel wider. Das Ergebnis ist zwar durch die relativ zu anderen Wirtsvogelarten beim Pirol niedrige Nestkontrollquantität verzerrt, wird aber auch unter Berücksichtigung der schwierigen Zugänglichkeit der Pirolgelege für den Menschen nicht wesentlich besser.

M a k a t s c h (1955) nennt *O. o. oriolus* als Kuckucks-Wirt in der Rheinprovinz und Pfalz (BRD). Das bei Krefeld in einem 3er Gelege entdeckte Kuckucksei lag 24 Stunden nach dem Schlupf der Piroljungen unter dem Nest. R e y (1897) und G r o e b b e l s (1937) erwähnen einen Nachweis aus Sachsen und schließlich D o b a y (1931) einen Fall aus Siebenbürgen.

G r o e b b e l s (1937) u. a. verweisen auf das Brutschmarotzen des Koel-Kuckucks (*Eudynamis scolopaceus*) in Indien. Diese etwa elsterngroße Art legt ihre Eier vom Corviden-Typ in die Nester von *O. oriolus kundoo*.

7. Dispersionsuntersuchungen in Pirolpopulationen

Eine Population ist die Gesamtheit der Individuen einer Art in einem Raum (S c h w e r d t f e g e r 1968). Die Individuen einer so definierten Population verteilen sich auf diesen (begrenzten) Raum in Abhängigkeit von der Ausprägung bestimmter Umweltfaktoren, die sich oft noch unserer genauen Kenntnis entziehen. Verschiedenartige Vogelpopulationen wurden hinsichtlich ihrer Dispersion (zum Teil über mehrere Jahre hinweg im selben Kontrollgebiet) untersucht, ohne daß dabei stets hinreichende qualitative bzw. quantitative Beziehungen zu ausgewählten Elementen der Umwelt hergestellt werden konnten. Ursache dafür ist die oft ungeheure Mannigfaltigkeit an Faktoren, die notwendig ist, um einen Lebensraum repräsentativ beschreiben zu können (Demozön, Systemhaftigkeit der Umwelt).

Die Variation einer einzelnen Ressource vermittelt uns immer nur dann eine „lupenreine" Information über den Charakter dieses Merkmals, wenn alle anderen Lebensraum-Ausprägungen konstant bleiben – und das ist wohl nur im Laborexperiment möglich.

Mit dem Einsatz moderner elektronischer Datenverarbeitungsanlagen haben sich jedoch auch dem Ornithologen Wege geebnet, die Dispersion, die Fluktuation oder andere Phänomene in einer Population multivariat zu analysieren. Trotz der Anwendung komplizierter mathematisch-statistischer Verfahren ist der Biologe aber auch weiterhin angehalten, die numerischen Ergebnisse einer Prüfung mit Hilfe des „gesunden Menschenverstandes" zu unterziehen. Nur so entgeht er möglichen zufalls- oder erfassungsmethodisch bedingten Fehlinterpretationen hinsichtlich des untersuchten Objekts.

Andererseits müssen komplexe Regressionsbeziehungen vielfach unbefriedigend bleiben, wenn die Sozialstruktur der Population vernachlässigt wird. In diesem Sinn kommt bei Vogelarten die Territorialität besonders zum Tragen. Sie ist ein Faktor der Verteilung der Individuen einer Art im gegebenen Raum, der den arttypischen Ansprüchen während einer bestimmten Zeit entspricht..." (S t e p h a n 1976).

7.1. D i s p e r s i o n s v e r u r s a c h e n d e L e b e n s r a u m f a k t o r e n

7.1.1. *Datenbasis und -charakterisierung*

Von 1981 bis 1984 wurden in einem Untersuchungsgebiet im Nordteil der DDR (126 km² Fläche) alle Pirolbrutpaare erfaßt und hinsichtlich einer Reihe revierbezogener sowie verhaltensbiologischer Kriterien untersucht.

Die Diskussion einzelner Merkmale wie

Nesthöhe (Abb. 60)
Reviergröße (Abb. 51)
Waldrandlage der Reviere (Abb. 55)
Entfernung zum nächsten Brutpaar (Abb. 57)
Entfernung des Reviers von der nächsten Ortschaft (Abb. 40)
bedingte Siedlungsdichte (Abb. 52)
Waldanteil der Reviere (Abb. 56)

erfolgte bereits in Kapitel 6. Selbst zweifaktorielle Betrachtungen (Abb. 53, 58 und 59) verhalfen meist nur zur lokalen Präzisierung des Wissens über die von den Pirolen genutzten Ressourcen.

Die in Abb. 64 für die Jahre 1981–1983 (1984 siehe Abb. 68) dargestellten Brutpaarverteilungen der Art zeigen eine kumulare bis insulare Dispersion. Die bereits erkennbaren Konzentrationsgebiete bzw. pirolfreien Zonen entziehen sich aufgrund unserer Sehgewohnheiten jedoch noch einem quantitativen Zugriff. Mittels einfacher mathematischer Umrechnungen lassen sich Punktkarten schnell in Karten mit Linien gleicher mittlerer Siedlungsdichte transformieren, die so meist anschaulicher sind (F e i g e 1983). Die Abb. 65a bis d belegen trotz Verlagerung einzelner Brutplätze bzw. des Wegfalls oder der Neuansiedlung einiger Paare eine über mindestens vier Jahre annähernd konstante Struktur. Das „Aufkeimen" neuer Ballungszentren kommt hier weniger zur Geltung, ist aber über zehnjährige Kontrollen von Teilflächen des Untersuchungsgebietes nachgewiesen. Weder die hohe Übereinstimmung der Dispersionsstruktur zwischen zwei aufeinanderfolgenden Jahren noch die schrittweise, gerichtete Veränderung der Dichtebilder ließen sich aus Einzelfaktoren plausibel erklären, von „Verdachtsmomenten" einmal abgesehen. Aus die-

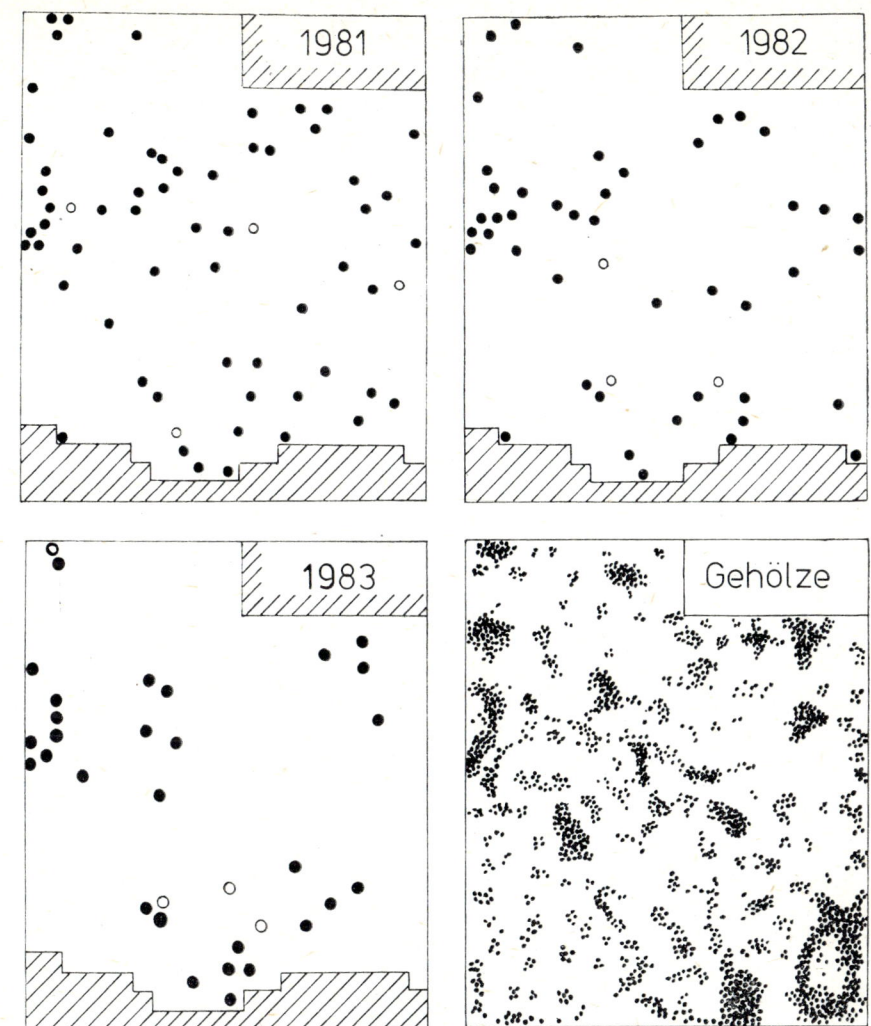

Abb. 64. Brutpaare des Pirols im Untersuchungsgebiet (1981–1983) sowie Lage der Gehölze im Kontrollareal. ● Brutrevier, ○ Revier wurde vor der Eiablage verlassen

sem Grund wurde das Untersuchungsgebiet zur weiteren Analyse in Rasterelemente von 1 km × 1 km zerlegt.

Die Beschreibung der Rastereinheiten erfolgte durch Merkmale, für die anhand von Voruntersuchungen oder empirischen Erfahrungen angenommen werden konnte, daß sie auf das Zielmerkmal y, der mittleren Brutdichte je km², nennenswerten Einfluß haben (jeweils auf eine Rastereinheit bezogen, 1981–1984):

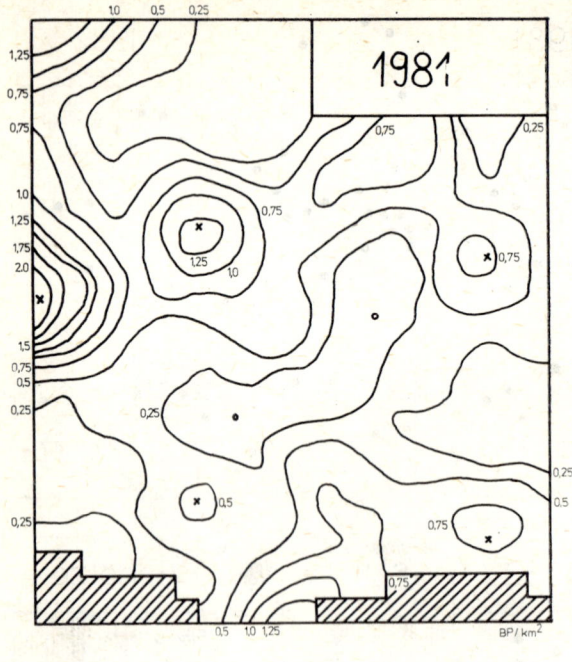

a

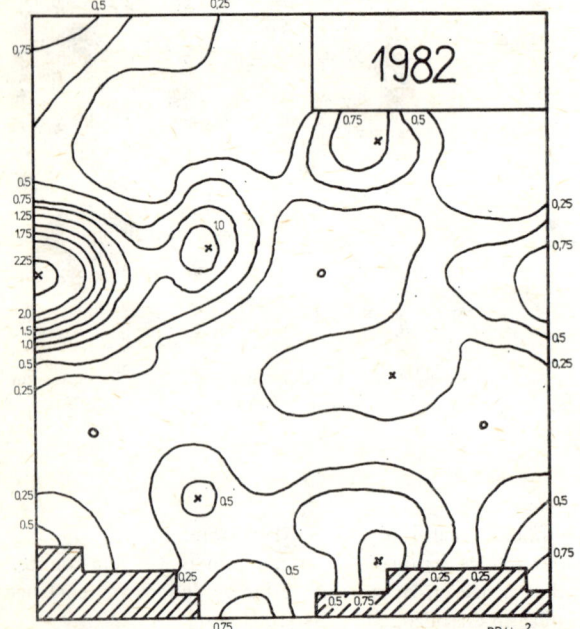

b

Abb. 65a–d. Gewichtete Flächenmittel der Siedlungsdichten des Pirols im Untersuchungsgebiet bei Dummerstorf (DDR) zwischen 1981 und 1984

146

c

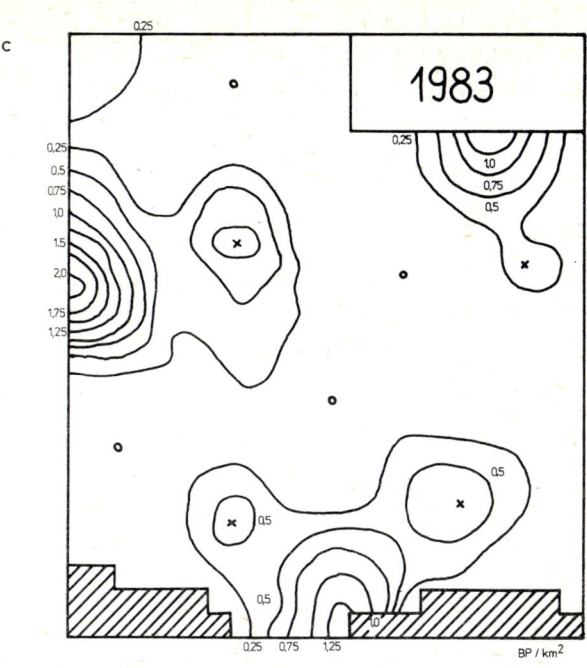

d

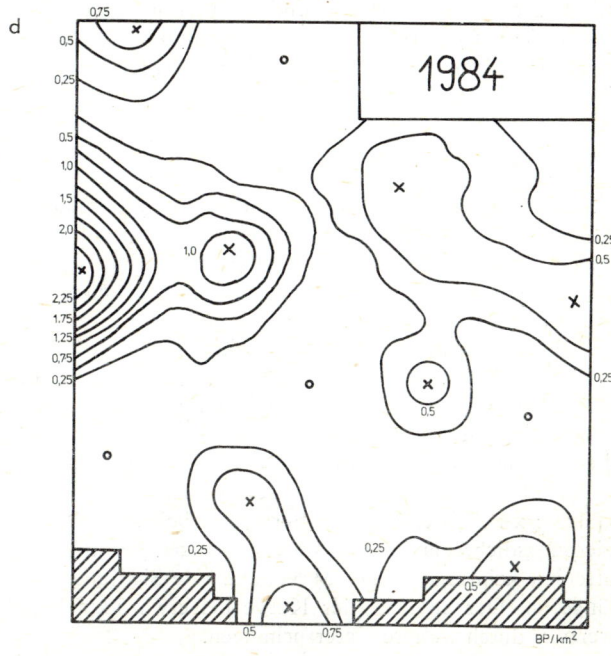

x_1 = Waldfläche (ha),

x_2 = Waldrandlänge (km),

x_3 = Entfernung des Zentrums der Rastereinheit von der nächsten Ortschaft (km),

x_4 = Feuchtflächenanteil $(^0/_0)$, dabei sind unter Feuchtflächen alle Zonen zu verstehen, in denen der Boden mindestens über die Vegetationsperiode durch den hohen Grundwasserspiegel feucht bleibt (kleine Gewässer einbezogen),

x_5 = Laubwaldanteil der Waldfläche $(^0/_0)$,

x_6 = (vertikale) Waldstruktur, hierbei handelt es sich um ein 0–4 zensiertes Merkmal, das meiner subjektiven Einschätzung aus Kenntnis des Gebietes entstammt (0 = die Gehölze zeigen im Rasterelement überall die gleiche Baumhöhe und -dichte, ..., 4 = die Sträucher und Bäume der Gehölze stehen fast überall sehr unterschiedlich dicht und hoch, regelmäßig tauchen im Wald kleine Freiflächen auf),

x_7 = relative Waldrandlänge (x_2/x_1, km/ha).

Für die biometrische Auswertung standen 126 Wertesätze zur Verfügung.

7.1.2. *Auswertungsmethode*

Die Darstellung der Koinzidenz zwischen der Zielgröße y und einzelnen oder mehreren Einflußgrößen x_i sowie deren Kombinationen oder Potenzen erfolgte mittels quasilinearer Regressionsanalyse.

Die Modellreduktion von Maximalmodellen basierte auf der schrittweisen Maximierung des sogenannten Vorhersagebestimmtheitsmaßes B_v (E n d e r l e i n 1971). Interessierte Leser finden weitere Details zur Methodik der verwendeten statistischen Analyse in für Nicht-Mathematiker geeigneter Aufbereitung bei R a s c h et al. (1973).

7.1.3. *Ergebnisse*

Quasilineare Regressionsmodelle setzt man meist dann ein, wenn über die tatsächlichen Modellbeziehungen noch wenig bekannt ist. Sie haben den Nachteil, daß nur wenige Parameter direkt (im biologischen Sinn) interpretierbar sind. Die Analyse der numerischen Ergebnisse ist so nicht unproblematisch und setzt auch weiterhin die Berücksichtigung empirischer Erkenntnisse voraus.

Anhand der Rechenergebnisse erkennt man für die Einzelfaktorenanalyse einen offenbar recht unterschiedlichen Einflußgrad auf die Siedlungsdichte. Erstaunlicherweise haben so die relative Waldrandlänge (x_7) und der Laubwaldanteil (x_5) als Einzelfaktoren eine nur geringe Wirkung auf y. Größere Bedeutung kommt in diesem Sinn der Waldrandlänge (x_2) und dem Merkmal Feuchtflächenanteil (x_4) zu.

Abb. 66 veranschaulicht die reduzierten Regressionsbeziehungen zwischen y und x_1 bzw. x_2. Demzufolge existiert etwa bei 40 ha Waldfläche im Rasterelement ein Siedlungsdichtemaximum. Anders dagegen für die Waldrandlänge – hier gibt es offenbar kein eigentliches Maximum. Die Siedlungsdichte steigt mit der Waldrandlänge an. Der „Knick" der Kurve bei etwa 5 km bedarf der Sicherung oder Verwerfung durch weitere Untersuchungen.

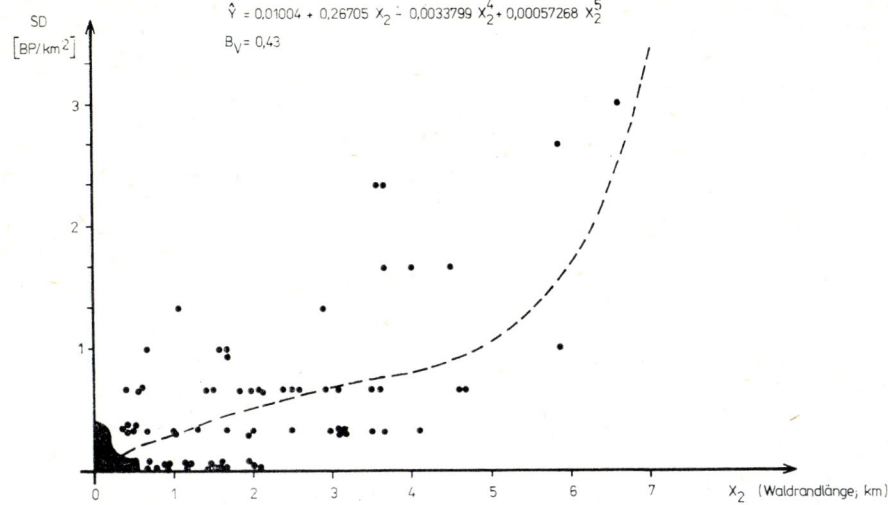

Abb. 66a. Beziehung zwischen **Waldrandlänge** und Siedlungsdichte je Rastereinheit (1 km²) im Untersuchungsgebiet im Krs. Rostock. ● Einzelwert, – – – Regressionsfunktion

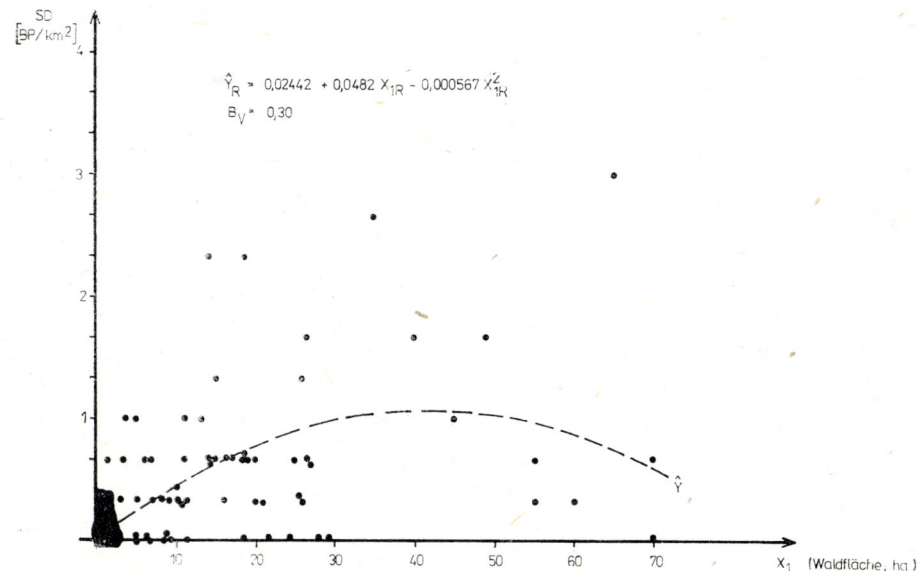

Abb. 66b. Beziehung zwischen Waldfläche und Siedlungsdichte je Rastereinheit (1 km²) im Untersuchungsgebiet im Krs. Rostock. ● Einzelwert, – – – Regressionsfunktion

Die in beiden Fällen nicht unbedeutenden, verbleibenden Abweichungen der Beobachtungen vom berechneten Kurvenverlauf veranschaulichen den Einfluß weiterer Faktoren auf das Merkmal Siedlungsdichte.

Die Darstellung der Beziehung zwischen der Siedlungsdichte und verschiedener Umgebungsfaktoren ergab für die Lebensraummerkmale mit statistisch gesicherten Einfluß auf das Zielmerkmal:

(Vertikal-) Struktur des Waldes: Im Normalfall begünstigt eine hohe Zensierung (Wert 4) des Merkmals die Siedlungsdichte im Gebiet. Lediglich dann, wenn die Gehölze eine nur geringe Waldrandlänge zeigen, die Waldränder also relativ begradigt sind, tritt das Gegenteil ein.

Waldrandlänge: Eine längere Waldrandlinie begünstigt besonders bei großer Waldfläche und großer Vertikalstrukturierung der Brutgehölze in der Rastereinheit die Siedlungsdichte oder Brutwahrscheinlichkeit des Pirols. Kleine, kaum vertikalstrukturierte Wäldchen sind die Ausnahme – der Siedlungsdichteeffekt des Merkmals ist hierbei praktisch Null.

Waldfläche: Die Waldfläche je Rasterelement ist durch die Waldrandlänge oder die Fläche der Rastereinheit selbst beschränkt. Unabhängig von der Strukturierung der Gehölze wächst die zu erwartende Siedlungsdichte mit der Gehölzfläche – dieses allerdings nicht immer monoton. Mit zunehmender Vertikalstruktur und Waldrandlängen über 2 km tritt jeweils ein lokales Maximum der Siedlungsdichte zwischen 14 ha ($x_2 = 2$ km) und 45 ha ($x_2 = 6$ km) auf.
Im beobachteten Wertebereich der Einflußgrößen ist eine maximale Siedlungsdichte von 0,35 BP/10 ha für

$x_1 = 70$ ha Waldfläche
$x_2 = \ 7$ km Waldrandlänge

und $x_6 = \ 4 \ $ maximale Vertikalstrukturierung im Kontrollgebiet je 1 km $\times$ 1 km – Rasterelement zu erwarten.

7.2. Sozialkomponenten der Populationsdispersion

Trotz der Quantifizierung optimaler Umweltfaktorausprägungen für den Pirol verbleibt eine hinreichende Restungenauigkeit der Vorhersage, die auf den Einfluß weiterer Merkmale hinweist. Auf derartige Faktoren ist bereits in Abschnitt 7.1. hingewiesen worden. Es gibt aber auch Anzeichen dafür, daß die Artgenossen der Pirolpaare selbst als dispersionsbewirkender Faktor auftreten.

An den Areal- bzw. auch an den vertikalen Verbreitungsgrenzen der Art beobachtet man unregelmäßig „Grenzüberschreitungen", wenn ausgehend vom geschlossenen Verbreitungsgebiet des Pirols Brutpaarketten in normalerweise nicht erschlossene Territorien hineinlaufen (z. B. Kovšar et al. 1974, Reinsch u. Warncke 1971). Reinsch ging in seinen eindrucksvollen Darstellungen sogar noch einen Schritt weiter und schrieb: „In weniger dicht besiedelten Gebieten ist ganz offensichtlich die Möglichkeit der Stimmfühlung untereinander entscheidend für die Lage des Reviers. Zumindest ein benachbartes Paar muß in Hörweite liegen. Im Flachland dürften deswegen Paare selten über 1 km entfernt brüten; ...."

S h a r r o c k (1980) bezeichnet das Brüten der Pirole in Großbritannien als kolonieartig. Anders als „Kolonie" läßt sich die inselartige Enklave auf den Inseln wohl auch nicht benennen. Bereits 1887 registrierte W i n g e (1890) bei Endruphalen in Dänemark einen ähnlichen Fall kolonieartigen Brütens der Art.

Es gibt auch völlig isoliert brütende Pirolpaare. In der Nähe der Arealgrenzen erscheint das zufallsbedingt plausibel – über den Bruterfolg derartiger Paare liegen aber kaum Informationen vor (B a n n e r m a n n 1953, S h a r r o c k 1980).

Bei einer Betrachtung der Verteilung der Revierabstände der Paare im mecklenburgischen Flachland fällt auch auf, daß minimale Distanzen von 2,5 km und mehr registriert werden können. Nach obigem Zitat von R e i n s c h und W a r n c k e liegen also fast „unmögliche" Zustände vor, denn bei diesen Revieren handelt es sich keineswegs um besonders hoch gelegene Territorien.

Doch auch diese Paare treten mit ihren entfernten Brutnachbarn in Beziehung: Am 7. 6. 1981 kontrollierte ich in einem gebüschreichen Wiesenstreifen zwischen zwei etwa 1,2 km voneinander entfernten Brutpaaren die Siedlungsdichte anderer Vogelarten. Zu meiner Überraschung überflog um 5.30 h von Osten kommend ein ad. Pirol-♂ rufend das Grasland und drang in den Saum des nächsten Buchenwaldes ein. Das dortige Revierpaar griff den Eindringling sofort an, und dieser flüchtete darauf auf umgekehrten Weg. Er wurde vom Reviermännchen verfolgt, beide passierten meinen Standort und entfernten sich in Richtung Ost – direkt auf den Lebensraum des anderen Paares zu. Dort verlor ich beide aus dem Blickfeld des Feldstechers. Nach etwa 5 min kehrte das offenbar im westlichen Revier ansässige Männchen auf dem Verfolgungsweg ohne Zwischenrast zurück.

Die soeben beschriebene Zufallsbeobachtung eines „Besuches" zwischen entfernten Brutnachbarn eröffnete eine ganze Reihe ähnlicher, jetzt gezielt gemachter Kontaktfeststellungen.

Am leichtesten ist noch das Wechselrufen zwischen benachbarten Männchen und hin und wieder Weibchen zu bemerken. Insbesondere zwischen Männchen aus direkt aneinander grenzenden Revieren wird das Rufen durch gelegentliche Rivalenkämpfe ergänzt. Eine derartige Form der Kommunikation ist aus einem Territorium heraus bei Vorhandensein entsprechender Nachbarn praktisch jeden Tag (und fast auch zu jeder Tageszeit) belegbar. Besonders geeignet dafür sind jedoch die Zeiten höchster Rufaktivität der Pirole.

Schwieriger, d. h. also mit größerem Zeitaufwand verbunden, gestaltet sich die Erfassung von „Besuchen" zwischen entfernten Paaren oder einzelnen Altvögeln. Eine derartige Kontaktform wird mit wachsender Distanz zum nächsten Nachbarn (ab 0,5–0,8 km) dominierend und ist wohl ab 1 km Entfernung das ausschließliche Prinzip. Auch hierbei ist der Ausgangspunkt das zu untersuchende Paar selbst – dazu kommt dann aber die Himmelsrichtung zu den Nachbarn. Regelmäßige Ansitze in der Nähe der entsprechenden Reviergrenze, die noch vor dem täglichen Aktivitätsbeginn der Vögel in Angriff genommen werden müssen, schaffen die Voraussetzung, die abfliegenden oder zurückkommenden Pirole zu registrieren. Die Besuche finden wohl vorrangig unmittelbar nach dem morgendlichen Sangesbeginn statt.

Neben der Form der Kontaktaufnahme wechselt gleichfalls die Zahl der Partner, zu denen derartige Beziehungen aufrechterhalten werden. Abb. 67 zeigt die Vertei-

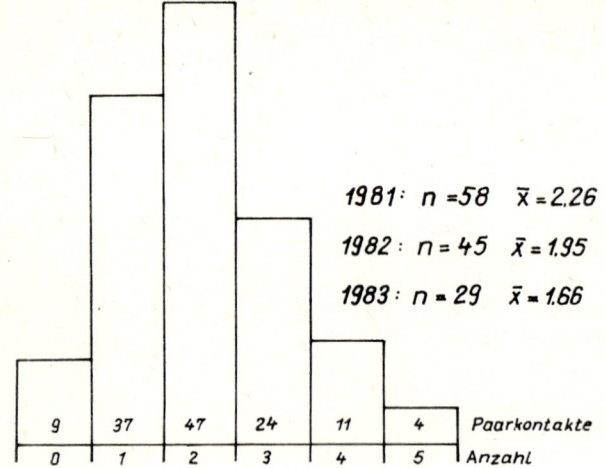

Abb. 67. Häufigkeiten der
Paarkontaktanzahlen im
Beobachtungsgebiet bei
Dummerstorf (DDR) in
Jahren mit unterschiedlicher
mittlerer Siedlungsdichte

1981: n =58 $\bar{x}$ = 2,26

1982: n = 45 $\bar{x}$ = 1,95

1983: n = 29 $\bar{x}$ = 1,66

| 9 | 37 | 47 | 24 | 11 | 4 | Paarkontakte |
| 0 | 1 | 2 | 3 | 4 | 5 | Anzahl |

lung der Kontaktpaare, zu denen mindestens einmal eine soziale Beziehung aufgenommen wurde und belegt den Einfluß der Fluktuation auf den Mittelwert des betreffenden Merkmals. Die Wechselwirkung zwischen Siedlungsdichte und Verbindungshäufigkeit zeigt sich auch während einer Brutsaison – in den Dichtezentren des Untersuchungsgebietes gestaltet sich die Beziehungsaufnahme für die Pirole selbstverständlich viel einfacher als in vom Pirol wenig bewohnten Zonen.

Die Kontakte zwischen den mehr oder weniger eng benachbarten Reviervögeln unterscheiden sich von anderen intraspezifischen Beziehungen deutlich. Auseinandersetzungen mit revierlosen Pirolen und insbesondere einjährigen, noch nicht geschlechtsreifen Vögeln sind durch innerterritoriale (direkte), z. T. körperliche Konflikte hervorgehoben. Eine Pirolattrappe aus farbiger Knetmasse hatte sowohl mit als auch ohne Tonunterstützung einen vergleichbaren Effekt.

Direkte Beziehungen bestehen selbstverständlich auch zwischen den Partnern einer Brutgemeinschaft: W e m e r u. K o e n e n (1907/08) beschreiben eine „Bewillkommnungsszene" eines Brutpaares. R u t h k e (1951) registrierte die konzentrierte Aktion von bis zu 5 ad. Pirolen bei der Verteidigung und Aufzucht einer Brut. S t r e s e m a n n (1948) zitiert einen Fall, bei dem 3 Exemplare am Nestbau beteiligt waren.

Gelegentlich konnten (zumindest zeitweilige) „Dreiecksverhältnisse" auch im Norden der DDR notiert werden.

Zwischen den sich in der Laubzone des Lebensraumes nicht immer sehenden Altvögeln kommt es unregelmäßig zu duettartigem Wechselrufen. Dieses dient möglicherweise der akustischen Identifikation der Partner. Meinen subjektiven Erfahrungen zu Folge hat zumindest jedes Pirol-♂ ein individuelles Rufrepertoire bzw. bestimmte Rufvariationsreihen.

Bei einem Überangebot an bevorzugter Nahrung finden sich (durch die Nahrung selbst oder auch durch die konzentrierte Anwesenheit von Artgenossen ausgelöst?) örtlich Pirole zu Nahrungsgemeinschaften zusammen. Angaben darüber findet man

z. B. bei B o r k h a u s e n et al. (1800), R e t t i g (1908), H e r r m a n n (1916), D e m e n t ' j e v u. G l a d k o v (1954) und C r e u t z (1983).

Obwohl Pirole meist einzeln oder in kleinen Flügen ziehen, kommt es auf dem Zug gelegentlich zu analogen Konzentrationen von bis zu 200 Exemplaren (T i s c h - l e r 1941, W ü s t 1962). Über Wechselwirkungen zwischen den Individuen solcher Gruppen liegen kaum Nachrichten vor.

Aber zurück zu den Imponierzeremonien der benachbarten Pirolpaare.

In schlechten Piroljahren, also in Jahren mit geringem Brutbestand, werden die dann seltener zu verzeichnenden stimmlichen Beziehungen durch von der Zahl her zunehmende, aber stumme Besuche ausgeglichen. Allerdings darf man auch nicht jeden umherstrolchenden Pirol als auf „Besuchsreise" ins Tagebuch eintragen.

In welcher Beziehung steht jedoch das Sozialverhalten zur lokalen Dispersion der Art?

In Abb. 68 sind für den Zeitraum von 1981 bis 1984 neben den Brutpaaren des mecklenburgischen Untersuchungsgebietes die beobachteten oder vermuteten (?) Paarbeziehungen durch Linien eingetragen worden. Die so gewonnenen, an Stern- bilddarstellungen erinnernden Vernetzungsmuster wechseln mit der jährlichen Auf- gabe oder Neubesetzung von Territorien, doch auch im Fall traditionell besetzter Reviere können sich die Kontaktbeziehungen von Jahr zu Jahr auffällig abwan- deln.

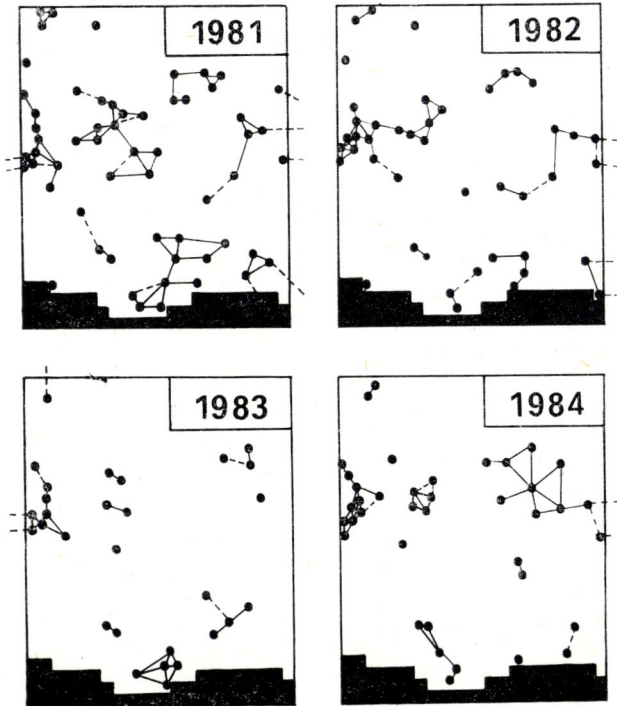

Abb. 68. Paarkontakte der Pirole im Untersuchungs- gebiet von 1981 bis 1984. — gesichert, - - - wahr- scheinlich

Die soziale Strukturierung der Pirolpopulation erinnert andererseits an enorm aufgeblähte, vergrößerte Brutkolonien (z. B. der Saatkrähe), und sie ist vielleicht am besten mit dem Begriff Hyperkolonie (lockere Kolonien, S t e p h a n 1976) zu fassen.

Derartige weitläufige Sozialgruppierungen treten nach meinen Erfahrungen auch bei einer Reihe weiterer heimischer Arten wie z. B. der Nachtigall (*Luscinia megarhynchos*), dem Sprosser (*Luscinia luscinia*), dem Schlagschwirl (*Locustella fluviatilis*) oder auch der Wiesenralle (*Crex crex*) auf. Ähnlich ist vielleicht auch die von U l b r i c h t (1979) beschriebene Territorialstruktur einer Kolonie des Flußregenpfeifers (*Charadrius dubius*) zu bewerten. Bemerkenswert erscheint hierbei die Tatsache, daß diese Arten wie auch der Pirol, relativ weittragende Gesänge oder Rufe haben, die solche Beziehungen eigentlich erst ermöglichen. Aus diesem Grund wählen die Pirole in unebenem Gelände ihre Reviere meist auch so aus, daß jene ausreichend herausragende Singwarten aufweisen. Pirole, die eine Hügelkuppe zum Territorium wählten, sind zudem auch noch aus größerer Entfernung für ihre Nachbarn sichtbar. Die mögliche Anpassung der Revierverteilung an die Landschaft zeigt prägnant Abb. 69.

Die meisten Funktionen der Hyperkolonien sind noch unklar. Folgende Arbeitsthesen erscheinen plausibel:

Innerhalb einer Vernetzungseinheit siedeln sich in erster Linie immer wieder Nachkommen an, die hier auch geschlüpft und ausgeflogen sind. Halbwüchsige Exemplare werden gelegentlich als Helfer bei der Jungenaufzucht geduldet (kooperatives Brüten).

Die wechselseitigen Kontakte bzw. Besuche dienen der gegenseitigen Stimulierung der Paare bei der Absolvierung des Brutgeschäfts, einschließlich Revierverteidigung – sie haben somit Trainingsfunktion. Häufungen der Paare sind hierbei energieökonomischer.

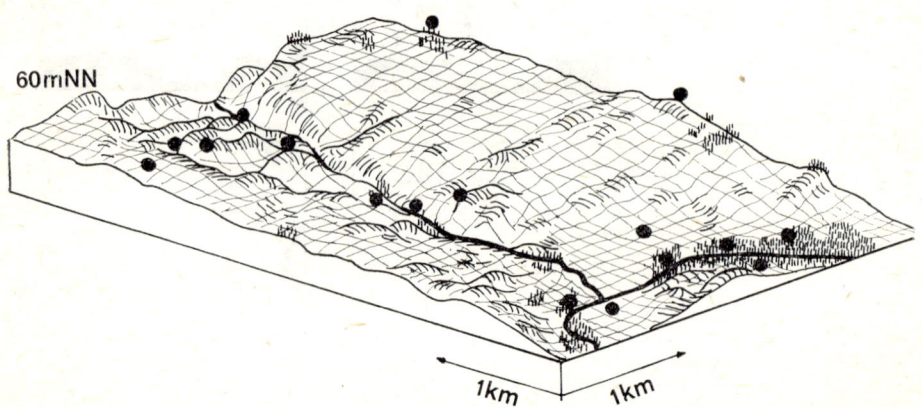

60 m NN

1 km 1 km

Abb. 69. Anpassung der Pirolreviere an das Profil der Landschaft (Warnow-Kösterbeck-Tal südlich von Rostock, 1981)

Bei Ausfall eines Brutpartners springen ab und zu Nichtbrüter als Ersatzpartner für die Fortsetzung der Jungenaufzucht ein. Innerhalb einer Hyperkolonie wird ein derartiger Ausfall für die Reproduktionsreserve schneller signalisiert.

Da es auch zur Brutzeit gelegentlich Konzentrationen von Altvögeln auf nahrungsintensiven Flächen gibt, in denen auch territoriale Vögel aus schätzungsweise bis zu 3–4 km entfernter Umgebung anwesend sind, kann vermutet werden, daß ein Teil von diesen das Nahrungsgebiet durch die gegenseitige Standortbestimmung nachentdeckte.

Analog zur in 7.1. beschriebenen Regressionsanalyse mittels Umweltfaktoren wurde die dort umrissene Parameterpalette vorerst durch den Sozialparameter $x_8 =$ Umgebungssiedlungsdichte (BP) ergänzt. Die „Umgebungssiedlungsdichte" ist ein Maß dafür, wieviel Brutpaare im Jahresmittel in den 8 ein betreffendes Rasterelement umgebenden Rastereinheiten zu verzeichnen sind. Je größer also x_8 ist, umso günstiger sind für ein Pirolpaar die Voraussetzungen zu Paarkontakten.

Da sich Realisierungen von x_8 als Summe von Zielgrößeneinheiten darstellen, bestehen möglicherweise geringfügige Einschränkungen in der Allgemeingültigkeit der berechneten Regressionsbeziehungen. Desungeachtet bilden die Resultate eine geeignete Basis für weitere detailliertere Untersuchungen.

Im Ergebnis der genannten Regressionsbeziehung kann man eine Waldfläche von 34,4 ha je km^2 als für die Pirolansiedlung optimal bezeichnen. Im selben Sinn sind möglichst große Waldrandlängen (7 km), geringe Entfernungen von der nächsten Ortschaft (0 km) und große Feuchtflächenanteile (80 %) für eine Maximierung der Zielgröße notwendig.

Die Siedlungsdichte steigt im Untersuchungsgebiet innerhalb des beobachteten Wertebereiches der Umgebungssiedlungsdichte mit dieser monoton an. Das ist auch das Ergebnis, welches empirisch begründet erwartet wurde.

Trotz hoher Übereinstimmung mit den Ergebnissen aus Abschnitt 7.1. kommt es dennoch auch zu gewissen Differenzen bei der Charakterisierung der einzelnen Faktoren. Diese belegen aber wohl nur gewisse, noch unerkannte Wechselwirkungen zwischen den Faktoren und auch die Notwendigkeit, sich über die Analyse weiterer, insbesondere sozialer Faktoren, ergänzenden Dispersionsursachen anzunähern.

8. Verhaltensformen des Pirols

Der Aktionskatalog einer Tierart läßt sich in verschiedene Funktionskreise unterteilen. Die realen Feldbeobachtungen lassen sich jedoch nicht immer einfach dieser oder jener Aktionsgruppe zuordnen. Stets sind es ganze Komplexe von Ursachen, die zu bestimmtem Verhalten der Art führen. Mit der Fortpflanzungsbiologie, der Analyse innerartlicher Kontakte (soziales Verhalten) und der Lautgebung der Art wurden bereits einige wichtige Verhaltensformen des Pirols skizziert. Auch mit den folgenden Darstellungen sollen Beiträge zu hier noch nicht behandelten Aktionsbildern gegeben werden. Die gelegentliche Redundanz aufgeführter Belegbeobachtungen bestätigt so die enge Verflechtung der verhaltensbiologischen Wirkmechanismen.

8.1. Nahrungserwerb

Die Nahrungssuche des Pirols ist eine gelenkte Suche, die wahrscheinlich in erster Linie auf optischen Reizen basiert. Beobachtet man die Vögel bei ihrer emsigen Sammelarbeit in den Baumkronen, fällt das systematisch anmutende Herumstöbern auf. Offenbar erleichtert die Bewegung der Nahrungsobjekte das richtige Erkennen der Beute.

Oft genug findet der Pirol seine Nahrung im Flug, besonders im Rüttelflug in den Bäumen oder zwischen Ähren niederstoßend (N a u m a n n 1905, S c h m i d t - B e y 1925, H a e n s e l 1967, K o v š a r et al. 1974, U h l e n h a u t briefl. 1983 und eigene Beobachtungen).

Nahrung am Boden oder in der untersten Krautschicht treibt die Vögel vielfach in Konflikte. Da die Art in ihren Bewegungen am Boden recht unbeholfen ist, wird sie nur durch überdurchschnittlich konzentrierte Beutevorkommen oder den Hunger selbst heruntergezogen. Auch dann ist es meist ein schnelles Hinab und Hinauf. Ist der Pirol gezwungen, seine Nahrung am Boden zu suchen, tut er dieses mit eigentümlichen langsamen Bewegungen (M ü l l e r 1951/57), stets mit schwerfälligen Sprüngen und nie laufend (N a u m a n n 1905).

Das Erkennen der Nahrung ist kaum untersucht worden. Interessant ist vielleicht die Mitteilung von O t t o u. O t t o (1981), die feststellten, daß ihr Piroljungvogel rote Insekten mied, aber wespenähnliche Schwebfliegen (*Syrphidae*) und kleine Hummeln (*Bombus* spec.) aufnahm.

Ein Teil der Insekten wird vor der Aufnahme zunächst aufbereitet. Raupen, besonders behaarte, aber auch Heuschrecken und Käfer werden bis zu 5 min weichgeklopft oder enthaart (K o l l i b a y 1898, R o b i e n 1919). Auch festere Früchte durchlaufen diese Behandlung. Kurz vor dem Ausfliegen sind sogar schon Pirolnestlinge instinktiv zu dieser Nahrungspräparation in der Lage (O t t o briefl. 1982 u. a.).

Kirschen werden ohne Stein gefressen.

Raupen werden nach meinen Beobachtungen häufig von oben, d. h. also von einem höherliegenden Zweig aus, gegriffen.

Pirole trinken selten aus Pfützen am Boden, häufiger Restwasser aus Baumhöhlungen oder Tautropfen. W a e q u a n t - G e o z e l l e s (1891) beobachtete das Trinken von Regentropfen an Zweigen.

8.2. Gefiederpflege

Wer sich intensiver mit dem Pirol beschäftigt, wird recht bald auch einmal ein Flugbad von *Oriolus oriolus* beobachten können.

Besonders an warmen und schwülen Tagen lassen sich die Vögel mehrfach hintereinander von einem Baumwipfel aus in relativ steilem Flug auf die Oberfläche eines Sees, Teiches oder Flusses fallen, daß das Wasser aufspritzt – und steigen danach wieder zum Startpunkt oder einem gegenüberliegenden Baum auf. Ein derartiges Bad könnte vielleicht am besten mit dem der Rauch- oder Mehlschwalben (*Hirundo rustica, Delichon urbica*) verglichen werden; es wirkt aber irgendwie ungeschickter und weniger elegant als bei diesen.

S c h i l l i n g (1926), S c h m i d t (1969/70) und C r e u t z (1983) erwähnen eine Modifikation des Flugbadens aus einem flachen Gleitflug heraus.

Beim Aufklatschen auf die Wasseroberfläche breiten die Pirole manchmal die Flügel weit aus (K i n t z e l 1973). Gelegentlich nutzt das Abbremsen aber dann doch nichts mehr, wie ein von T o b i a s (1851) im Flußwasser flugunfähig vernäßt gefundener Pirol vermuten läßt.

Gefangene Pirole haben kaum einmal hinreichende Möglichkeiten für ein Flugbad, zeigen aber dennoch einen ausgeprägten Drang zur nassen Gefiederpflege. Sie baden auffallend gern in flachen Schüsseln und dann auch so intensiv, daß das Gefieder bald völlig durchnäßt ist. Nach H e i n r o t h (1926) machen das analog auch freifliegende Pirole so. N a u m a n n (1905) hat mit gekäfigten Exemplaren allerdings gegenteilige Erfahrungen gemacht.

K a n t h a c k (1955) besaß einen Pirol, der schon beim Anblick des Badegefäßes noch auf dem Trockenen mit Badebewegungen begann. Dieser Pirol hatte noch eine andere besondere Eigenart. Nach dem Bad setzte sich der Vogel auf seine Käfigstange und ließ sich dort nach leichtem Anblasen einfach abkippen und blieb so eine Zeit hängen. Fast genauso reagierte ein Pirol-♂ von Frau F a h n e r t (briefl. 1982).

Das merkwürdige Verhalten erklärt sich jedoch, wenn man die möglicherweise häufigste Art der nassen Gefiederpflege beim Pirol betrachtet. Als erster beschrieb das Regenbaden wohl C s ö r g e y (1925/26). Nach seiner und der Beobachtung anderer Autoren und Gewährsleute lassen sich flugfähige Pirole wahrscheinlich regelmäßig, vor allem aber bei warmem Wetter, rücklings von ihrem Ast abkippen und lassen dann mit leicht geöffneten Flügeln und Drehbewegungen alle Federpartien vom Regen durchtränken.

S c h r a m m (briefl. 1983) erreichte das effektvolle fledermausähnliche Hängen (– das Abkippen wurde hier in zwei Etappen wie in Zeitlupe vollzogen –) durch Übersprühen der Voliere mit einem Wasserstrahl.

Nach dem Duschbad richten sich die nassen Vögel ohne Abflug durch Aufschwingen wieder in die gewohnte Körperhaltung auf, und fangen sofort mit einem fleißigen Putzen und Ordnen der Federn an. Geputzt und geordnet wird aber wohl nach jeder Art von Baden.

A l i u. R i p l e y (1972) sahen, wie Exemplare von *O. oriolus kundoo* nach dem Flugbad überflüssige Tropfen aus dem Gefieder schüttelten.

F a h n e r t (briefl. 1982) charakterisierte die Sonnenbäder, bei denen der Pirol mit ausgebreiteten Flügeln auf dem Käfigboden in der Sonne lag. Das Durchwärmen wurde auf alle Körperseiten verteilt.

M i n a c k (briefl. 1983) teilte mir mit, daß sich junge Pirole zum Ende der Nestzeit aktiv putzen. Das machen auch flügge Jungvögel noch besonders intensiv (S c h o l z 1907 und eigene Feststellungen). Altvögel putzen sich regelmäßig, brütende Exemplare nutzen die Zeit auf dem Gelege zu diesem Zweck.

8.3. V e r t e i d i g u n g s - u n d F l u c h t r e a k t i o n e n

Das „Wertvollste" was ein Pirolmännchen hat, ist offenbar sein Revier. Es wird von ihm nach erfolgter Paarbildung gegen alle möglichen Gefahren verteidigt.

Eine solche scheint potentiell zuerst von anderen Pirol-♂ – ob mit oder ohne Revier – auszugehen: Spät ankommende Exemplare (einschließlich noch nicht geschlechtsreifer Halbwüchsiger) finden in erster Linie besetzte Pirollebensräume vor. Frei sind dann nur noch Reviere „2. oder 3. Wahl".

Aber auch bereits revierbesitzende Pirole versuchen ständig, ihre Reviergrenzen in Richtung geeigneter Nahrungsgründe auszuweiten.

Wie gesagt; Konfliktquellen in Hülle und Fülle. Es sind allerdings auch Fälle beobachtet worden, in denen die Weibchen die dominierende Rolle bei der Revierabsicherung spielten (u. a. M e l d e u. M e l d e 1977).

In das Brutrevier eindringende Fremdpirole werden sofort nach Entdeckung angegriffen und in wilden Verfolgungsjagden aus diesem vertrieben. In allen mir bekannten Fällen gelang das den platzbesitzenden Altvögeln. Mit welcher Heftigkeit die Rivalenkämpfe stattfinden können, beschreiben unter vielen anderen N a u - m a n n (1905), L a u e r (1914), R e i n s c h (1961) sowie R e i n s c h u. W a r n c k e (1971). S c h e n k (1944/47) berichtete von zwei ♂, die in der Luft zusammenstießen und tot zu Boden fielen.

Das Verteidigungsverhalten wird in fast unveränderter Stärke bis einige Tage nach dem Flüggewerden der Jungvögel beibehalten.

Die aktiven Auseinandersetzungen zwischen benachbarten Brutpaaren scheinen neben der Sicherung der Nahrungsgründe auch eine soziale Bedeutung zu haben (siehe Abschn. 7.2.).

Vielfach ist bei den in der Laubzone getarnt lebenden Pirolen erst der Ruf eines Eindringlings angriffsauslösend. Wie leicht dieses Signal auf die Männchen und nur wenig schwächer auf die Weibchen wirkt, bemerkt der Beobachter durch Nachahmen des Sangrufes der Pirole.

Die Reaktionsheftigkeit auf Rufimitationen wechselt durch verschiedene Umweltfaktoren, den Fortschritt im Brutgeschäft und individuelles Temperament. Neben Wind und Regen sind es besonders kühle Witterungsperioden, die die Pirole insgesamt ruffaul machen. Verblüffenderweise rufen sie auch in Jahren mit unter dem Durchschnitt liegenden Siedlungsdichtewerten weniger als sonst. Möglicherweise resultiert das aus der fehlenden gegenseitigen Stimulierung der Männchen. Eine Reihe von Paaren reagiert nur bis kurz nach Beginn des Brütens rufend auf die Nachahmung, stumme Angriffe oder Kontrollen bleiben normalerweise länger die Regel.

K l e n g e l (1917) will in dieser Phase regelmäßig eine Flucht des Männchens bemerkt haben. T i m p e l (1918) notierte im Juni und Juli keine Reaktionen mehr, G e n g l e r (1927) meint, daß sie auch im Juli noch auf Imitationen ansprechbar waren.

Die scheinbaren Meinungsunterschiede werden aber nur durch zwei weitere, die Rufaktivität beeinflussende Faktoren verursacht:

Brutpaare, und dabei wieder besonders die Männchen, reagieren umso andauernder und heftiger, zu je mehr benachbarten Paaren sie Kontakt haben.

Nachdem die Jungen flügge geworden sind und die Pirole im Familienverband durch ihr Revier streichen, setzt eine erneute Welle gesteigerten Rufens ein.

So kann es dazu kommen, daß das eine Paar schon wieder auf Imitationen antwortet, gleichzeitig ein anderes aber erst die Jungen aufzieht und ruhig bleibt. Und selbst hierbei wird das gewonnene Bild durch individuelle Unterschiede zwischen den Einzeltieren verzerrt:

es gibt nahezu isoliert brütende Paare, die fast die ganze Saison über rufen und reagieren;

ein Paar blieb trotz eines rufaktiven Nachbarn selbst auffällig still.

Derartige Abweichungen sind insgesamt selten, erschweren jedoch die Erfor· schung des Phänomens der Paarbeziehungen.

Nach meinen Erfahrungen reagieren die Pirol-♂ auf die Rufimitation umso hefti- ger, je höher der Standort des Pfeifenden ist, man sich also in den Lebensraum der Art begibt. Inmitten einer Baumkrone näherten sich mir die erregten Pirole oft bis auf 1–2 m. Die späteste Antwort erhielt ich am 3. 9. (1983).

Es hat den Anschein, als wenn erregte Pirol-♂ hinsichtlich der Qualität der Ruf- ·imitation durch den Menschen ziemlich unempfindlich sind. Es ist auf jeden Fall eine Sache der Übung, den Ruf gut nachzuahmen. K l e n g e l (1917) gelangen die Imitationen besser beim Einsaugen der Luft.

Ehemals wurde die Reaktionsfreudigkeit der Pirole auch gegen sie ausgenutzt. Manch prächtiges Exemplar gelangte so vor die Flinte und in den Kochtopf.

Weil viele Nestlinge des Pirols auf den Sangruf der Eltern mit lauten Bettel- lauten antworten, gestaltet sich die Nestsuche manchmal recht einfach. Auch flügge Jungvögel sprechen auf gute Imitationen zumindest noch solange an, wie sie von den Alttieren gefüttert werden.

H ö p p n e r (1964) trägt einen weiteren beobachtungsmethodischen Baustein bei, indem er entdeckte, daß nur Reviervögel auf eine Imitation mit wachsender Unruhe reagieren. Herumstreichende Exemplare entfernen sich, bleiben ruhig oder antwor- ten ohne steigende Erregung.

Möglicherweise greift das Pirolmännchen Eindringlinge nicht nur aufgrund ihres Rufes an, sondern auch gelbe Gefiederfärbung löst entsprechende Verteidigungs- reaktionen bis hin zum Angriff aus. F a h n e r t (briefl. 1982) beobachtete, wie das ge- käfigte ♂ vor dem eigenen Spiegelbild in heftige Erregung geriet, die schließlich in Übersprungverhalten (Ekelreaktionen) überging. Derselbe Pirol „griff" sich einen mit ihm gehaltenen Kanarienhahn (*Serinus canaria*) und flog mit ihm herum. Gleich- wertige Feststellungen machten G r o ß (1899) und K l a a s (1959).

R e i n s c h u. W a r n c k e (1971) und Z i p p e l i u s (1972) registrierten, daß bauende ♀ zugehörige ♂ vom Nest vertrieben.

Die Brutpaare verteidigen ihre Reviere nicht nur gegen Artgenossen, sondern auch gegen andere Tierarten – gleich ob sie für die Alt- und Jungvögel bzw. das Gelege eine Gefahr darstellen oder nicht. Greifvögel (bis zur Uhugröße), sämtliche Krähenvögel (einschließlich Eichelhäher, *Garullus glandarius* und Elster, *Pica pica*) und auch der Kuckuck (*Cuculus canorus*) werden meist nur vom ♂, aber in unmit- telbarer Nestnähe zudem von ♀ erbittert angeflogen und verfolgt (u. a. R a c z 1909, U s i n g e r 1927, R e i n s c h 1958). Beide Altvögel rufen dabei heiser und nahezu ununterbrochen.

Kleinere Sperlingsvögel meiden nach meinen Erfahrungen die unmittelbare Pirol- nestumgebung, werden aber auch nur selten und kurzstreckig verfolgt. F e s t e t i c s (1952/55), W a r n c k e (1958) und O r t l i e b (1973/75) nennen solche Beispiele für Würgerarten (*Lanius*), Z i m m e r l i (1970/71) für den Star (*Sturnus vulgaris*).

B a n n e r m a n n (1953) beschreibt einen Fall, indem sich ein Pirol fest im Schwanz einer fliehenden Ringeltaube (*Columba palumbus*) verbissen hatte.

Auf der Liste der attackierten Säuger stehen Marderarten (*Martes, Mustela*), häufiger das Eichhörnchen (*Sciurus vulgaris*) und der Mensch. Angriffe gegen Menschen in der Nestumgebung sind nach R e i n s c h ü. W a r n c k e (1971) in der Nähe von Städten seltener.

In einigen Fällen gewöhnten sich die Pirolpaare schnell an regelmäßige Revierkontrollen, andere blieben über die ganze Brutsaison skeptisch. Nach B o s e m (1943) reagierten brütende ♀ nach einiger Zeit kaum noch auf den Fotografen.

Fluchtverhalten von revierbesitzenden Vögeln in Nestnähe ist selten und entspricht auch nicht dem Temperament der Pirole. Lediglich an der Peripherie der Reviere und auf Nahrungssuche auch außerhalb des unmittelbaren Einzugbereiches flieht der Pirol selbst einmal vor der Angriffswucht einer anderen Art:

Drosselrohrsänger – *Acrocephalus arundinaceus* (S p r i n g e r 1958/60)
Amsel – *Turdus merula* (K o e p e r t 1903, F e s t e t i c s 1974)
Raubwürger – *Lanius excubitor* (O r t l i e b 1973/75 u. a.)
Schwarzstirnwürger – *Lanius minor* (F e s t e t i c s 1952/55 u. a.)
Rotkopfwürger – *Lanius senator* (W a r n c k e 1958)

Auseinandersetzungen mit Eleonorenfalken (*Falco eleonorae*) während des Zuges (W a l t e r 1968) und die wahrscheinliche Flucht vor einem Sperber (*Accipiter nisus*; lt. G r o s c h u p p 1888) trieben flüchtende Pirole in Felsenspalten und eine Grünspechthöhle in einer Eiche.

P a s s i g (1916) beobachtete das zeitweilige Verstummen eines Männchens auf das Warnen eines Eichelhähers (*Garullus glandarius*).

8.4. F l u g und F l u g s p i e l e

Die Flugweise ziehender Pirole erinnert ein wenig an die des Stares, vielleicht auch an die eines Buntspechts oder auch an die, wie G a t t e r (1976) meint, flachen Wellen einer fliegenden Rauchschwalbe. Wie dieser Vergleich aber auch immer ausfallen mag, der Flug der Art erscheint über größere Strecken stets wellenförmig. Die Wellenlänge hängt sowohl von der Fluggeschwindigkeit als auch von der Flugstrecke ab und schwankt zwischen 2 bis 3 m auf kurzen Distanzen und bis zu 20 m im relativ seltenen Schleichflug während der Balz.

Nach Schätzungen von A l i u. R i p l e y (1972) beträgt die Geschwindigkeit des Pirol-Wippfluges etwa 40 km/h. Während der mitunter heftigen Verfolgungsjagden zwischen rivalisierenden ♂ wird offensichtlich ein noch höheres Tempo erreicht. In diesen Fällen ist die Flugbahn fast gerade.

Das Repertoire der Pirole umfaßt selbstverständlich weitere Bewegungsweisen. Recht häufig sind, besonders zur Brutzeit, „rüttelnde" Pirole zu entdecken. Die Pirol-♂ und ♀ nutzen diese Flugform in erster Linie bei der Nahrungssuche. Geschickt stehen die Vögel in der Luft und greifen so ab und zu Insekten von den Blättern der Bäume. Besonders effektvoll ist diese Nahrungssuche über flachem Gelände, wie Wiesen oder Getreidefeldern. Paare mit geringem Waldanteil am Revier scheinen sich sogar auf diese Nahrungsflugweise zu spezialisieren. Ähnliche Beobachtungen teilte mir auch Uhlenhaut (briefl. 1984) mit.

Abb. 70. ♂ am Nest. Aufn. C. und K. U h l e n h a u t

Abb. 71. Fütterndes ♀ am Nest. Aufn. M. M e l d e

Abb. 72. ♀ am Nest, beide Altvögel benutzen oft dieselben Anflugpunkte auf den Ästen (s. Abb. 70). Aufn. C. und K. U h l e n h a u t

Abb. 73. Pirol-♀ verfüttert eine Heuschrecke. Aufn. C. und K. U h l e n h a u t

Abb. 74. ♂ nach der Fütterung. Aufn. C. und K. U h l e n h a u t

11*

Abb. 75. Vorjähriger Jungvogel („Zigeuner") zu Besuch in Nestnähe; er wurde nicht vom Brutpaar vertrieben. Aufn. K. U h l e n h a u t

Abb. 76. Mumifizierter Jungvogel, mit einem Fuß in Kunststoffasern des Nestes hängengeblieben. Finder D. G r u n d l e r , Aufn. K. U h l e n h a u t . S e l l i g e r fand 1983 einen weiteren hängenden Pirol – ein ad. ♂ war ebenfalls mit dem Fuß in derartigen Fasern hängengeblieben

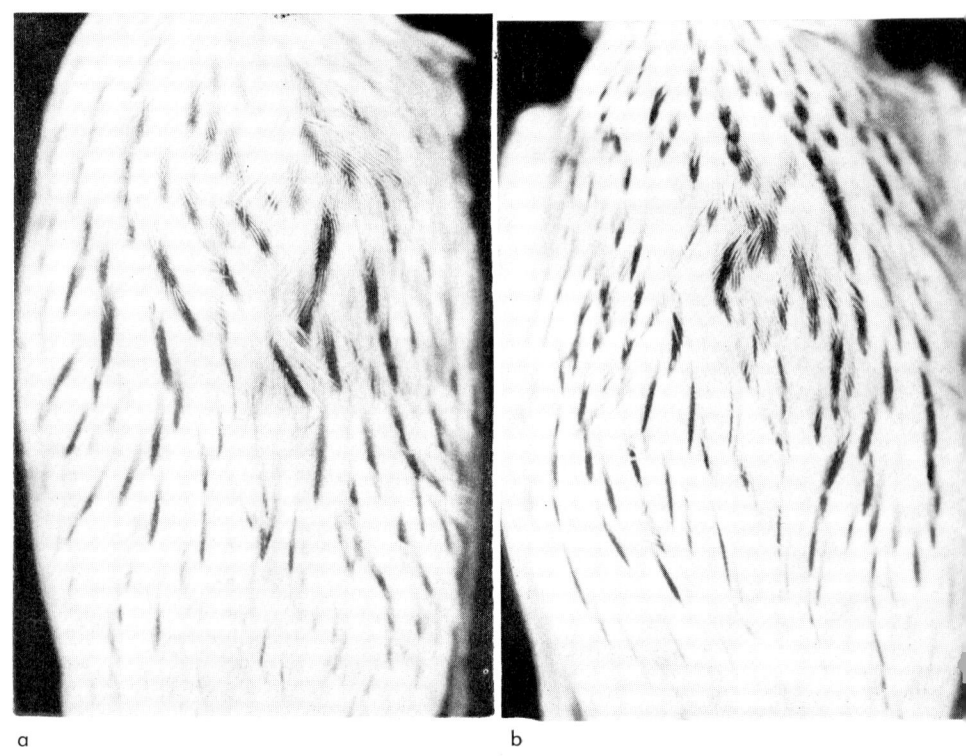

a   b

Abb. 77. Die Strichelung der Unterseiten ♀-farbiger Pirole variiert sehr stark. Sie ist besonders bei Jungvögeln kräftig und breit (a) und (b) und kann bei älteren fast verschwinden (d). Aufn. K.-D. F e i g e

Abb. 78. Die Unterseite von ♀-farbenen Pirolen ist meist deutlich zweigeteilt, das grüngetupfte Brustband hebt sich jedoch in der Abbildung nur wenig vom Grau der Brust ab. Aufn. K.-D. F e i g e

166

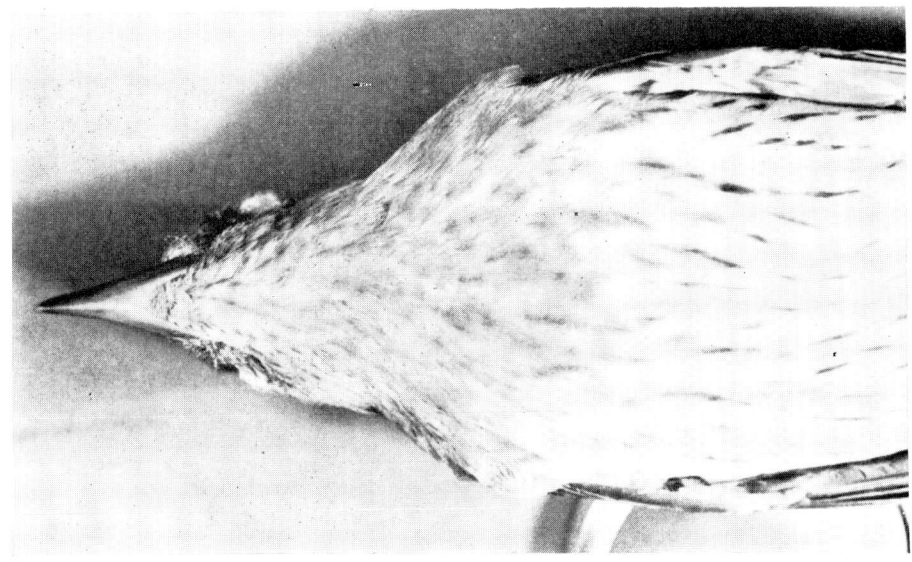

c 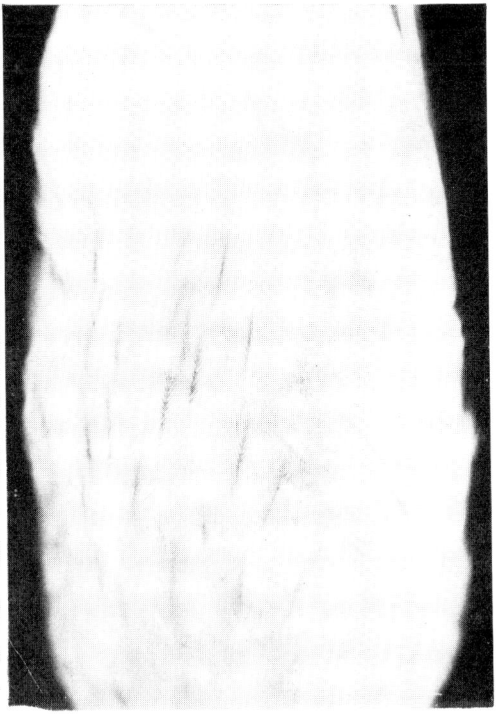　　　　　　　　　　　　　　　d

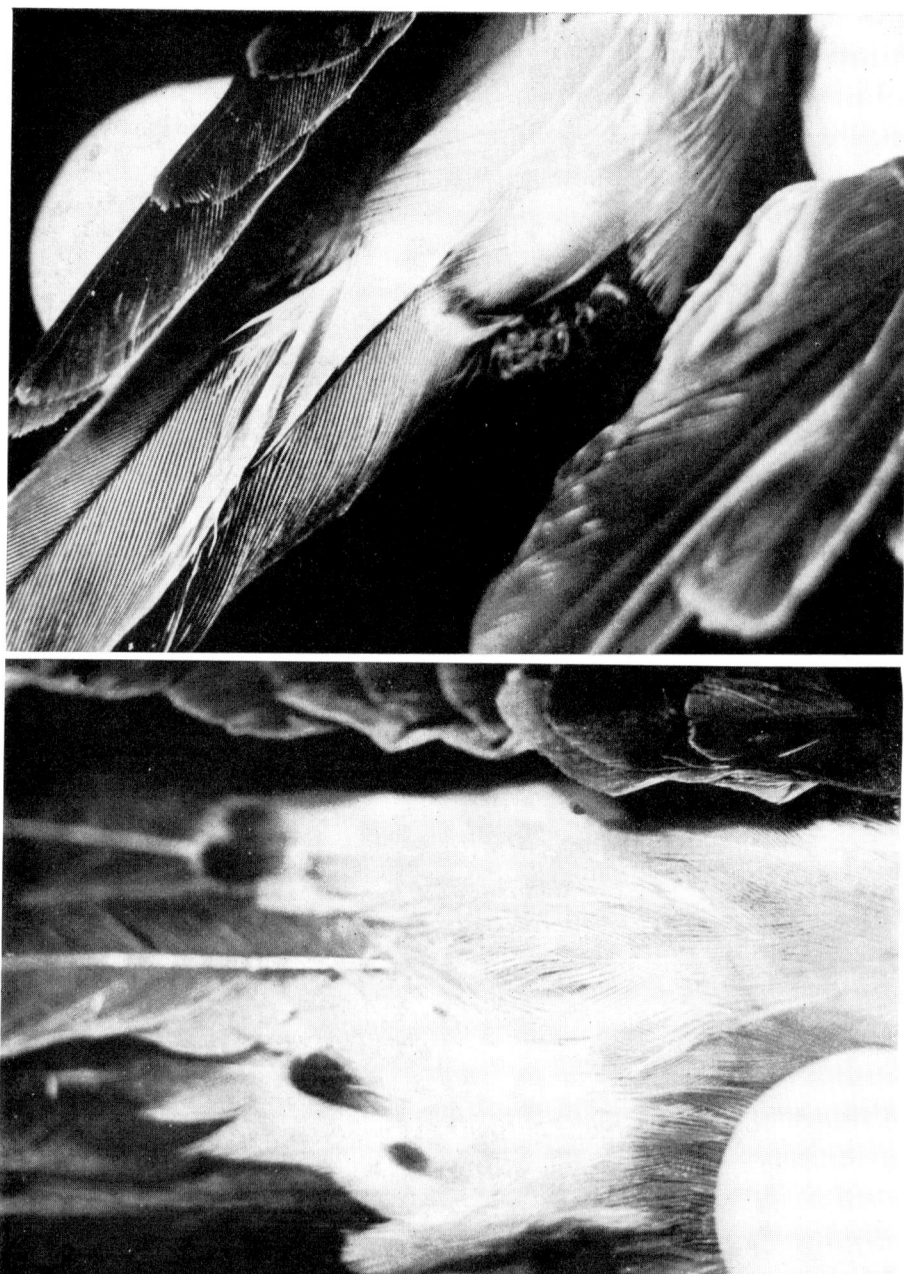

168

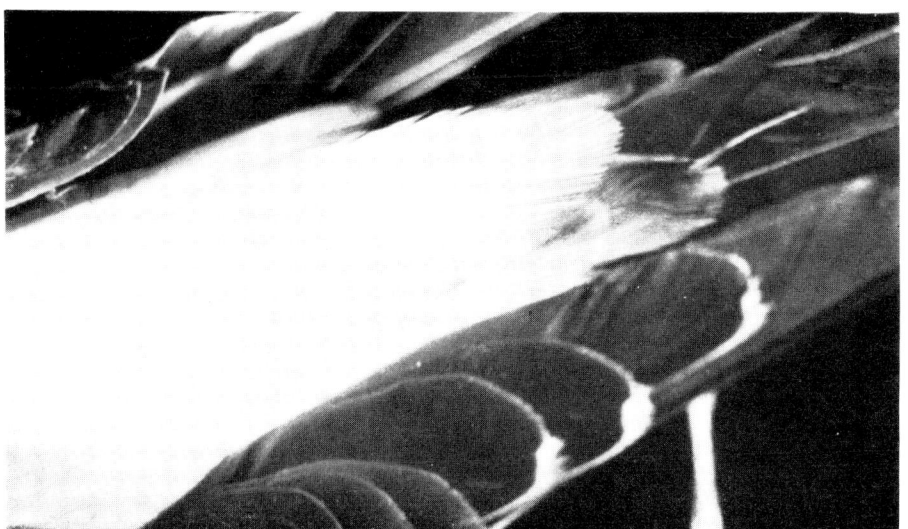

Abb. 79. Die Oberschwanzdeckfedern tragen bei vielen Pirolen eine „pfauenaugen"gemusterte, dunkle Zeichnung unterschiedlicher Stärke. Die Abb. a–c zeigen besonders deutliche Flecken ad. ♂. Aufn. K.-D. F e i g e

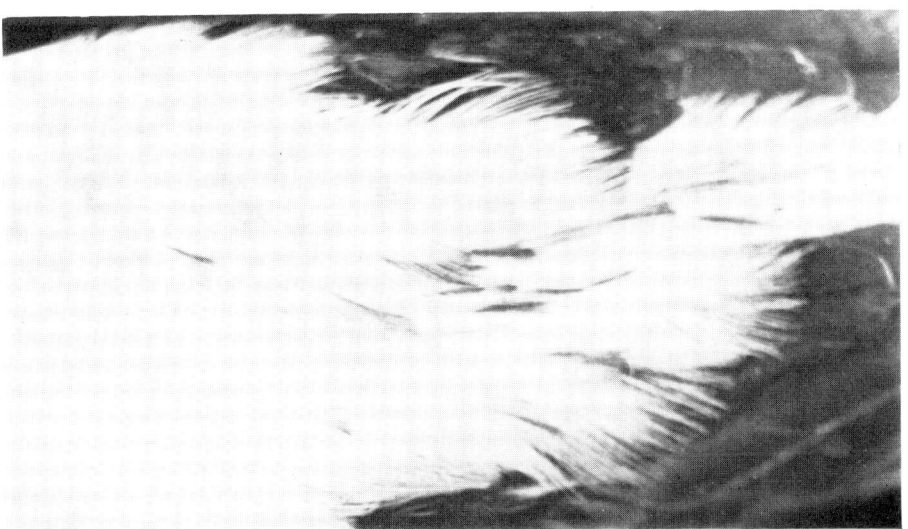

Abb. 80. Gelegentlich befinden sich auf dem Kopf und Rücken der Pirole dunkle Streifen und Schaftstrichel; diese Vögel haben wohl stets auch gezeichnete Oberschwanzdeckfedern. Aufn. K.-D. F e i g e

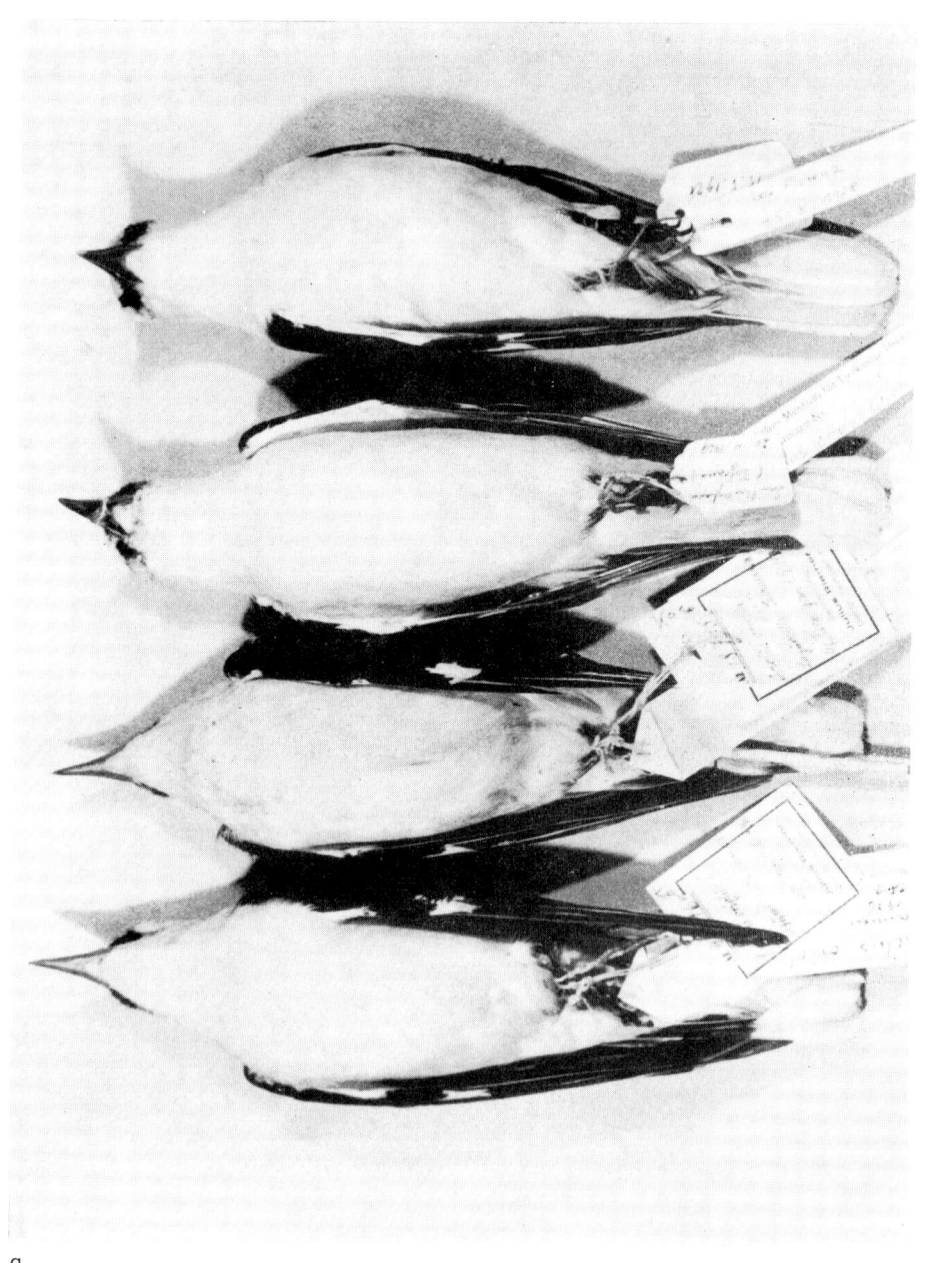

a

Abb. 81. *O. o. oriolus*, ad. ♂, a Unterseite, b Oberseite. Man beachte die unterschiedliche Zeichnung des Rückens und der Handschwingenflecken. Aufn. K.-D. F e i g e

b

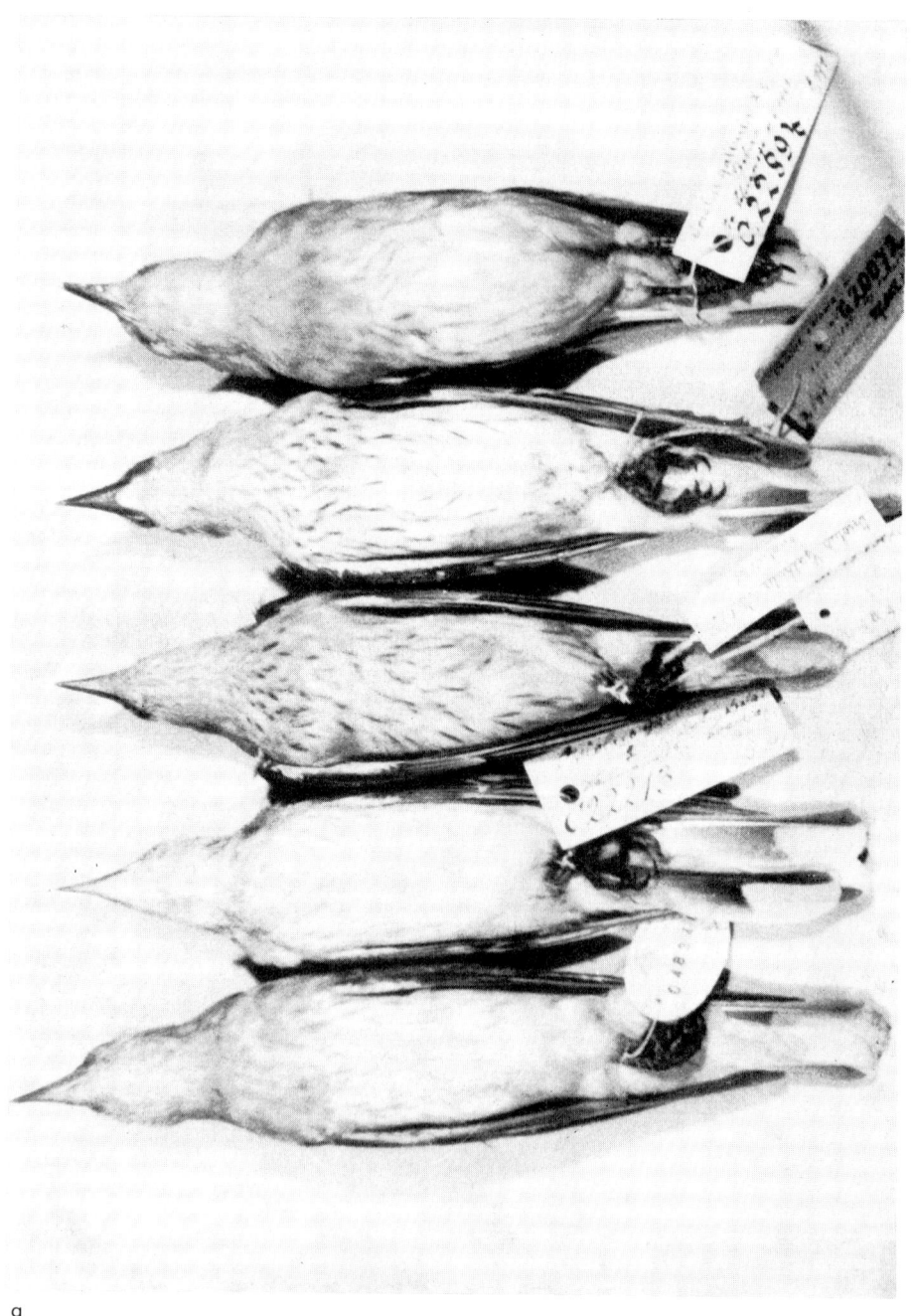

a

Abb. 82. *O. o. oriolus,* ad. und juv. ♀, a Unterseite, b Oberseite. Aufn. K.-D. F e i g e

b

Abb. 83. a Profil eines ad. ♂ von *O. o. oriolus* ohne Zügelverlängerung, b mit Zügelverlängerung. Aufn. K.-D. F e i g e

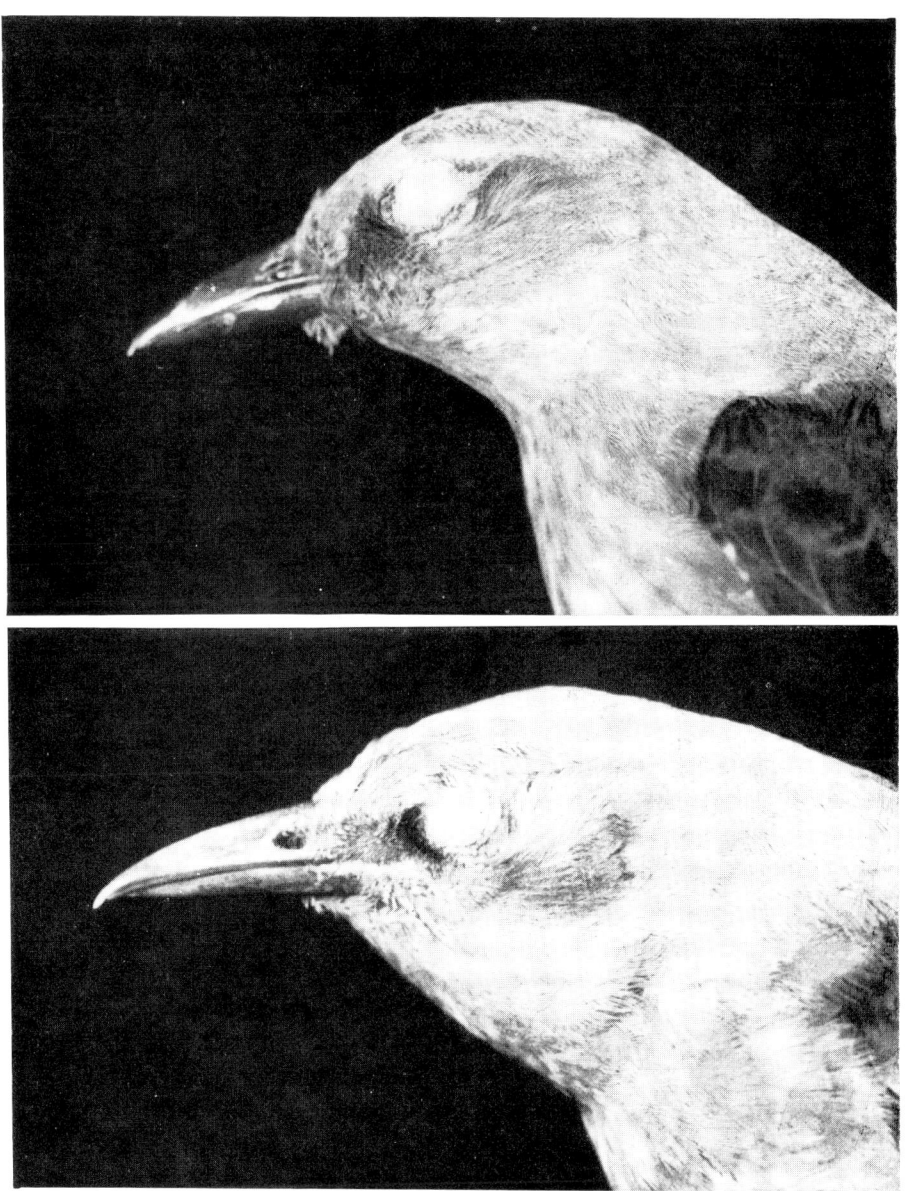

Abb. 84. a ad. ♀ (*O. o. oriolus*) mit heller gelber Zügelverlängerung (Aufnahme mit Orange-filter), b juv. ♂ (*O. o. oriolus*) mit grauschwarzen Zügeln. Aufn. K.-D. F e i g e

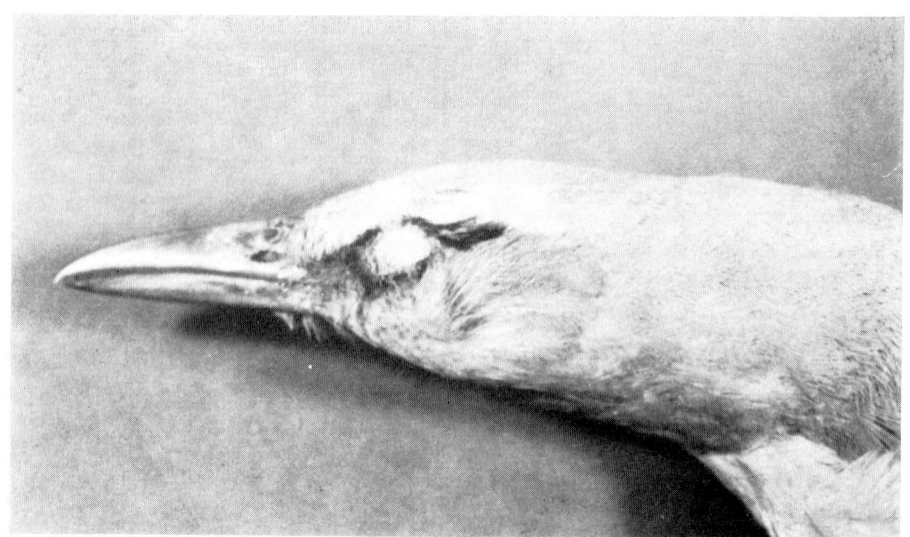

Abb. 85. Profil eines ♀ (*O. o. kundoo*). Aufnahme mit Orangefilter, K.-D. F e i g e

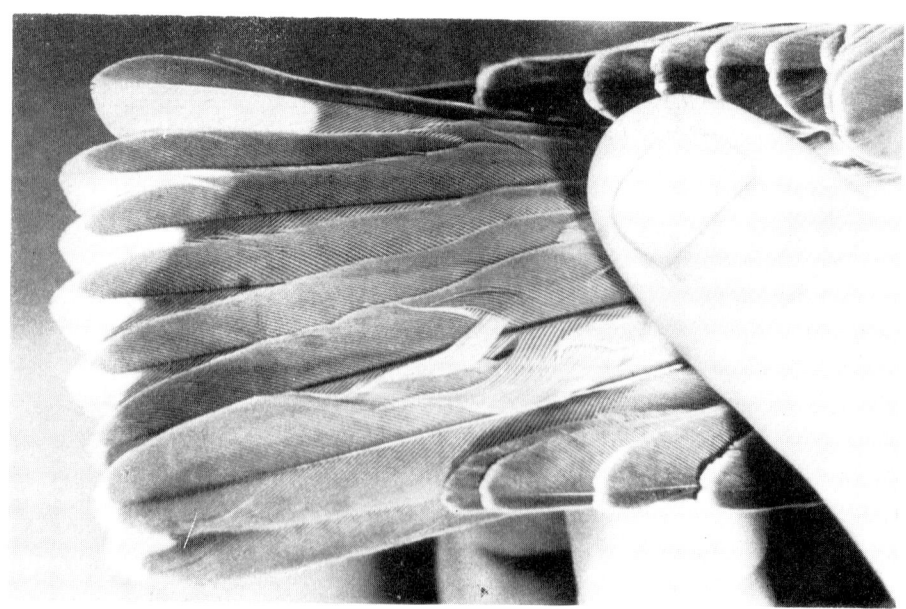

Abb. 86. Schwanzfedern eines juv. ♀ im Frühjahr; man beachte die Abstufung der gelben Spitzenfelder von Innen nach Außen und die unterschiedliche Zeichnung der beiden Fahnen. Aufn. K.-D. F e i g e

B ö k e r (1917) beobachtete ein Pirol-♂, welches seine Rüttelflüge über einer Schilffläche regelmäßig von einem Pfahl aus startete und auf diesem beendete. K o v š a r (1974) beschrieb das Rütteln nach Insekten mit dem in Greifvogelmanier abschließenden „Zum – Boden – Stoßen". Elemente dieser Flugweise findet man gelegentlich beim Nestbau und im Balzflug, wie H ö p p n e r (1954/56) eindrucksvoll berichtete.

Besonders während der Werbung um ein Weibchen und in den damit verbundenen Auseinandersetzungen mit anderen Männchen zeigen die Pirole rein flugtechnisch so ziemlich alles, was sie können. Die wilden Verfolgungsjagden brachten den Pirolen sogar den Ruf ein, besonders wild und zänkisch zu sein. Manchmal verkrallen sich die Rivalen dabei so sehr, daß sie vereint zu Boden stürzen.

Neu eintreffende Pirolweibchen, die sich in ein bereits besetztes Revier wagen, werden nicht immer sofort als potentielle Partnerinnen erkannt und müssen sich zunächst wie fremde Männchen behandeln lassen. Haben sich die Partner aber erst einmal füreinander entschieden, werden aus Verfolgungsflügen Partnerflüge, bei denen sowohl das Männchen als auch das Weibchen die Führung übernehmen kann. B a n n e r m a n n (1953) bemerkte einen „Liebesflug", bei dem trotz aller aufblitzender Wendungen das ♀ stets dicht beim ♂ blieb, und mit allen Bewegungen des Partners konform mitging. Dabei berührte das Weibchen den Schwanz des Männchens, so daß der Eindruck eines vierflügligen Vogels entstand.

Hin und wieder gehen die temperamentvollen Auseinandersetzungen konkurrierender ♂ in ein fast an Übersprungsreaktion erinnerndes „Schleichfliegen" über. Hierbei gleiten die ♂ betont langsam, leicht ruckartig mit den Flügeln schlagend, hintereinander her; selbst Zwischenlandungen bleiben nicht aus (R e i n s c h u. W a r n c k e 1971). Weibchen greifen in die Auseinandersetzungen der Männchen oft nur in unmittelbarer Nestnähe ein.

Die Werbeflüge um ein Weibchen werden vielfach durch häufiges Rufen unterstützt. M ü l l e r (1918) nennt in diesem Zusammenhang aber auch ♂, die eine derartige Schau stumm veranstalten.

Fliegende Feinde werden in nahezu der gleichen Weise angegriffen wie andere Pirol-♂.

Bodenfeinden – den Menschen eingeschlossen – begegnen die Pirole (oft beide Partner) mit wütenden Schein- und selten auch körperlichen Attacken. P ä s s l e r (1851) beschrieb wohl als erster die Angriffsbögen von Baum zu Baum, bei denen die Vögel im Herabflug die Flügel anlegen wie Greife.

Eine von mir nur 80 cm über dem Erdboden und direkt unter dem Nest angebrachte Pirolattrappe wurde vom revierbesitzenden ♂ so sehr mißhandelt, daß tiefe Spuren in der Knetmasse zurückblieben.

Ergänzend seien ein paar Einzelbeobachtungen genannt, die einer weiteren Bestätigung bedürfen: In zwei Fällen beobachtete ich, daß es die auf Nahrungssuche herumstreichenden ♂ vermieden, in eine etwa 8–15 m hohe Bodennebelschicht einzutauchen. Am 21. 7. 1981 nutzte ein Pirolweibchen mehrfach eine Telegrafenleitung als Startpunkt für Nahrungsflüge. Kam ich den eben flüggen Jungen eines Paares bei Rostock zu nahe, schien es, als wenn das Männchen durch auffällige Bogenflüge oder „ungeschicktes" Geflatter auf sich aufmerksam machen wollte.

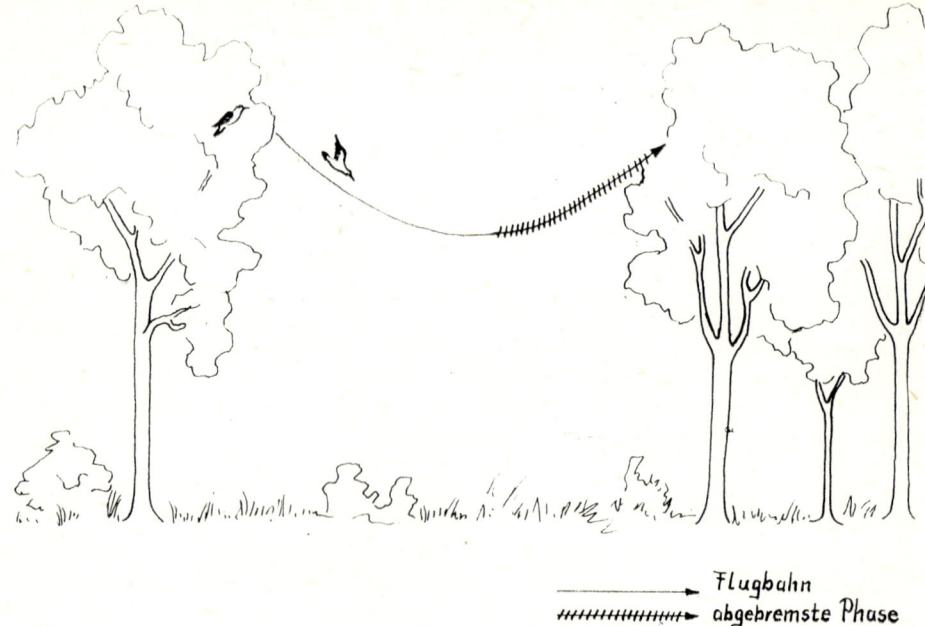

Flugbahn

abgebremste Phase

Abb. 87. Flugweise des Pirols auf kurzen Strecken (ohne Erregung)

Möglicherweise kann man diese Erscheinung im Sinne von „Verleiten" interpretieren.

Interessant ist vielleicht auch die Art des Aufbaumens der Pirole am Waldrand oder in freistehende Bäume. Der Landung selbst geht stets eine Aufschwungphase voraus, so daß es aussieht, als gleite der Vogel von unten ins Geäst. Die letzten 2–6 m vor der Landung bremst der Pirol seinen Flug durch leichtes Öffnen und Anwickeln der Flügel ab und erreicht so eine noch steilere Aufwärtsbewegung (siehe Abb. 87).

Flugbadende Pirole wurden bereits in Abschnitt 8.2. charakterisiert.

8.5. Ruhe- und Schlafverhalten

Beobachtungen über schlafende Pirole in freier Natur sind rar. Brütende Weibchen nächtigen wohl ununterbrochen auf dem Gelege. Nach U h l e n h a u t (briefl. 1983) kommt es vor, daß ♀ im Verlaufe warmer Tage auf dem Nest einnicken. Auch das Männchen tritt (nicht nur an warmen Tagen) in der Mittagszeit – etwa 12–15 h Ortszeit – in eine Ruhephase, zumindest läßt in dieser Zeit die Bewegungs- und Rufaktivität nach.

Gefangene Pirole schlafen oft mit einem mehr oder weniger tief in das Rückengefieder geschobenen Kopf. S c h r a m m und F a h n e r t (beide briefl. 1982)

178

berichteten, daß ihre Pfleglinge auf der Schulter oder sich an den Hals der Kontaktperson kuschelnd ruhten.

Der Pirol von Frau F a h n e r t „träumte" manchmal, was sich durch „lautes Erzählen" trotz Schlafhaltung und geschlossener Augen äußerte.

8.6. Interspezifisches Verhalten

In Zeiten, als man Tieren noch menschliche Eigenschaften zuordnete, wurde der Pirol als scheu, wild, zanksüchtig, unstet, wachsam und mutig charakterisiert (B o r k h a u s e n et al. 1800, H a r t e r t 1910, B a t h e s u. L o w t h e r 1952, u. a.). In diesen Einschätzungen findet man sowohl einige intra- als auch interspezifische Verhaltensweisen der Art zusammengefaßt vor. Möglicherweise sind aber die Pirole in der Häufigkeit der Auseinandersetzungen mit Vertretern anderer Arten oder Artgenossen nicht wesentlich aktiver als es auch Vögel anderer Species sind – sie gestalten diese Konflikte vielfach jedoch auffällig lautstark, temperament- und effektvoller als diese.

Eine ganze Reihe von Vogelarten werden von den Pirolen in den Revieren toleriert, von einer engen Zone von 2–10 m Abstand um das Nest abgesehen. Wie in Abschnitt 8.3. beschrieben, werden dagegen andere Vogelarten innerhalb der Reviergrenzen oft auf das heftigste attackiert. An der Spitze dieser Artenliste stehen dabei alle Greifvögel, der Kuckuck sowie die meisten Rabenvögel.

Nicht alle diese Formen bilden eine tatsächliche Gefahr für den Pirol und seine Jungen. Wahrscheinlich genügt diesen als angriffsauslösendes Moment oft bereits ein bestimmtes Flug- oder Erscheinungsbild des potentiellen Feindes.

Bestimmt lernen einige Pirole auch neue Feindbilder kennen, wie ich insbesondere an der sich verändernden Reaktion auf regelmäßigen Nestkontrollen feststellte. Manche Paare warnten bereits nach der dritten oder vierten Kontrolle beim Erblicken meiner „Gelände-Bekleidung" 100–200 m vor meinem Eindringen in das eigentliche Revier, wogegen andere Menschen auf gleichem Weg unbeachtet blieben.

Damit wäre nun schon die Gruppe der Säuger aufgerufen, aus der neben uns Menschen auch weitere Species (in der Regel nur in einer Zone von 10–50 m um das Nest) mit rauschenden Angriffsflügen bedacht werden. Attacken auf Säugetiere werden nach meinen Erfahrungen nur auf Tiere geflogen, die sich bereits in der Laubzone der Bäume befinden (Marder, Eichhörnchen). Gelegentlich registriert der Beobachter beim Wechsel eines Säugers (einschließlich der Menschen) durch ein Pirolrevier lediglich ein zeitweiliges Verstummen des Männchens oder ein vorsichtiges Warnen der Altvögel.

Die Scheu gegenüber Menschen ist bei Paaren, die in der Nähe von oder in Siedlungen brüten, normalerweise geringer, als man es durchschnittlich in unserem Gebiet gewohnt ist (F r i e d e l 1872, K a y s e r 1921, R e i n s c h 1959, eigene Beob.). G r a ß m a n n (1918) registrierte, daß die Pirole in den menschenarmen Rokitnosümpfen im Gegensatz zu Mitteleuropa nicht scheu sind und daher aus der Nähe zu beobachten waren.

Der *kundoo*-Pirol gilt seinerseits ebenfalls als scheu.

Ab und zu sieht man auch einmal, wie ein Pirol im eigenen Revier von einem

Vogel einer anderen Art bedrängt wird. Das ist wiederum nicht weiter verwunderlich, denn auch andere Brutvögel verteidigen ihre unmittelbare Nestumgebung energisch. Im Norden Mecklenburgs gehörten zu den Pirolangreifern:

Teichrohrsänger (*Acrocephalus scirpaceus*)
Mönchsgrasmücke (*Sylvia atricapilla*)
Weidenlaubsänger (*Phylloscopus collybita*)
Ringeltaube (*Columba palumbus*).

Gelegentlich kommt es insbesondere an Vogeltränken oder bei lokal konzentriertem Nahrungsangebot (wie zur Kirschenreife) zur Nahrungskonkurrenz zwischen verschiedenen Arten. Regelmäßig sind dabei Konflikte mit Staren (*Sturnus vulgaris*) (Z i m m e r l i 1970/71, eigene Beob. u. a.). F e s t e t i c s (1952/55) stellte in Ungarn während der Fütterungsperiode Streitigkeiten mit *Lanius minor* fest. W a r n c k e (1958) verwies auf gelegentliche kurze Verfolgungsjagden mit verschiedenen Würgerarten (*Lanius*) in einer Apfelplantage. Im Normalfall finden derartige Nahrungsauseinandersetzungen nicht statt. Durch verschiedene biologische Regelmechanismen ist die Reihenfolge der Nahrungsaufnahme (auch an der Tränke) bestimmt bzw. durch großes Angebot nicht erforderlich.

Am 20. 8. 1983 entdeckte ich an der Ostseeküste ein ad. Pirol-♀, das sich gemeinsam mit etwa 45 Staren an reifen Pflaumen und noch recht harten Birnen versuchte. Auf Gefahren hin entwich das Weibchen gemeinsam mit den Staren, kehrte aber erst 20–30 s nach dem Staren-Flug in den Pflaumenbaum zurück. In diesem Sinne sind auch die Beobachtungen von B e r g e r (briefl. 1971, 1983) zu interpretieren, der zwei Mal ein Pirolmännchen in einem Schwarm von einigen hundert Staren sah, welches jede Flugschwenkung mitmachte.

A l i u. R i p l e y (1972) gaben für *O. oriolus kundoo* Nahrungsgemeinschaften mit jungen Timalien (Timaliidae), Fliegenschnäppern (Muscicapidae) und Drongos (Dicruridae) an.

Die indische Unterart legt ihre Nester auch in Bäumen mit *Drongo*-Nestern an, da diese, wie der Pirol selbst, ihre Gelege aufmerksam bewachen und so Gefahren anzeigen. In Mitteleuropa brüten Pirole gelegentlich gemeinsam mit Wacholderdrosseln (*Turdus pilaris*) in einem Baum oder in der Nähe deren Nester (G l u t z 1962, G ü l l a n d u. H i r s c h f e l d 1972, eigene Beob.). R e i n s c h u. W a r n c k e (1971) glauben, daß es dabei die anderen Arten sind, die die „Angriffslust" der Pirole nachnutzen. Sie nennen hierfür u. a.

Rotkehlchen (*Erithacus rubecula*),
Raubwürger (*Lanius excubitor*),
Misteldrossel (*Turdus viscivorus*),
Wacholderdrossel (*Turdus pilaris*),
Ringeltaube (*Columba palumbus*).

Laut M a k a t s c h (1964/65) trifft man in Ungarn den Schwarzstirnwürger (*Lanius minor*) und auch den Wiedehopf (*Upupa epops*) des öfteren in Pirolbrutpaar-Nähe.

Nach H e i n r o t h (1926) ahmte ein junges Pirol-♂ den Ruf eines Bienenfressers (*Merops apiaster*) nach und erlernte auch andere kurze Melodien. Doch gibt es auch Vogelarten, die den Pirol imitieren. An der Spitze der Spötter steht, wie allgemein bekannt, der Star (*Sturnus vulgaris*). Auf seine Rechnung gehen wohl alle März-Pirol-Beobachtungen und auch im April sollte man sich visuell des Rufverursachers vergewissern. B e r t h o l d (1963/64), hörte von einem Star selbst bei –20 °C den Pirolpfiff.

Weiterhin imitieren den Pirol:

Gelbspötter (*Hippolais icterina*) – L a u z i l (1902), H e r m a n n (1916), P u p o v a c (1917), T r e t z e l (1965/66), u. a.

Amsel (*Turdus merula*) – A l t u m (1869), S i c k (1935)

Singdrossel (*Turdus philomelos*) – L a u e r (1914)

Grünfink (*Carduelis chloris*) – A l t u m (1869)

Einfarbstare (*Sturnus unicolor*) – G u b l e r (1969/70)

Steinschmätzer (*Oenanthe oenanthe*) – K n e i s u. G ö r n e r (1983)

Eichelhäher (*Garrulus glandarius*) – H o m e y e r (1865), G a r l i n g (1909), L ö h r l (1965)

Sumpfrohrsänger (*Acrocephalus palustris*) – eigene Beob.

Als Kuriosum kann der von H e n n i c k e (1894) publizierte Fall des Pirolruf-Erlernens durch gehaltene Graupapageien (*Coracopsis vasa*) gelten.

Die Funktion der Imitation durch andere Vögel ist noch weitgehend unklar (K n e i s u. G ö r n e r 1983). Wahrscheinlich bestehen hierbei gelegentlich tatsächlich zwischenartliche Beziehungen, da z. B. der Sumpfrohrsänger (*Acrocephalus palustris*) im Kontrollgebiet Pirolrufe nur dann in seinem Repertoire hatte, wenn ein Pirolrevier in Hörweite lag. P a s s i g (1916) bemerkte, wie ein Männchen der Art auf das Warnen eines Eichelhähers (*Garrulus glandarius*) hin, zeitweilig verstummte.

Andere interspezifische Kontakte erscheinen dem Autor von ihrer Bedeutung her unklar:

am 27. 6. 1981 vernahm ich bei Tessin (5 km südl. Rostock) im Zentrum der dortigen Pirolsubpopulation die Rufreihen einer Wiesenralle (*Crex crex*). Deren Rufserien begannen immer 2–5 s nach Beginn der Ruffolgen eines territorialen Pirol-♂, selbst wenn dieser erst nach einer Pause von 10 min erneut einsetzte,

ein entflogener Pirol kehrte nach einigen Tagen Freiheit zu einem Käfig zurück, in dem sich eine Wacholderdrossel (*Turdus pilaris*) befand. Zwischen diesen beiden Vögeln vollzog sich ein ausgesprochen merkwürdiges Begrüßungsritual mit gegenseitigem Anbieten von Nistmaterial (H o h l t 1953).

9. Zug und Mauser

9.1. H e r b s t - u n d F r ü h j a h r s z u g w e g e

Der Herbstzug der Pirole setzt im Areal nahezu gleichzeitig Ende Juli/Anfang August ein.

Auf dem Weg ins Winterquartier muß ein großer Teil der Population von *O. o. oriolus* fast zwangsweise das Mittelmeer passieren. Dieser Überflug erfolgt in breiter Front, ist aber nicht überall gleich stark. S t r e s e m a n n (1948) wertete eine Reihe von Ringfunddaten und Zugbeobachtungen aus und kam zum Ergebnis, daß die Masse der mitteleuropäischen Pirole ihre Zuglinien über Westgriechenland, die Ägäis, Kreta zur libyschen Wüste nehmen. Die Anfangszugrichtung kann nach Z i n k (1975) in Mittel- und Westeuropa sogar nach Osten führen, liegt aber im allgemeinen bei SO und in Ungarn mehr um SSO bis S. Die Herbstzieher erreichen Nordostafrika gehäuft zwischen 18° und 20° ö. L. und müssen hier ihre Zugrichtung auf S ändern, um Ostäquatorialafrika erreichen zu können.

Westlich von Tunesien finden mit Ausnahme der Straße von Gibraltar im Spätsommer und Herbst in Nordafrika kaum noch merkliche Zugbewegungen statt (Z i n k 1975).

Der Zug über Gibraltar nach Marokko und möglicherweise nach Westafrika führte R u d e b e c k (1956) und auch M o r e a u (1952, 1961, 1972) zur Annahme einer Zugscheide in Westeuropa. Wiederfunddaten verleiten mich dazu, die Pyrenäen selbst als in diesem Sinn trennendes geografisches Element anzusehen.

In dieses Bild paßt jedoch der Umstand, daß ad. ♂ in Westafrika unbekannt sind, nicht. Wo überwintern die ausgefärbten Pirol-♂ aus Spanien, Portugal und Marokko?

Die Herbstzugwege asiatischer, ost- und nordeuropäischer Pirole sind weniger gut erforscht. Ein Teil zieht sicher auch über Griechenland, zumindest aber entlang der Westküste der Türkei. Pirole der Nominatform, die östlich 30–40° ö. L. brüten, ziehen wahrscheinlich über Arabien ins Winterareal. Herbstkonzentrationen sind ebenfalls in den Wüstenzonen Syriens und Israels zu verzeichnen.

Im Oktober haben die Vögel das Überwinterungsgebiet erreicht, von dem sie ab März wieder ins Brutareal aufbrechen. Im Unterschied zu vielen anderen Arten weichen die Routen des Pirols im Frühjahr von denen im Herbst ab. Der Unterschied wird allein durch einen Vergleich lokaler Durchzugshäufigkeiten beider Jahreszeiten im Mittelmeergebiet sichtbar:

auf Malta, im Frühjahr häufig, im Herbst seltener (D e s p o t t 1917)

in der Westsahara besonders häufig im Frühjahr durchziehend (H a a s u. B e c k 1979)

auf den Britischen Inseln häufiger im April und Mai anzutreffen als im August und September

ebenso auf Sizilien, Korsika und den Balearen (B a n n e r m a n n 1953)

auf Capri wurde er im Frühjahr oft massenhaft gefangen (K o e n i g 1886).

Die Liste derartiger allgemeiner Einschätzungen ließe sich noch fortsetzen, sie bestätigte aber auch dann nur, daß die Art im Frühjahr das Mittelmeer wiederum in breiter Front überquert, doch die Masse der Vögel den Heimweg weiter westlich nimmt.

Auch die Ringfunde (Abb. 88 und 89) lassen einen Schleifenzug im Uhrzeigersinn erkennen. M e i n e r t z h a g e n (1923) ahnte dieses Phänomen bereits, S t r e s e - m a n n (1948) faßte es in Worte und belegte es mit weiteren Daten. Vielleicht läßt sich F l i n t u. S t e w a r t 's (1983) Beobachtung des Zuges auf Zypern (weniger häufig im Herbst) ebenfalls im Sinne von Schleifenzug deuten. Dieser würde dann jedoch die Pirole betreffen, die im September Israel passieren. M a k a t s c h (1950) teilte übrigens mit, daß in Griechenland der Frühjahrszug stärker ist als im Herbst.

Noch weiter östlich fehlen dann jegliche Hinweise auf Schleifenzugvarianten. Hier vollzieht sich der Heimzug wahrscheinlich auf denselben Wegen wie die Reise ins

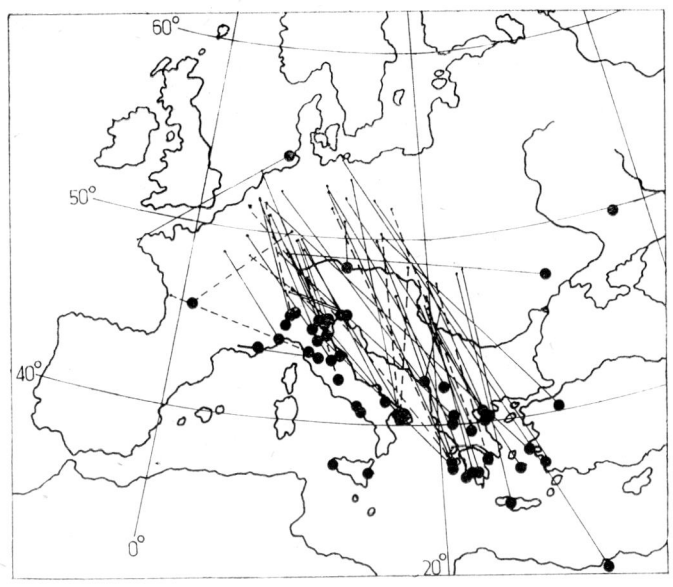

Abb. 88. Darstellung der Wiederfunde beringter Pirole nach Angaben von S c h ü z (1975), sowie E d e l s t a m (1963) u. a. auf dem Herbstzug

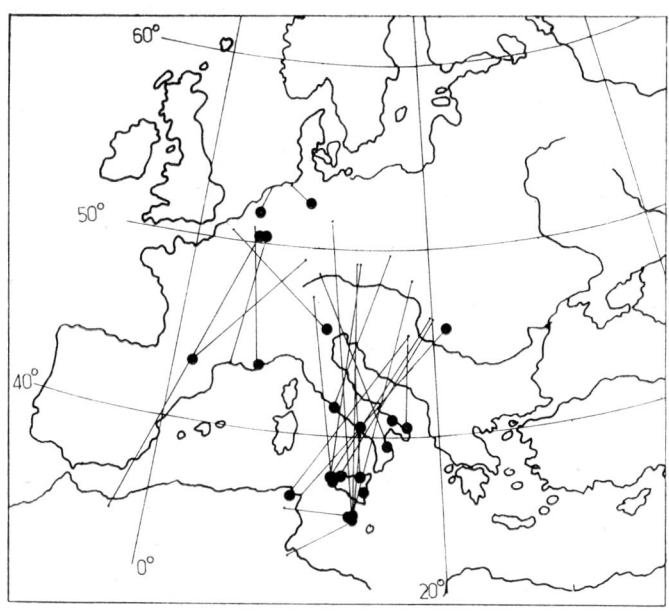

Abb. 89. Darstellung der Wiederfunde beringter Pirole nach Angaben von S c h ü z (1975), E d e l s t a m (1963) u. a. auf dem Frühjahrszug

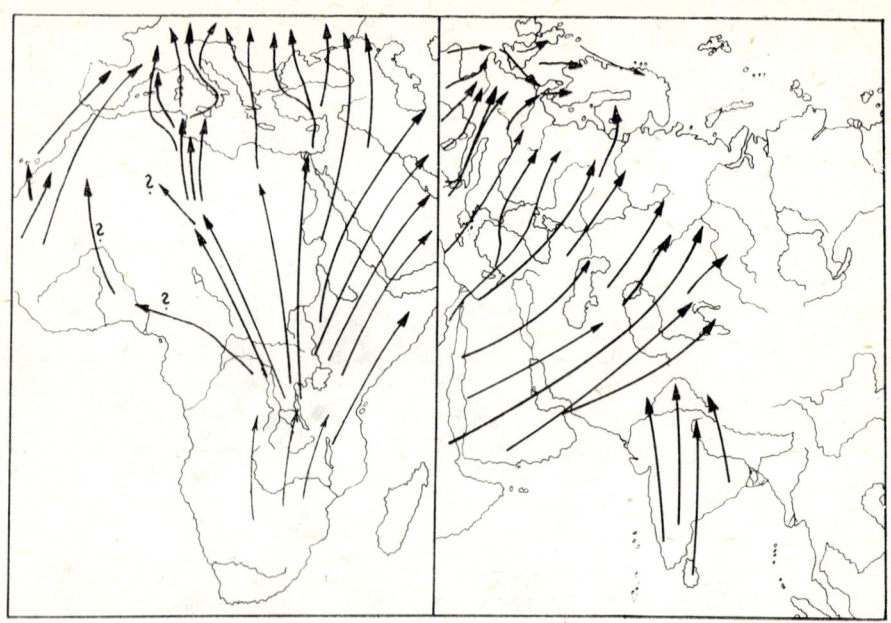

Abb. 90. Zugwege des Pirols im Frühjahr

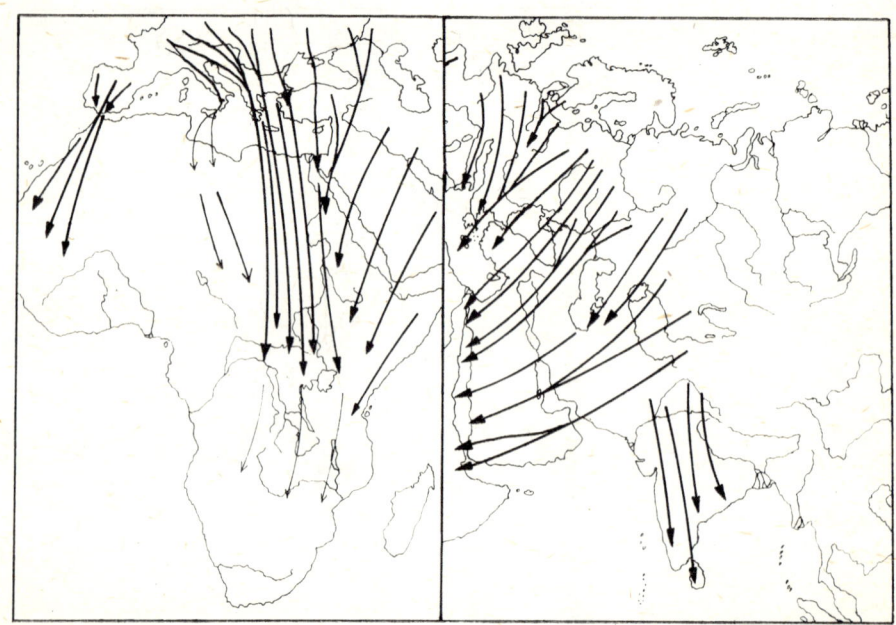

Abb. 91. Zugwege des Pirols im Herbst

184

Winterquartier. Der Zug berührt dann auch den Westiran, Westpakistan und Kasachstan (u. a. A l i u. R i p l e y 1972).

O. *oriolus kundoo* zeigt nur in der Nordhälfte seines Areals deutliche Zugbewegungen von Nord nach Süd und umgekehrt. Im Süden des Brutgebietes ist die Art z. T. sogar nur Strichvogel. Anhand umfangreicher Einzelangaben zum Pirolzug habe ich versucht, die Zugrichtungen der Art für beide Zugzeiten darzustellen (Abb. 90 und 91). Auf die Auflistung aller diesbezüglich verwendeten Arbeiten mußte in Betracht des bereits umfangreichen Literaturverzeichnisses verzichtet werden.

Die Erfassung der Zugwege wäre ohne die wissenschaftliche Vogelberingung an der Oberfläche der jährlichen Vogelwanderungen geblieben. So läßt sich z. B. die Veränderung der Routen des Pirols recht plausibel aus den Wiederfunden von vorwiegend in Mitteleuropa beringten Exemplaren ableiten. Abb. 88 und 89 stellen die Karten A und B aus der Arbeit von Z i n k (1975), ergänzt um die Daten von E d e l s t a m (1963) sowie Hiddensee-Ringmeldungen, dar.

Die Pirolfernwiederfunde, die von der Vogelwarte Hiddensee der DDR bereitgestellt wurden, sind im folgenden für weiterführende Auswertungen aufgezeichnet:

○ 29. 6. 65, njg. Aschersleben (51° 45′ n. B., 11° 28′ ö. L.)

+ 20. 8. 65   Einzingen (51° 27′, 11° 21′)

○ 14. 6. 73   Frankfurt/Oder (52° 20′, 14° 33′)

+ 29. 9. 74   Pulsano (Italien) (40° 29′, 17° 15′)

Ferner sind Pirolringfunde aufgeführt, die Beringungen mit Ringen der Vogelwarten Radolfzell oder Helgoland und das Territorium der DDR betreffen:

○ 13. 7. 37 juv. Magdeburg (52 ° 08′, 11° 38′)

+ 28. 8. 37   Insel Zakynthos (Griechenland) (37° 40′, 20° 49′) s. Vogelzug 9 (1938)

○ 30. 6. 34 njg. Leipzig (51° 20′, 12° 23′)

+ 30. 8. 36   Insel Zakynthos (Griechenland) (37° 40′, 20° 49′)

○ 3. 7. 59 njg. bei Riesa (51° 18′, 13° 17′)

+ 14. 9. 59   Insel Naxos (Griechenland) (37° 02′, 25° 30′)

○ 21. 6. 58 njg. Greifswald (54° 05′, 13° 22′)

+ 5. 9. 58   40 Meilen W Alexandria (29° 05′, 30° 55′)

○ 8. 7. 59 njg. Claußnitz (50° 56′, 12° 53′)

+ 27. 8. 59   Passau (Bayern) (48° 34′, 13° 28′)

○ 24. 8. 68 Fglg. ♂ Ismannig (München) (48° 14′, 11° 41′)

+ 8. 7. 74   Dessau (51° 49′, 12° 09′)

Daneben liegen für das Gebiet der DDR noch ein gutes Dutzend Ortsfunde vor, die z. T. das spätere Brüten im Gebiet der eigenen Nestlingszeit belegen (s. auch Abschn. 4.4.).

Zur Analyse des Frühjahrszuges zählt auch die Untersuchung einer möglichen Prolongation des Zuges. Die Verlängerung der Frühjahrswanderung führt wohl jedes Jahr einige Exemplare in Gebiete außerhalb des Areals. Die Erscheinung ist eine der Voraussetzungen für eine bleibende Arealausweitung und ist beim Pirol an Hochdruckwetterlagen während der Ankunft im Mai gebunden.

S h a r r o c k (1980) beschreibt den Durchzug in Großbritannien und Irland (Mitte April bis Mitte Juli). Vielleicht führt der Weg der in Norwegen notierten Gäste tatsächlich über die Britischen Inseln?

9.2. E r s t - u n d L e t z t b e o b a c h t u n g e n

Der Pirol gehört zu den Arten, die spät aus den Winterquartieren ins Brutgebiet zurückkehren. Andere Vogelarten befinden sich zu diesem Zeitpunkt bereits mitten im Brutgeschäft.

Die Heimkehr der Pirole unterliegt im Mittel der Beobachtungen, wie bei allen Spätheimkehrern, einer niedrigen Varianz, die ebenso einer recht steilen Verteilung der Rückkehr ins Brutgebiet entspricht. Trotzdem vergehen zwischen dem Eintreffen der ersten Pirole und dem Ende des Frühjahrszuges in vielen Teilen Mitteleuropas 5–6 Wochen.

Diese Spannweite wird durch mehrere Einflußfaktoren verursacht:
die ♂ kehren mehrere Tage vor den Jungvögeln und ♀ zurück,
mit Warmfronten werden im April einzelne Vögel weit vor der Masse der Artgenossen nach Mitteleuropa gelenkt,
Kaltfronten führen zu Zugstau in Südeuropa und können die Ankunft von Teilpopulationen um Tage verzögern,
der Durchzug nördlicher oder östlicher Teilpopulationen der Art erfolgt offenbar nicht gleichzeitig mit der Ankunft der lokalen Vögel.

Dazu kommt dann ein beobachtungsmethodischer Effekt. Selbstverständlich ist ein rufender Pirol mit größerer Wahrscheinlichkeit zu registrieren als ein stummer Vogel, und so ist es kein Wunder, daß Erstbeobachtungen der Art oft auch dem Rufbeginn entsprechen. So ist noch nicht völlig geklärt, ob die Erstbeobachtungshäufungen nach Schlechtwetterperioden auf das sprunghafte Ansteigen der Rufaktivität oder auf tatsächlichen Zuzug zurückzuführen sind. Vielleicht liegt die Wahrheit irgendwo zwischen den beiden Extremen. Sehr frühe rufunlustige Einzelgänger (stets Männchen) registriert der aufmerksame Beobachter fast jedes Jahr.

Neben Witterungsfaktoren wirkt aber auch die Siedlungsdichte der Art in einem Gebiet auf das mittlere Erstbeobachtungsdatum. Je weniger Pirole im Beobachtungsgebiet vorkommen, umso größer ist die Chance, daß der tatsächliche Ankunftstag verfehlt wird.

G r o e b b e l s (1932) belegt anhand ungarischer Beobachtungsdaten den Einfluß der Höhenlage auf die Heimkehrdaten:

$$0–200 \text{ m NN} \quad \bar{x} = 25. \, 4. \quad (35 \text{ Zugtage})$$
$$200–500 \text{ m NN} \quad \bar{x} = 28. \, 4. \quad (39 \text{ Zugtage})$$
$$500–800 \text{ m NN} \quad \bar{x} = 30. \, 4. \quad (47 \text{ Zugtage}).$$

Den Einfluß der geografischen Abstufung entlang des Zugweges ist in folgender Tabelle zu erkennen:

Quelle	Zeitraum				
	12.–31. 3.	1.–15. 4.	16.–30. 4.	1.–15, 5.	16.–31. 5.
Hegyfoky (1913) Ungarn	8 (0,3 %)	129 (4,9 %)	1434 (54,8 %)	1013 (38,7 %)	34 (1,3 %)
Bretscher (1931) Schweiz	– (0 %)	6 (4,6 %)	38 (29,2 %)	77 (59,2 %)	9 (6,9 %)
Bruns u. Nocke (1961) Süden d. BRD	– (0 %)	– (0 %)	29 (33,0 %)	57 (64,7 %)	2 (2,3 %)
Zentral-BRD	– (0 %)	– (0 %)	4 (4,7 %)	79 (92,9 %)	2 (2,4 %)
Nordbinnen- land der BRD	– (0 %)	– (0 %)	4 (4,9 %)	69 (85,2 %)	8 (9,9 %)
eigene Daten- sammlung (1985) DDR-Meckl.	– (0 %)	2 (0,5 %)	6 (1,4 %)	326 (78,2 %)	83 (19,9 %)

Der Wert der Erfassung von Sangesbeginn- und Erstbeobachtungsdaten soll hier nicht weiter diskutiert werden. In der Auflistung besonders früher Heimkehrer spiegelt sich aber meines Erachtens gerade die Freude der Ornithologen über das erwachende Frühjahr wider. Frühe Pirolbeobachtungen bedeuten auch in Mecklenburg ein Stückchen „vorgezogener" Mai. Die ersten Ankunftsdaten sind hier der 10. 4. 1966 und 14. 4. 1960. Ähnliche Ausreißer werden aber in jedem Gebiet des Areals zu verzeichnen sein.

Die Pirole erreichen die Küsten des Mittelmeeres auf ganzer Front etwa gleichzeitig Anfang bis Mitte April, der Durchzug erstreckt sich über 4–6 Wochen:

Meinertzhagen (1923)	14. 4.– E 5	Ägypten
	M 4	Griechenland
	4. 4.– M 5	Gibraltar
	E 3 – A 5 (A 6)	Malta
Tait (1924)	1. 4.– M 5	Portugal
Jourdain (1934)	4. 4.–15. 5.	Südspanien
Stresemann (1944)	11. –18. 4.	Mittelmeer
Makatsch (1950)	19. 4.–10. 5.	Griechenland
Bannermann (1953)	12. 4.– E 5	Ägypten
	5. 4.–16. 5.	algerische Sahara
	11. 4.–15. 5.	Gibraltar
Kinzelbach u. Martens (1965)	25. 3.– A 5	Ägäis (Rhodos)

Die Ankunft in den europäischen Ländern vollzieht sich entsprechend der geografischen Breite um wenige Tage zeitverschoben:

Hantzsch (1905)	5 (1893)	Färöer
Dombrowski (1912)	19. 4.–4. 5.	Rumänien
Meinertzhagen (1923)	$\bar{x} = 28.\,4.$	Ungarn
	$\bar{x} = 30.\,4.$	Südfrankreich
	$\bar{x} = 10.\,5.$	Polen
Morbach (1939)	15. 4.–2. 5.	Luxemburg
	($\bar{x} = 24.\,4.$)	
Tischler (1941)	2. 5.–18. 5.	Nordostpolen
	($\bar{x} = 9.\,5.$)	(Ostpreußen)
Reuter (1942/43, 1948/52a, b)	(9. 5.) 24. 5.–6. 6.	Finnland
Stresemann (1948)	1. 5.–15. 5.	Stadt Lübeck
	($\bar{x} = 8.\,5.$)	
	3. 5.–12. 5.	Stadt Potsdam
	($\bar{x} = 8.\,5.$)	
	2. 5.–13. 5.	Stadt Hannover
	($\bar{x} = 7.\,5.$)	
Bruns u. Nocke (1960)	($\bar{x} = 1.\,5.–21.\,5.$)	BRD, DDR
Haftorn (1971)	6–M 7	Norwegen
Sharrock (1973)	15. 4. (7. 5.–3. 6.)	Großbritannien
	M 7	
Munteanu u. Maties (1978)	7. 4. ($\bar{x} = 16.\,4.$)	Westrumänien
	Masse um 22. 4.	
	$\bar{x} = 28.\,4.$	Ostrumänien
	(Masse)	
Salmen (1982)	24. 4.–2. 5.	Siebenbürgen
	($\bar{x} = 28.\,4.$)	
Malčevskij u, Pukinskij (1983)	M – E 5	UdSSR, Leningrad.

Dement'je v u. Gladkov (1954) geben an, daß die Pirole die Südteile der Sowjetunion E 4/A 5 erreichen, dabei die früheren Werte im Osten des Landes. Das Vordringen nach Norden nimmt etwa 20 Tage in Anspruch. Daten aus anderen Teilen Osteuropas und Asiens bestätigen die gleichzeitige Ankunft in breiter Zugfront von SW nach N bis NO:

v. Middendorf (1894)	4. 5.–28. 5.	Estland
	($\bar{x} = 20./21.\,5.$)	
Kaygorodoff (1907)	4. 5.–1. 6.	„Petersburg" (Leningrad)
	($\bar{x} = 20./21.\,5.$)	
Meinertzhagen (1923)	18. 4. – E 5	Palästina
	(Masse A/M 5)	
Johansen (1944)	5. 5.–15. 5.	UdSSR, Jamyschevsk
	($\bar{x} = 10.\,5.$)	
	2. 5.–30. 5.)	Tobolsk
	($\bar{x} = 20.\,5.$)	

	9. 5.–28. 5.	Tomsk
	($\bar{x}$ = 18. 5.)	
	ausnahmsweise ab	
	16. 4. (Masse	
	23. 4.) 1914	
S t r e s e m a n n (1948)	20. 4.	N-Iran (Gilan)
(nach Literaturaus-	21. 4. – E 5	Rotes Meer (Südhälfte)
wertung)	(Masse um 5. 5.)	
D e m e n t ' j e v u. G l a d k o v	$\bar{x}$ = 7. 5.	UdSSR, Minsk
(1954)	1. 5.	Kiew
	22. 4.	Krim
M a k a t s c h (1958)	E 4 – A 5	Mesopotamien (Irak)
N i e l s e n (1969)	um 10. 5.	N-Iran (Gilan)
K o v š a r et al. (1974)	14. 5. – E 5	Nordkasachstan
P o p o v (1978)	$\bar{x}$ = 16. 5.	UdSSR, Pensensker Gebiet
	3. 5.–22. 5.	Tatarische SSR

Der Zug von *O. oriolus kundoo* ist nur in den Nordteilen seines Areals auffällig. Südasiatische Pirole sind nach V o o u s (1962) Standvögel:

M e i n e r t z h a g e n (1923)	um 18. 5.	N-Yarkant (China)
	um 1. 5.	Jammu (Indien)
	E 4/A 5	Baluchistan (Pakistan)
	E 4	Uttar Pradesh (Indien)
	A/M 4	Punjab (Pakistan)
W h i s t l e r (1930)	10. 4. – E 5	Rawalpindi (N-Pakistan)
D e m e n t ' j e v u. G l a d k o v	A 5 – 22. 5.	Kasachstan.
(1954)		

Wenn Pirol-♂ im Frühjahr die ersten sind, die ins Brutgebiet zurückkehren, so treffen sie im Herbst in Nordafrika etwa 10 Tage später als die ♀-farbenen Vögel ein (M e i n e r t z h a g e n 1923, u. a.). Dieses Phänomen zeigt sich jedoch in einer solchen Klarheit in Mitteleuropa nicht. D o m b r o w s k i (1912) bemerkte z. B in Rumänien die letzten ad. zwischen dem 1. 9. und 20. 9., die letzten juv. dagegen zwischen dem 19. 9. und 12. 10. In Mecklenburg „verabschieden" sich die Pirole im Familienverband.

M ü n c h (1983) vermutet, daß der Pirol ähnlich wie der Mauersegler (*Apus apus*) im gesamten Verbreitungsgebiet einheitlich zugauslösend auf eine artspezifische Photoperiode reagiert. Das hätte, gleiche Zuggeschwindigkeiten vorausgesetzt, einen nach geografischen Breiten gestaffelten Durchzug zur Folge, wobei jeweils die letzten Gäste aus den nördlichsten Breiten stammen dürften (in Mitteleuropa A 9).

Der Abzug beginnt im Norden der DDR frühestens Ende Juli (Beobachtungen an der Ostseeküste, G r o t h m a n n briefl. 1982). Er erreicht seinen Höhepunkt in der ersten Hälfte des Monats August und klingt bis Mitte September (15. 9.) aus. Der Herbstzug findet somit in einer Zeit statt, in der die Tageslichtdauer annähernd der um den 10. Mai (Ankunft) entspricht!

Ähnlich verhält es sich wohl auch im übrigen Areal:

J o h a n s e n (1899)	bis 11. 9.	Tomsk (jetzt UdSSR)
B r a u n (1903),	E 8/E 9	Bosporus
S t e i n f a t t (1932)		
M e i n e r t z h a g e n (1923)	M 8 (selten nach 1. 9.)	Polen und Pripjet, Orenburg (UdSSR)
	E 7 – M 9 (Masse E 8)	Balkan, Griechenland
	A 8 – A 9	Mesopotamien (Irak)
	bis 10	Zypern
	20. 8. – A 10	Palästina (Küste), N-Sinai
	1. 9.–11. 10. (Masse M 9)	Ägypten
	2. 10.–21. 10.	Arabien
B r e t s c h e r (1931)	E 7 – M 10	Schweiz
M a k a t s c h (1950)	A 8 – M 9	Griechenland
B a n n e r m a n n (1953)	A 9/M 9	Mittelmeer
	A 7 – M 9	S-Spanien
	20. 8. – A 10	Syrien, Sinai
	5.–29. 9.	Ägypten
D e m e n t ' j e v u. G l a d k o v (1954)	8 – A 9	UdSSR
K u m e r l o e v e (1970)	9. 9.–16. 9.	Montenegro (Jugoslawien)

S t r e s e m a n n (1948) vermerkte Zugstau im Mittelmeergebiet zu Zeiten der Feigenreife bzw. lange Rastzeiten überhaupt. W a l t e r (1968) maß die Durchzugintensität des Pirols auf der Mittelmeerinsel Paximada anhand von Rupfungsfunden (11. 8.–8. 10. Hauptzug 10. 9.–23. 9.).

Verspätungen einzelner Exemplare werden fast überall verzeichnet. Ursache dafür können Spätbruten in nördlichen Teilen des Areals sein:

K j ä r b o l l i n g (1851)	12 (1 Ex.)	Island (Nordküste)
C o l l e t (1890)	26. 10. 1889 (1 ♀ juv.)	Norwegen, Sandefjord
P r a z a k (1894)	3. 10. 1892 (1 ♂)	NW-Böhmen
E d e r (1899)	2. 10. 1897 („in großer Zahl")	Böhmen
B a n n e r m a n n (1953)	11 (1 Ex.)	Irland
	1 (!, 2 Ex.)	Großbritannien, Sussex
	12 (1 Ex.)	Großbritannien, Hants
D e m e n t ' j e v u. G l a d k o v (1954)	6. 10. 1887	UdSSR, Krasnojarsk
M ü n c h (1983)	2. 11. 1952, 3. 11. 1965 (♀-farbene Vögel)	DDR, Thüringer Wald

Der Herbstzug der indischen Rasse beginnt im Nordareal ebenfalls im August und klingt im September aus (M e i n e r t z h a g e n 1923). *O. oriolus kundoo* ist um den 1. 9. in Sindh und Punjab besonders häufig anzutreffen.

(In den Auflistungen der Zugdaten bedeuten A – Anfang, M – Mitte und E – Ende des betreffenden Monats, jeweils etwa einer Dekade entsprechend).

9.3. Z u g v e r h a l t e n

Der Zug der Pirole aller Altersstufen vollzieht sich hauptsächlich in der Nacht. Es gibt aber auch Exemplare, die die Dämmerungs- oder sogar die Mittagsstunden für ihre Wanderungen nutzen (D o r k a 1966, 1967).

Tagziehende Pirole werden meist im Frühjahr entdeckt, wenn die Vögel es besonders eilig haben, ins Brutgebiet zurückzukehren (B a n n e r m a n n 1953, eigene Beob.). K a i s e r (1892) bemerkte solche auf der Halbinsel Sinai, jedoch im Herbst. Bei G a v r i l o v et al. (1976) findet man zum Tagzug von *O. oriolus* aufschlußreiche Zahlenangaben, wobei zu berücksichtigen ist, daß nur von 6.00 bis 21.00 h beobachtet wurde:

h	6–7	7–8	8–9	9–10	10–11	11–12	12–13	13–14
Frühjahr	11	18	8	–	1	9	–	9
Herbst	1	11	20	6	11	14	–	–

	14–15	15–16	16–17	17–18	18–19	19–20	20–21
Frühjahr	–	–	–	6	2	4	–
Herbst	1	4	–	1	–	–	–

(beobachtete ziehende Pirole aus den Gebieten Westtienschan, Uralniederung und Kysylkum).

Die Flughöhe variiert auf dem Zug zwischen 5 und 100 m, meist aber um 10 m über dem Boden (siehe auch B u r g 1904). G a v r i l o v et al. (1979) notierten so

17 Ex. zwischen 0 und 10 m
12 Ex. zwischen 11 und 50 m
und 2 Ex. zwischen 51 und 100 m.

Der mittlere tägliche Zugfortschritt läßt sich relativ gut aus den Erstbeobachtungsdaten ableiten und erreicht im Frühjahr in Rumänien etwa 40–60 km (nach M u n t e a n u u. M a t i e s 1978) bzw. in Mitteleuropa etwa 50–60 km (nach B r u n s u. N o c k e 1960).

Im August beginnen die bei uns heimischen Pirole ihre Wanderung zunächst im Familienverband, wobei sich die ad. ♂ recht bald von den ♀ und den Jungvögeln trennen. Über die Dauer des Zusammenhalts ziehender Familienverbände fehlen genaue Daten. Die nahezu gleichzeitige Erbeutung zweier beringter Nestgeschwister in Treviso (Italien) zeigt jedoch, daß sich der Zusammenhalt hin und wieder bis ins Winterquartier ausdehnen kann.

Ein großer Teil der Pirole zieht allein. Oft sind aber zwei, drei oder vier Vögel in einem Flug vereinigt. Spitzenwerte nennen

R e t t i n (1908)	– 9 bzw. 12–14 Ex. (Dobrudscha)
F i s c h e r (1903)	– 12 ♀-farbige Ex.
W e i g o l d (1912)	– 12 ♀♀ einfallend (NW-Mesopotamien, Irak)
R a d d e (1854)	– 10–20 Ex. (Südrußland)
K i t t e n b e r g e r (1907)	– 15–20 Ex.
T a l a m o n (1903/04)	– 15–20 Ex. (z. T. nur Jungvögel)
W i n g e (1890)	– 20–30 Ex. (Dänemark 1886)
K o v š a r et al. (1974)	– 20–30 Ex. (Kasachstan)
H u b e r t (briefl. 1983)	– 26 Ex. (20 ♂, 6 ♀) im lockeren Verband (DDR, Neubrandenburg)
G n i e l k a (1979)	– 32 Ex. in lockerer Kette (8 ♂, 8 ♀, 16 juv, DDR, Bez. Halle).

C r e u t z (1983) weist darauf hin, daß durch Nahrungsangebot konzentrierte Pirolansammlungen leicht rastende Trupps vortäuschen können. R e i n b o t h (1939) sieht in Pirolgruppen zur Zugzeit keine eigentlichen Vergesellschaftungen, sondern lediglich Nahrungsgemeinschaften ohne inneren Zusammenhalt. Eine wohl witterungsbedingte Ansammlung von 150–200 Ex. in den Alpen kann ebenfalls zufällig sein.

Im Frühjahr kehren die Männchen vor den Weibchen ins Brutgebiet zurück. Die durchschnittliche Differenz schwankt dabei zwischen zwei und zehn Tagen (M ü l l e r 1871, M a c k w o r t h - P r a e d u. G r a n t 1952, B a n n e r m a n n 1953, A v e r i n u. G a n j a 1970, R e i n s c h u. W a r n c k e 1971, u. a.). Nach kühlen Witterungsperioden können durch den nachfolgenden Massenzug ♂ und ♀ gelegentlich auch am selben Tag bei uns eintreffen.

Pirole rasten bevorzugt in Lebensräumen, die ihnen tagsüber ein ausreichendes Nahrungsangebot sichern (Obstanlagen, Olivenhaine, Weinberge). Zwischenaufenthalt wird jedoch auch in recht atypischen Habitaten gemacht (Großstädte, auf Dächern lt. J. H u b e r t, briefl. 1983, baumlose Nordsee- und Mittelmeerinseln lt. W e i g o l d 1912 b, W a l t e r 1968). In der Sahara trifft man sie an Wasserstellen, aber auch in pflanzenlosen Zonen (G e y r 1917). B e c k e r (1974) sah in SW-Afrika's Wüstenzone ein Pirol-♀ im Schilf einfallen und dort rasten.

Gebirge bis 3500 m Höhe werden vielfach nahezu problemlos überquert, gelegentlich umflogen (K u m e r l ö w e 1932, D e m e n t ' j e v u. G l a d k o v 1954, D o r k a 1967, I v a n o v 1969, M u n t e a n u u. M a t i e s 1978, u.a., siehe auch Abschnitt 4.2.).

Im offenen Gelände fühlen sich die Pirole insgesamt recht unwohl, was sich im vorsichtigen, stets auf Deckung bedachten Verhalten oder in kurzer Rastdauer äußert.

9.4. Ü b e r w i n t e r u n g

Die Winterquartiere von *O. o. oriolus* befinden sich in Afrika, die von *O. oriolus kundoo* auf dem indischen Subkontinent (Abb. 2b und 92).

Pirole der Unterart *kundoo* verteilen sich nach der Brutzeit über ganz Indien und

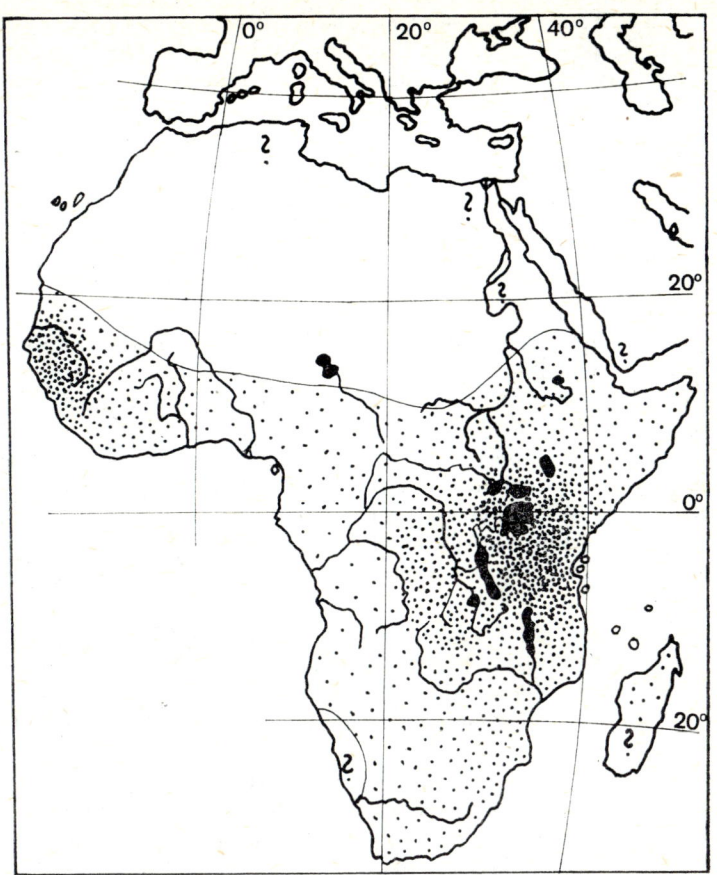

Abb. 92. Überwinterungsgebiete des Pirols in Afrika

erreichen so auch die von der Art nicht besiedelten Südteile des Landes (B a n n e r - m a n n 1953). Die Aufenthaltsdichte der Pirole in Sri Lanka ist noch weitgehend unbekannt, obwohl man die Art hier zwischen Dezember und Februar/März regel- mäßig antrifft (H e n r y 1955, A l i u. R i p l e y 1972).

Ausnahmsweise verirrt sich auch einmal ein Pirol der Nominatform ins *kundoo*- Überwinterungsgebiet (10. 11. 42, Sri Lanka, W h i s t l e r lt. H e n r y 1955 bzw. S t r e s e m a n n 1948).

Die Masse der Vögel der Subspecies *oriolus* überwintert in den Hochländern Ost- afrikas zwischen Uganda, Kenia und dem nördlichen Moçambique (M e i n e r t z - h a g e n 1923, H e i n r o t h 1925, L y n e s 1933, u. a.). Weit weniger häufig sind Pirole zwischen September und April im sonstigen Afrika südlich des Äquators bis hin zur Südafrikanischen Kap-Province anzutreffen (V a u g h a n 1930, H o e s c h

u. N i e t h a m m e r 1940, S m i t h e r s 1964, B r o c k h u y s e n 1967/68, B e c k e r 1974, L i p p e n s u. W i l l e 1976, C l a n c e y 1980). Gelegentlich sind einzelne Vögel bereits Ende August im Winterungsgebiet zu beobachten.

S t r e s e m a n n (1948) schließt Madagaskar energisch aus dem Aufenthaltsgebiet während des Sommers auf der Südhalbkugel der Erde aus. Auch M o r e a u (1972) folgt dieser Auffassung. Andererseits ist wohl auch das gelegentliche Verirren auf die Insel im Indischen Ozean zu bedenken. B a n n e r m a n n (1953), D e m e n t ' j e v u. Gl a d k o v (1954), u. a. geben den Pirol folglich für Madagaskar als raren Wintergast an.

Nördlich des Äquators sind Pirolüberwinterungen westlich 20° ö. L. die Ausnahme. G e y r (1917) wies aber darauf hin, daß das auch mit dem geschlossenerem Charakter der Westwälder und der damit verbundenen geringeren Erbeutung durch Jäger zusammenhängen kann.

Wie erwähnt (Abschn. 9.1.), zieht die Pirolpupolation der Pyrenäenhalbinsel über Marokko in die Winterquartiere. Diese und die marokkanischen Vögel verbleiben mit großer Wahrscheinlichkeit in einem zwischen Gambia und Guinea gelegenen und wohl noch in Entwicklung befindlichen Überwinterungsgebiet (B a n - n e r m a n n 1953, M o r e a u 1952, 1961, 1972). Besonders M o r e a u begründete diese Auffassung in Auseinandersetzung mit S t r e s e m a n n 's (1948) These des Diagonalzugs durch die Sahara. Er nahm an, daß in Westeuropa brütende Vögel einen neuen Zugweg „gefunden" haben.

Nimmt man diese Fakten nun alle zusammen, so zeigt sich ein Winterareal der Art (Abb. 92), das in Afrika nahezu mit dem Verbreitungsgebiet des sehr ähnlichen *Oriolus auratus* übereinstimmt!

Hinweise auf Überwinterungen in Tunis und auf Zypern geben L u c a n u s (1919) und C h r i s t e n s e n (1967).

Der Pirol ist nach A. E. B r e h m (1853) in Afrika so scheu wie in Europa. Er hält sich oft in den höheren Baumkronen der Gebirgswaldränder auf und wurde in Uganda beim Fangen von schwärmenden Termiten beobachtet (S t o n e h a m 1928, V o o u s 1962, M o r e a u 1966).

H e n r y (1955) registrierte für die in Sri Lanka auftauchenden *kundoo* eine hohe Aktivität und das fast spielerische Verjagen andersartiger Vögel, wie zur Brutzeit.

9.5. M a u s e r

Pirole mausern ihr Kleingefieder das erste Mal kurz nach Verlassen des Nestes. Diese Teilmauser beginnt manchmal schon in den letzten Tagen der Nestlingszeit (S t e c h o w 1921, N a t o r p 1938) und erstreckt sich über einen Zeitraum von 6–8 Wochen (H e i n r o t h 1926).

Der Wechsel des Kleingefieders erfaßt zunächst Kinn, Kehle und Kopf, und weitet sich dann auf Bauch und Rücken aus (D e m e n t ' j e v u. G l a d k o v 1954). Nach T o b i a s (1851) beginnt die 1. Jugendmauser in der Rückenmitte, was meinen Erfahrungen jedoch widerspricht. Die neuen Federn wachsen z. T. zwischen den Federn des 1. Jugendkleides hervor (H e i n r o t h 1926).

Umstritten ist der Verlauf der 2. Jugendmauser. Aufgrund von Beobachtungen an

Balgmaterial oder aufgezogenen und gehaltenen Vögeln nehmen T o b i a s (1851), H e i n r o t h (1926), N a t o r p (1938), S t r e s e m a n n (1948), u. a. im ersten Winter eine Vollmauser ohne wesentliche Farbänderung vom 2. zum 3. Jugendkleid an. Demnach wird das erste Erwachsenenkleid im zweiten Winter angelegt.

Andere Autoren kamen nach der Durchsicht des ihnen zugänglichen Materials zum Schluß, daß die juv. Pirole den ersten Winter im 1. kombinierten Jahreskleid ohne weitere Mauser verbringen (W i t h e r b y 1915, S t e c h o w 1921). B e r n d t u. M e i s e (1959/66) tragen dem Rechnung und geben für die 2. Jugendmauser: Voll- oder Teilmauser an. Armschwingen-Kontrollen veranlaßten auch K a s p a r e k (1981), die Entscheidung zum fraglichen Sachverhalt zu vertagen.

Warum soll es aber ausgeschlossen sein, daß die Pirole nach dem ersten Herbstzug hinsichtlich des Mauserablaufs in Abhängigkeit von ihrer „inneren Konstitution" unterschiedlich reagieren? Indizien dafür bestehen z. B. in den unterschiedlichen Ausprägungen der Schwanzfärbung junger ♂ im Frühjahr des 2. Lebensjahres.

Ab dem zweiten Lebensjahr durchlaufen die Pirole im Sommer eine Teilmauser, bei der nach K a s p a r e k (1981) gelegentlich schon einige Armschwingen (meist innere, $\bar{x} = 2,3$; für Iberische Halbinsel) gewechselt werden. Brütende ♀ beginnen diese ab Ende Juni und mausern in dieser Phase gelegentlich die zentralen Steuerfedern gleich mit (D e m e n t ' j e v u. G l a d k o v 1954, Z i p p e l i u s 1972). Die Vollmauser wird im Winterquartier (November bis Februar [März]) abgeschlossen. Ein durch U h l e n h a u t (briefl. 1983) untersuchtes ad. ♀ mit Brutfleck (Magdeburg) besaß allerdings noch am 25. 5. die alten Armschwingen A4, A5, A6 und ein Mal A8! ad. ♂ beginnen die Jahresmauser erst am Überwinterungsort.

Gefangenschaftsbeobachtungen ergaben einen langsamen Mauserverlauf besonders des Großgefieders (70 Tage, Z i p p e l i u s 1972). Z i n g g (1933) schätzte eine Dauer von über 40 Tagen, F a h n e r t (briefl. 1983) kam auf etwa 60 Tage.

Zu Beginn der Vollmauser hungerten die von Z i p p e l i u s (1972) und F a h n e r t (briefl. 1983) gehaltenen Pirol-♂ regelmäßig etwa eine Woche und verloren dabei bedeutend an Gewicht (siehe Abb. 10).

Z i p p e l i u s (1972) verfolgte den Mauserverlauf ihres Pirols über drei Jahre und stellte fest:

Schwanz (S)

Kleingefiedermauser am Bauch, Rücken, Oberschenkel gleichzeitig mit Wechsel der zentralen Steuerfeder (S1).

In den folgenden 20 Tagen Ausfall von S 2 – S 5 (dann S 1 etwa zur Hälfte ausgewachsen, etwa 2–3 mm Zuwachs je Tag).

Nach weiteren 14 Tagen Verlust von S 6, dann S 2 bis S 5 etwa halb, S 1 ganz ausgewachsen.

Linke Federn werden 1–2 Tage später als die der rechten Körperhälfte abgeworfen.

Handschwingen (H)

Mauser beginnt noch ehe die Schwanzmauser beendet ist.

Handschwingen alle 6–7 Tage (min. 4 Tage) von H 1 nach H 10 (von innen nach außen) ausfallend.

H 7 fällt etwa, wenn H 1 wieder ausgewachsen ist.

Handdecken werden gleichzeitig mit den Handschwingen getauscht.

Linke Federn werden 6–7 Tage später als die der rechten Körperhälfte abgeworfen.

Armschwingen (A)

Mauser beginnt noch ehe die Handschwingenmauser beendet ist.

Mauser von Startpunkten A1 und A7 beginnend und sich dann nach innen (ascendent) fortsetzend,

Mauserreihenfolge insgesamt aber nicht so regelmäßig wie am Handflügel verlaufend.

Der jährliche Mauserverlauf kann sich unter Gefangenschaftsbedingungen noch weiter in die Länge ziehen (B r a u n 1906). Nach K a y s e r (1900) mausern schlecht gehaltene Pirole wieder in Jugendkleidfarben zurück. Oft verzögert sich unter diesen Bedingungen das Anlegen des prächtigen Kleides der ad. ♂ um Jahre oder bleibt ganz aus (B l a s i u s 1905, u. a.).

Nach D e m e n t ' j e v u. G l a d k o v (1954) verläuft die Mauser vom *O. oriolus kundoo* wie bei der Nominatform.

L a n z (1965) beschrieb einen Fall des Schwanzfedernverlustes (Schreckmauser) auf dem Frühjahrszug. Im Mai maßen die 9 nachwachsenden Federn 25–34 mm, wobei die äußeren nachgewachsenen kürzer waren als die inneren. Der Autor ging bei der Ursachendiskussion von einem täglichen Längenzuwachs von 3–4 mm aus.

10. Fang und Beringung

Es bedarf schon einiger Erfahrungen beim Vogelfang, um einen adulten Pirol unversehrt in die Hände zu bekommen. Früher machte man es sich da einfacher und verwendete hauptsächlich tötliche Fangmethoden. Marcus Valerius M a r t i a l i s griff bereits um etwa 70–80 u. Z. auf Leimruten zurück (P i e t s c h 1885). Diese zählten, neben den gefährlichen und heute geächteten Sprenkeln und Dohnen, noch bis fast zur Mitte des 20. Jh. zu den am häufigsten benutzten Fallen (S i e m s s e n 1794, N a u m a n n 1905, u. a.). T o b i a s (1851) fing Pirole mit Hilfe von den Dohnenschlingen vorgelegten Kirschen.

Die Gier der Art auf Kirschen nutzen auch die Schützen unter den Piroljägern zur Steigerung ihrer „Erfolgsrate" (u. a. B o r k h a u s e n et al. 1800, B r e h m 1861). In diesem Sinn wurden und werden einzelnen Vögeln die heftigen Reaktionen auf Rufimitationen zum Verhängnis.

Inzwischen ist in vielen Ländern die Bedeutung der Singvögel in der Natur erkannt, und sie werden folglich geschützt. Eines der ersten Vogelschutzgesetze, das auch den Pirol, sein Nest und Gelege betraf, war das vom 30. 5. 1908 für Mecklenburg-Schwerin (L ü b c k e 1914).

Das Interesse am Lebendfang der Vögel stieg unter den Ornithologen mit dem Siegeszug der wissenschaftlichen Vogelberingung gewaltig an. Für die selektive „Vogelstellerei" kristallisierten sich für einzelne Arten oder Gattungen spezifische Methoden heraus. S u n k e l (1956) und B u b (1971) berichteten vom Fang mit

Tabelle 24. Ausgewählte Beringungs- und Wiederfundzahlen einzelner Länder (oder Vogelwarten)

Quelle	Gebiet	Zeitraum	1	2	3	4	5
Erik (1961)	UdSSR (Kurskaja Kossa)	1956–59	1	79413	79413	0	0
Kumari u. Jogi (1974)	UdSSR (Estland)	1956–67	5	103031	20606	0	0
Busse u. Kania (1973)	Ostseeländer (Aktion „Baltic")	1960–72	34	417863	12290	–	–
Belopolski (1961)	UdSSR (Rybatschi)	1957–60	5	129385	25877	–	–
Kadlec (1947/48, 1951)	ČSSR	1941–42	94	48623	517	–	–
Stromar (1972/74)	Jugoslawien	1910–72	481	281314	585	5	1,04
Schenk (1925/26)	Ungarn	1908–25	168	41188	245	2	1,19
Fog (1966)	Dänemark	1956–65	0	80448	–	0	0
Zink (1969, 1974)	BRD (Radolfzell)	1947–71	1231	–	–	11	0,89
Rogall et al. (1977)	BRD (Helgoland)	1909–74	1474	5521715	3746	15	1,02
Pörner (1983)	DDR (Hiddensee)	1964–80	1041	1716312	1649	–	–
Schifferli (1967, 1969, 1972)	Schweiz (Sempach)	1911–70	127	1263140	9946	6	4,72
Edelstam (1963)	Italien (Capri)	1956–61	467	24597	53	8	1,71

1 beringte Pirole, 2 insgesamt beringte Vögel, 3 Anzahl der Vögel, auf die eine Pirolberingung entfällt, 4 Wiederfunde, 5 Wiederfundrate in %, – nicht bekannt

Stellnetzen und einem Steinkauz-Wichtel, B u b (1971, 1972, 1974) erwähnte Lock-pfeifen, Lockvögel und Kirschköder.

Die, mit geringstem Aufwand, besten Resultate erzielt man beim Pirol aber wohl mit Stimmattrappen (Tonbandgerät) und Japannetzen, jedoch selbst die raffiniertesten technischen Mittel müssen scheitern, wenn man nicht sehr viel Geduld und Artkenntnis zum Pirolfang mitbringt.

Auch die Beringung von Nestlingen ist nicht problemlos. Vielfach sind die das Nest haltenden Zweige nur sehr dünn und tragen den Beringer nicht. Ist das Nest schließlich doch erreicht, können die älteren Nestlinge dieses, obwohl noch nicht flügge, fluchtartig verlassen.

Das günstigste Beringungsalter liegt sicher um den 7. bis 9. Lebenstag, also etwa zu dem Zeitpunkt, an dem die Kiele der Federn platzen.

Neben fangtechnischen Schwierigkeiten verhindern auch die in Mittel- und West-europa nirgends mehr großen Siedlungsdichten der Art bedeutende Beringungs-zahlen. Der Anteil der Pirole an den beringten Vögeln einzelner Gebiete schwankt zwischen 0 % und 1,9 %, d. h. etwa jeder 2 500. beringte Vogel ist ein Pirol. Auf 89 beringte Pirole entfällt dann schließlich im Mittel eine Rückmeldung (≙ 1,12 %, Tab. 24). Die meisten Wiederfunde werden in der Zeit zwischen Juli und September des Beringungsjahres gemacht.

Für die Intensivierung der Pirolzugforschung durch wissenschaftliche Vogelbe-ringung empfiehlt sich die Spezialisierung einzelner Beringer auf diese Art.

11. Danksagung

Bei der Datenerfassung, Literaturdurchsicht und Fertigstellung des Manuskripts er-hielt ich erfreulicherweise von verschiedenen Seiten völlig uneigennützige Unterstüt-zung.

S. E c k (Dresden) führte mich in die Meßmethodik am Vogelbalg und in das Pirolmaterial der Dresdener Sammlung des Tierkundemuseums selbst ein. Ihm verdanke ich etliche Maße von in Leningrad vorliegenden Pirolen und viele Hinweise auf interessante Veröffentlichungen.

Dr. G. M a u e r s b e r g e r (Berlin) ermöglichte mir die Begutachtung von Vögeln des Naturkundemuseums Berlin.

Dr. B. R i e d e l (Seebach) übernahm freundlicherweise die Durchsicht einer Reihe mir nur schwer zugänglicher Zeitschriften-Jahrgänge.

Dr. D. W a l l s c h l ä g e r (Berlin) besorgte dankenswerterweise die Ausführung der Sonagramme.

Dr. F. E h r i g (Aschersleben) übernahm die raster-elektronenmikroskopischen Un-tersuchungen der Eischale des Pirols.

Die reichhaltige Ausstattung der vorliegenden Arbeit mit vielfach brillianten Fotos zum Brutgeschehen und Habitaten der Art war ohne das Mitwirken so bewährter und pirolerfahrener Ornithologen wie K. U h l e n h a u t (Magdeburg), M. M e l d e (Biehla) und J. W u l f (Klinken) nicht denkbar. Wie viele andere Vogelfreunde übermittelten sie mir zudem ihre Beobachtungsergebnisse und Daten.

Es ist unmöglich, an dieser Stelle alle Helfer zu benennen, die mir ihre Aufzeichnungen zusandten. Stellvertretend für die vielen Freunde und Kollegen möchte ich daher P. H u m m i t z s c h (Dresden) R. F a h n e r t (Mühlhausen), F. S c h r a m m (Cölpin), W. W e s t e r m a n n (Cumlosen) und M. G r o t h m a n n (Warnemünde) hervorheben.

Für die Durchsicht des Manuskriptes danke ich Dr. B. S t e p h a n (Berlin).

Die druckreife Ausführung eines Teils der Zeichnungen übernahmen erfreulicherweise I. K a u s c h (Parchim) und E. W u l f (Laage).

12. Literatur

Zur Verringerung des Druckumfanges wurden im Literaturverzeichnis bei einigen Quellenangaben die Titel der Arbeiten weggelassen. Das betrifft insbesondere Zeitschriftenbeiträge aus denen lediglich Einzeldaten entnommen wurden und/oder die nicht in Beziehung zur Art stehen.

A g a r d i , E. (1939/42): Die Vogelwelt des östlichen Mecsek-Gebirges - Aquila 46–49: 285 bis 299; A l i , S., u. S. D. R i p l e y (1972): Handbook of the Birds of India and Pakistan. Bd. 5, Bombay, London; A l t u m , B. (1869): Der Vogel und sein Leben. Münster; dgl. (1898): Zur Verbreitung der Pflanzen durch Vögel. - Orn. Mschr. 23: 13–17; A m a n n , G. (1976): Vögel des Waldes. Melsungen; Anonym (1883): VI. Jahresbericht (1881) des Ausschusses für Beobachtungsstationen der Vögel Deutschlands. - J. Orn. 31: 13–76; Anonym (1936/37): Pirol im Hochgebirge aufgefunden. - Orn. Beob. Bern 34: 166; Anonym (1966): Svodka dannych po vstrescham pomeschennych vorob'inych ptic – Passeriformes, s 1940 po 1962 g. In: Autorenkollektiv: Migracii ptic latvijskoj SSR. Riga: 99—114 (russ.); A n z i n g e r , F. (1911): Zur Kenntnis deutschtiroler Vogelnamen. - Gef. Welt 40: 51–53; A r r i g o n i d e g l i O d d i , E. (1929): Oornitologia Italiana. Milano; A u s o b s k y , A., u. K. M a z z u c c o (1964): Die Brutvögel des Landes Salzburg und ihre Vertikalverbreitung. - Egretta 7: 1–49; A v e r i n , J. V. u. I. M. G a n j a (1970): Pticy Moldavii. Bd. 1. Kischinev (russ.)

B a c c e t t i , N., S. F r u g i s , E. M o u g i n i u. F. S p i n a (1981): Rassegna aggiornata' sull' avifauna' dell'isola di Montecristo. - Riv. ital. Orn. 51: 191–240; B ä h r m a n n , U. (1961/64): Die Vögel des Schradens und seiner Umgebung. - Zool. Abh. Ber. Mus. Tierk. Dresden 26: 21 bis 61; dgl. (1976): Die relative Sexualdifferenz in der Ordnung der Passeriformes. - ebd. 34: 1–37; B a m b e r g , O. (1906/07): Über einige bemerkenswerte oologische Funde aus der Umgebung Weimars, 1906. - Z. Oolog. Berlin 16: 104; B a n k (1898): Gesang des Pirols. - Orn. Mschr. 23: 265–266; B a n n e r m a n n , D. A. (1953): The Birds of the British Isles. Bd. 1. London; dgl. (1963): Birds of the Atlantic Islands. Bd. 1. Edinburgh; dgl., u. W. M. B a n n e r m a n n (1965): Birds of the Atlantic Islands. Bd. 2. ebd.; B a n n i c k e , W. (1908): Pirol – kleine Mitteilung. - Gef. Welt 37: 159; B a r s o n y , G. (1952/55): Beginning of Bird's Song at Dawn. - Aquila 59/62: 456–457; B a r t h o s , G. (1956/57): Bird – victims of a hail. - ebd. 63/64: 369; B a r t k o w i a k , S. (1965) - Acta Orn. 9: 121–185; B a t e s , G. L. (1936): Birds of Jidda and Central Arabia collected in 1934 and early in 1935, chiefly by Mr. P h i l b y. - Ibis 13. Ser. (6): 531–542; B a t e s , R. S. P., u. E. H. N. L o w t h e r (1952): Breeding Birds of Kashmir. Oxford; B a u , A. (1907/08): Goldammer brütet dreimal auf derselben Stelle. - Z. Oolog. Berlin 17: 24–26; B a u e r , W., O. v. H e l v e r s e n , M. H o d g e u. J. M a r t e n s (1969): Bemerkenswerte Brutnachweise in Griechenland. - J. Orn. 110: 79–89; B e c k e r , P. (1974): Beobachtungen an paläarktischen Zugvögeln in ihrem Winterquartier Südwestafrika. - Wiss.

Forsch. SWAfrika 12; B e e r , W.-D. (1961/64): Die Vogelwelt des Braunkohlenbergbaugeländes im Süden von Leipzig. - Zool. Abh. Ber. Mus. Tierk. Dresden 26: 305–317; B e i t z , W. (1972): Die Siedlungsdichte der Vögel in einem Seengebiet. - Orn. Rundbr. Meckl. (NF) 13: 30–37; dgl. (1972): Siedlungsdichteaufnahmen in einem Ufergehölz. - ebd. 13: 38–41; B e l o p o l s k i , L. O. (1961): Aus der Arbeit der Biologischen Station in Rybatschij. - Falke 8: 372 bis 376; B e r e t z k , P. (1944/47): The Avifauna of the Feherto near the town Szeged. - Aquila 51–54: 51–78; B e r g e , L. (1907): Höhengrenzen der Vögel im Erzgebirge. - Wiss. Beil. Leipziger Zeitung 44: 189–191; B e r l i o z , J., u. J. B o u c h o u d (1958): Les Oiseaux. In: Vallois-Arambourg-Schreuder: La Grotte de Foutechevade. Paris: 250–259 (Refer. Beitr. Vogelk. 16); B e r n d t , R., u. W. M e i s e (1959/66): Naturgeschichte der Vögel. Bd. 1–3. Stuttgart; B e z z e l , E. (1951/57): Beiträge zur Kenntnis der Vogelwelt Sardiniens. - Anz. Orn. Ges. Bayern 4: 589–707; dgl., J. K o l l e r , u. K. B u c h e r (1964/66): Kurze quantitative Beiträge zur Avifauna der Stadt München. - ebd. 7: 605–609; dgl. (1980): Vogelarten der Roten Liste – ein kritischer Situationsbericht. - Schr. R. Natursch. Landsch.pfl.: 187–196; B i a n c h i , V. (1888): Biologische Notizen über die im Sommer 1884 bei Uschaki (Gouvernement Nowgorod) beobachteten Vögel. - Beitr. Kenntn. Russ. Reiches 3: 243–245; B i r d , C. G. (1935): A Visit to the Cyclades. - Ibis 13, Ser. (5): 336–355; B i r k , J. (1912): Nachtausflug des Vereins für Vogelkunde, -schutz und -liebhaberei zu Leipzig. - Gef. Welt 41: 243–244; dgl. (1916): In freien Stunden. - ebd. 45: 44–45; B l a s i u s , R. (1862): Beobachtungen über die Brut- und Zugverhältnisse der Vögel bei Braunschweig. - J. Orn. 10, X. Beilage; dgl. (1896): Die Vögel im Herzogthum Braunschweig und der angrenzenden Gebiete. - Ornis 8: 621–688; dgl. (1905): Die Pyrenäen und ihre Vogelwelt. - Proc. IV. Int. Orn. Congr. London: 554–579; B o d n a r , B. (1927/28): Wann schlafen unsere Vögel ein und wann wachen sie auf? - Aquila 34/35: 448–449; B ö k e r , H. (1917): Ornithologische Beobachtungen in Frankreich und Belgien 1914–1916. - Orn. Mschr. 42: 211–229; dgl. (1923): Der Gesang der Vögel und der periodische Ablauf der Spermiogenese. - J. Orn. 71: 169–196; B o e r k e l , H. (1925): Bemerkungen und Ergänzungen zu: ‚R. S c h l e g e l , Die im Stadtgebiet Leipzigs brütenden Vögel'. - Mitt. Vogelwelt 24: 36; B o e t t i c h e r , H. (1951/57): Zur Familiensystematik der Singvögel (Oscines), 2. Teil: Ursprung der Singvögel (Oscines). - Anz. Orn. Ges. Bayern 4: 138–143; B o k a i , B. (1952/55): Irregularities of Wild Birds' Development. - Aquila 59–62: 458; B o r c h e r t , W. (1927): Die Vogelwelt des Harzes, seines nordöstlichen Vorlandes und der Altmark. Diss. Berlin; B o r k h a u s e n , L i c h t h a m m e r , u. B e k k e r (Hrsg., 1800): Teutsche Ornithologie oder Naturgeschichte aller Vögel Teutschlands in naturgetreuen Abbildungen und Beschreibungen. 1. Heft, Darmstadt; B o s e m , K. (1943): Pirolnest in Augenhöhe. - Ber. Ver. Schles. Orn. 28: 53 bis 54; B r a u n , F. (1903): Über Eingewöhnung und Haltung des Pirols. - Gef. Welt 32: 67–68; dgl. (1906): Bemerkungen zum Vogelzuge. - Orn. Mschr. 31: 214–224; dgl. (1908): Über den extranuptialen Gesang und das Phänomen des Spottens. - J. Orn. 56: 146–153; dgl. (1908): Bemerkungen über den Gesang der Vögel. – Gef. Welt 37: 30–31; B r e h m , A. E. (1853): Etwas über den Zug der Vögel in Nord-Ost-Afrika. - J. Orn. 1: 74–78; dgl. (1861): Das Leben der Vögel. Glogau; B r e h m , C. L. (1831): Handbuch der Naturgeschichte aller Vögel Deutschlands. Ilmenau; B r e n n e c k e , R. (1972): Vogelbestand eines höhlenreichen Buchen-Altholzes in Randlage im Revier Behnsdorf (Krs. Haldensleben) 1971. - Mitt. Avifauna DDR 5: 41–45; dgl. (1972): Der Brutvogelbestand eines Eichenforstes (Altholz) im Kerngebiet des eigentlichen Flechtlinger Höhenzuges (Revier Behnsdorf, Krs. Haldensleben) 1971. - ebd. 5: 51–54; B r e t s c h e r , K. (1931): Der Vogelzug in der Schweiz. - Denkschr. Schweizer Naturforsch. Ges. 66: 81–113; B r i n k m a n n , M. (1933): Die Vogelwelt Nordwestdeutschlands. Hildesheim; dgl. (1942): Standorttreue des Pirols. - Beitr. Fortpfl. Vögel 18: 30; dgl. (1966): Die Brutvogelarten Oberschlesiens. - Beuthener Abh. oberschles. Heimatforsch., Dortmund 13; B r o d k o r b , P. (1978): Catalogue of Fossil Birds – Part 5 (Passeriformes). - Bull. Florida State Mus. Biol. Sci. 23: 139–228; B r o e k h u y s e n , G. (1967/68): Bird Migration in the most Southern Part of the African Continent. - Vogelwarte 24: 6–16; B r u n s , H., u. H. N o c k e (1960): Die Erstankunft des Pirols (*Oriolus oriolus*) in Deutschland 1948–1957. - Orn. Mitt. 12: 61–73; dgl. (1961): Erstankunft und Sangesbeginn der Vögel in Hamburg 1948–1957. - ebd. 13: 61–76; B u b , H. (1956): Sommer-Beobachtungen in der nordöstlichen Ukraine. - Vogelwelt 77: 37–43; dgl. (1971): Vogelfang und Beringung. Teil 1. - N.-Brehm-Büch. 359; dgl. (1972): Vogelfang und Beringung. Teil 2. ebd. 377; dgl. (1974): Vogelfang und Beringung. Teil 3, ebd. 389; B u c h n e r , O. (1922): Die Vögel Europas. Stuttgart; B ü n g e r , H. (1888): Zur Ornis des Berliner Thiergartens. - Orn. Mschr. 13: 315–319; B u k e n , H. (1982): Untersuchungen zur Schalenmorphologie von Hühnereiern nach Infektion und Belastungsinfektion mit dem Virus des Egg-Drop-Syndrom 76. Diss. Hannover; B u r g , G. v. (1904): Über Zug der Vögel durch die Schweiz. - Orn. Beob. Bern 3: 33–35; B u s s e , P., u. W. K a n i a (1973): Akcja Baltycka 1972. - Notatki orn. 14: 79–86; B u x b a u m , L. (1890): Einige Vertilger der großen Kiefernraupe. - Orn. Mschr. 15: 474–475; dgl. (1903): Anpassung und Gewöhnung einiger Vogelarten an außergewöhnliche Nahrung. - ebd. 28: 373–376

C a m e r o n , R.A.D., u. L. C o r n w a l l i s (1966): Autumn Notes from Azraq, Jordan. - Ibis 108: 284–287; C a m p b e l l , B. (1974): The Dictionary of Birds in colour. London; C e r v a , F. (1911): Vom selbstgebauten Horste des Rotfußfalken. - Aquila 18: 305–306; C h e s s e x , C. (1942): Passage du Loriot dans les Alpes. - Nos Oiseaux 160: 136; C h r i s t e n s e n , S. (1967): Observationer af fugle og noter om fugletræk på Cypern 1964–1965. - Dansk Orn. Foren. Tidsskr. 61: 40–55; C h r i s t o l e i t , E. (1899): Der Gesang des Pirols. - Orn. Mschr. 24: 114–116, 246–247; C l a n c e y , P. A. (1980): S. A. O. S. Checklist of Southern African Birds. Pretoria; C l e v e n , B., u. W. T ö p f e r (1966): Die Brutdichte im Peißnitz-Auwald (Halle). - Apus 1: 48–52; C o l l e t , R. (1890): Drei für die Ornis Norwegens neue Vögel. - Orn. Jb. 1: 37–38; C o n g r e v e , W. M. (1918): Ornithological and Oological Notes from the River Somme valley at its Mouth and near Peronne. - Ibis 10. Ser. (6): 348–362; dgl. (1934): The Clutch of the Golden Oriole. - Brit. Birds 28: 78; dgl. (1935): Further Notes from South-Western Transylvania. - Ibis 13. Ser. (5): 564–577; C o r t i , U. A. (1959): Die Brutvögel der deutschen und österreichischen Alpenzone. Chur; C r e u t z , G. (1952/54): Beeren und Früchte als Vogelnahrung. - Beitr. Vogelk. 3: 91–103; dgl. (1952/54): Zum Nestbau des Pirols, *Oriolus oriolus* (L.). - ebd. 3: 301; dgl. (1963): Die Vogelberingung in der Lausitz 1950–1960. - Abh. Ber. Naturk. Mus. Görlitz 38: 1–77; dgl. (1980): Singvögel. 17. Aufl. Leipzig; dgl. (1983): Der Pirol in der Oberlausitz. - Abh. Ber. Naturk. Mus. Görlitz 56: 1–12; C s a b a , J. (1958): Adalekok a fak es cserje'k termeset fogyaszto madarak taplalkozasahoz. - Aquila 65: 85–87; C s i k i , E. (1904): Positive Daten über die Nahrung unserer Vögel. - ebd. 11: 270–317; C s ö r g e y , T. (1911): Netz zum Gewöllesammeln. - ebd. 18: 190–193; dgl. (1925/26): Eigentümliches Duschbad des Pirols. - ebd. 32–33: 297; C u r r y - L i n d a h l , K. (1954): Några fågeliakttagelser på Öland 1953. - Fågelvärld 13: 115–117; C v i t a n i c , A. (1967/68): Duzina crijeva u odnosu na duzinu tijela te ishranu nekim pticiju vrsta. - Larus 21–22: 181–190; C z a r n e c k i , Z. (1956): Ecological observations of birds in the Golecin wood near Poznan in 1952. - Acta Orn. 5: 113–158

D a l l a - T o r r e , K. v., u. V. v. T s c h u s i (1888): - Ornis 4: 1–146; D a n n h a u e r , K. (1963): Die Vogelwelt des Vogtlandes. - Museumsreihe Plauen 26; D a t h e , H. (1930/32): Der Pirol, *Oriolus o. oriolus* (L.), Brutvogel im Vogtlande. - Mitt. Ver. sächs. Orn. 3: 221–222; D e i c h l e r , C., u. O. K l e i n s c h m i d t (1896): Beiträge zur Ornis des Großherzogtum Hessens. - J. Orn. 44: 416–486; D e m e n t ' j e v , G. P., u. N. A. G l a d k o v (1954): Pticy Sovetskogo Sojusa. Bd. 5. Moskau (russ.); D e s f a y e s , M., u. J. C. P r a z (1978): Notes on Habitat and Distribution of Montane Birds in Southern Iran. - Bonn. zool. Beitr. 29: 18–37; D e s p o t t , G. (1917): Notes on the Ornithology of Malta. - Ibis 10. Ser. (5): 281–349; D i e n , J., K. H a a r m a n n , u. U. P. S t r e e s e (1969): Ornithologischer Jahresbericht 1968 für das Hamburger Gebiet. - Hamb. avifaun. Beitr. 7: 128–180; D i e r s c h k e , F. (1948/51): Die Vogelbestände einiger Erlenbruchwälder Ostpreußens und Niedersachsens. - Orn. Abh. 1: 3–32; dgl. (1973): Die Sommervogelbestände nordwestdeutscher Kiefernforsten. - Vogelwelt 94: 201–225; D i e s -

s e l h o r s t , G. (1956): - Vogelwelt 77: 33–37; D i e t r i c h , F. (1924): - Orn. Mschr. 49: 1–3; dgl. (1927): - ebd. 52: 107–112; dgl. (1928): Hamburgs Vogelwelt. Hamburg; D i r n a i c h n e r (1918): Seltsame Nester. - Gef. Welt 47: 103; D o b a y , L. (1931): - Kocsag 4 (2): 57–59; D o b b e r k a u , T., G. J a n d e r , u. W. O t t o (1979): Untersuchungen zur Siedlungsdichte der Brutvögel Berliner Friedhöfe 1972. - Beitr. Vogelk. 25: 129–166; D o m b r o w s k i , R. v. (1912): Ornis Romaniae. Bukarest; D o r k a , V. (1966): Das jahreszeitliche Zugmuster von Kurz- und Langstreckenziehern nach Beobachtungen auf den Alpenpässen Cou/Bretolet (Wallis). - Orn. Beob. Bern 63: 165–223; D o r n b u s c h , W. (1971): Zur Brutvogel-Siedlungsdichte in Kiefernforsten. - Mitt. Avifauna DDR 4: 3–11; D o r n i n g , H. (1921): - Aquila 28: 200; dgl. (1929/30): - ebd. 36–37; **355–356**; dgl. (1954): Eine wenig bekannte Badeweise des Pirols. - Orn. Beob. Bern 51: 228–229; dgl. (1956/57): Bathing of a Golden Oriole on a top of a nut-tree. - Aquila 63–64: 348; D o r s c h , H., u. I. D o r s c h (1968): Avifaunistische Untersuchungen im Braunkohletagebau Kulkwitz. - Mitt. Avifauna DDR 1: 51–79; dgl., D. F ö r s t e r u. J. G e r s t e n b e r g e r (1975): Ornithologische Beobachtungen in Mittelasien. - Beitr. Vogelk. 21: 416–438; D y b b r o , T. (1976): De danske ynglefugles udbredelse. Kobenhavn; D y c k , J. (1966): Determination of plumage, colours, feather pigments and -structures by means of reflection spectrophotometry. - Dansk Orn. Foren. Tidsskr. 60: 49–76; D y r c z , A. (1973): - Ochrona Przyrody 38: 213–284

E d e l s t a m , C. (1963): Den svenska fågelstationen på Capri och dess Verksamhet 1956–61. - Fågelvärld 22: 225–270; E d e r , R. (1899) - Orn. Jb. 10: 161–175; E i c h l e r , W. (1936): Die Biologie der Federlinge. - J. Orn. 84: 471–505; E l z e n , R. van den, u. H. E. W o l t e r s (1978): - Bonn. zool. Beitr. 29: 323–359; E m m e r a m , P. (1912): - Gef. Welt 41: 39; E n d e r l e i n , G. (1971): Die Anwendung der Vorhersagebestimmtheit zum Aufbau und Reduktion des Modellansatzes in der Regressionsanalyse. - Biometr. Z. 13: 130–150; E r i k , V. V. (1961): Resul'taty kolcevanija ptic na Kirschskoj kose sa 1956–1959 gg. II: Ekologija i migracii ptic pribaltiki. Riga: 247–254 (russ.); E r l a n g e r , C. v. (1899): Beiträge zur Avifauna Tunesiens. - J. Orn. 47: 449–532; dgl. (**1900**): Beiträge zur Avifauna Tunesiens. - ebd. 48: 1–98

F e d j u š i n , A. V., u. M. S. D o l b i k (1967): Pticy Belorussii. Minsk (russ.); F e h r i n g e r , O. (1922): Die Vogelwelt Macedoniens. - J. Orn. 70: 89–107, 286–324; F e i g e , K.-D. (1977): Pirol. In: G. K l a f s , u. J. S t ü b s , Jena; dgl. (1983): Gewichtete Flächenmittel – eine Methode zur numerischen Differentiation von Populationsstrukturen. - Zool. Abh. Ber. Mus. Tierk. Dresden 39: 107–114; dgl. (1984): Die Revierbesetzungsquote, ein Maß für die Beständigkeit der Revierstruktur einer Population. - Ber. Vogelw. Hiddensee, im Druck; F e l i x , J. (1977): Vögel im Wald und Gebirge. Prag; F e s t e t i c s , A. (1952/55): - Aquila 59–62: 461; dgl. (1959): Ökologische Untersuchungen an den Brutvögeln der Saser. - Vogelwelt 80: 1–21; dgl. (1974): - Orn. Mitt. 26: **21–22**; F i s c h e r , H. (1903): - Orn. Beob. Bern 2: 115–116; F i s c h e r , K. (1963): - Orn. Mitt. 15: 75–78; F i s h e r , J. (1959): Geschichte der Vögel. Jena; F l i n t , P. R., u. P. F. S t e w a r t (**1983**): The Birds of Cyprus. B. O. V. Check-List 6: 119; F l o e r i c k e , C. (1891): Beiträge zur Ornis von Preußisch-Schlesien. - J. Orn. 39: 165–199; dgl. (1896): Ornithologische Berichte aus der Kurischen Nehrung II u. III. - ebd. 44: 67–81, 399–415; dgl. (1920): Des Pirols Nest. - Kosmos 17: 315–316; F l ö ß n e r , D. (1982): Pirol – Oriolus oriolus (L.). - Ber. Avifauna Gera: 22–24; F o g , J. (1966): Bird-markings by the Game Biology Station 1950–1965. - Dansk Orn. Foren. Tidsskr. 60: 84–86; F r i e d e l , E. (1872): Verhalten des Pirols. - Zool. Garten 13: 93–94; F r i t z e n , H. (1917) - Gef. Welt 46: 93–95

G a l l e , K. (1908): Vogelleben und Vogelliebhaberei in der Großstadt. - Gef. Welt 37: 107 bis 109; G a r l i n g , M. (1919): - ebd. 48: 5–7; G a t t e r , W. (1976): Feldkennzeichen ziehender Passeres. - Vogelwelt 97: 201–217; G a v r i l o v , E. I., A. P. G i s z o v , B. M. G u b i n et al. (1976): Migracii ptic v Asii. Alma-Ata (russ.); dgl. (1979): Sezonnyje migracii ptic na territorii kasachstana. ebd. (russ.); G e n g l e r , J., u. E. K a w e l i n (1909): Die Vögel von Koselsk und Umgebung. - Orn. Jb. Hallein 20: 165–161; dgl. (1924): Beiträge zur Avifauna Nordostfrankreichs. - Mitt. Vogelwelt 23: 63–68; dgl. (1927): Die Vogelwelt des Steigerwaldes. - Verh. orn. Ges. Bayern 17: 128–171; G e o r l e t t e (1939): Une observation interessante concernant le Loriot jaune. - Gerfaut 29: 108 (Refr. in Beitr. Fortpfl. Vögel 16); G e r l a c h , R. (1920): - Orn. Mschr. 45: 213–221; G e y r v. Schweppenburg, H. (1917): Vogelzug in der westlichen Sahara. - J. Orn. 65: 43–65; dgl. (1918): Ins Land der Tuareg. - ebd. 66: 121–176; dgl. (1938): Pirol frißt Eibenbeeren. - Orn. Mber. 46: 89; G i g l i o l i , E. H. (1886): Avifauna Italica. Firenze; G l u t z von Blotzheim, U. N. (1962): Die Brutvögel der Schweiz. Aarau; dgl. (1962): - Orn. Beob. Bern. 59: 182–198; dgl. (1963): - ebd. 60: 132–137; dgl. (1969): Höchstalter schweizerischer Ringvögel, 3. Nachtrag. - ebd. 66: 223–227; G n i e l k a , R. (1974): Die Vögel des Kreises Eisleben. - Apus 3: 239; dgl. (1979): - ebd. 4: 97–119; dgl. (1981): Die Vögel des Südfriedhofes in Halle. - Hercynia 18: 134–184; G o d e l m a n n , E. (1908/09): Oologische Bestimmungstabelle europäischer Vogeleier. - Z. Oolog. Berlin 18: 30–34; G ö r n e r , M., u. P. K n e i s (1981): Zur Wirtsvogelproblematik des Kuckucks (Cuculus canorus) und Gesichtspunkte des Artenschutzes. - Arch. Natursch. Landschaftsforsch. 21: 131–147; G r a s s m a n n , W. (1918): Zwei Jahre Feldornithologie in den Rokitnosümpfen. - J. Orn. 66: 285–316; G r e m p e , G. (1966): Die Vogelwelt des Alten Friedhofes in Rostock. - Arch. Freunde Naturg. Mecklenb. 12: 127–145; dgl. (1973): Brutvogelbestandsaufnahmen auf dem Alten Friedhof in Rostock (1962–1972). - Orn. Rundbr. Meckl. (NF) 14: 37–41; dgl. (1982): Die Entwicklung des Brutvogelbestandes auf dem Alten Friedhof (Lindenpark) in Rostock in den Jahren 1962 bis 1982. - Natur Umwelt Rostock 4: 22–27; G r o e b b e l s , F. (1932): Der Vogel – Atmungswelt und Nahrungswelt. Berlin; dgl., H. K i r c h n e r , u. F. M o e b e r t (1936): Ornithologische Hilfstabellen. - Orn. Mschr. 61: 38–53; dgl. (1937): Der Vogel – Geschlecht und Fortpflanzung. Berlin; G r ö n d a l , B. (1886): Verzeichnis der bisher le Island beobachteten Vögel (1886). - Ornis 2: 355–374; G r o s c h u p p , R. (1888): - Orn. Mschr. 13: 115–116; G r o ß , W. (1899): - ebd. 24: 297–298; G r o t e , H. (1921): Über eine Vogelsammlung aus West-Usambara. - J. Orn. 69: 121–138; G u b l e r , W. (1969/70): Kreuz und quer durch den Coto Donana. - Vögel Heimat 40: 6–12; G ü l l a n d , H., H. u. K. H i r s c h f e l d (1971): - Beitr. Vogelk. 17: 174 bis 206; G ü n t h e r , A. (1912): - Gef. Welt 41 : 47

H a a s , W., u. P. B e c k (1979): Zum Frühjahrszug paläarktischer Vögel über die westliche Sahara. - J. Orn. 120: 237–246; H a e f n e r , R. (1912): - Mitt. Vogelwelt 12: 268; H a e n s e l , J. (1967): Zur Jagdweise des Pirols, Oriolus oriolus. - Beitr. Vogelk. 12: 289; H a f t o r n , S. (1971): Norges Fugler. Oslo; H a l l , B. P., u. R. E. M o r e a u (1970): An atlas of speciations in African passerine birds. London; H a m m l i n g , J., u. K. S c h u l z (1911): Beobachtungen aus der Umgebung von Posen. - J. Orn. 59: 529–591; H a n s e n , I. (1979): - Orn. Rundbr. Meckl. (NF) 20: 45–48; H a n t z s c h , B. (1905): Beitrag zur Kenntnis der Vogelwelt Islands. Berlin; H a r r i s o n , C. J. O. (1978): Bird Families of the World. Oxford; H a r t e r t , E. (1910): Die Vögel der paläarktischen Fauna. Bd. I. Berlin; dgl., u. F. S t e i n b a c h e r (1933): Die Vögel der paläarktischen Fauna – Ergänzungsband. Berlin; H a r t w i g , W. (1886): Die Vögel Madeiras. - J. Orn. 34: 452–486; H a u n , M. (1905/06): Oologisches aus Posen. - Z. Oolog. Berlin 15: 155–158; dgl. (1907/08): Nachrichten aus Posen – Schluß. - ebd. 17: 135 bis 138; H a u r i , R. (1968): - Orn. Beob. Bern 65: 133–186; H a v i l a n d , M. D. (1918): Notes on some Birds of the Bessarabien Steppe. - Ibis 10. Ser. (6): 288–291; H e g y f o k y , J. (1913): Der Frühlingszug und das Wetter. - Aquila 20: 158–178; H e g y m e g h y , D. (1944/47): Waretime Nests. - ebd. 51–54: 197; H e i d e c k e , D. (1972): Die Siedlungsdichte der Brutvögel einer Pappelpflanzung im Gerlebogker Teichgebiet. - Mitt. Avifauna DDR 5: 25–40; H e i n r o t h , O. (1924): Lautäußerungen der Vögel. - J. Orn. 72: 223–244; dgl. (1926): Die Vögel Mitteleuropas. Bd. 1. Leipzig; H e l l m a y r , C. E. (1899): Beiträge zur Ornithologie Nieder-Österreichs. - Orn. Jb. 10: 81–113; H e n n i c k e , C. R. (1894): - ebd. 5: 121–132; H e n r y , G. M. (1955): A Guide to the Birds of Ceylon. London; H e r d a m , H. (1967): Siedlungsdichte der Vögel auf Kontrollflächen am Westrand der Magdeburger Börde. - Naturk. Jber. Mus. Heineanum 2: 49–66; H e r m a n n , R. (1916): - Gef. Welt 45: 90–91; dgl. (1931): Verwendung auffälliger Baustoffe von Vögeln beim Nestbau. - ebd. 60: 493–494; H e s s e , E. (1909): Beobachtungen und Aufzeichnungen in der Umgegend von Leipzig während des Jahres 1908 - J. Orn. 57: 322–365; H e u g l i n , Th. v. (1865): Notizen über den Vogelzug im Herbst 1864. - ebd. 13: 42–45; dgl. (1868): Synopsis der Vögel Nord-Ost-Afrikas, des Nilquellengebietes und der Küstenländer des Rothen Meeres. - ebd. 16: 217–235, 305–328; H e y d e r , R. (1916): Ornis Saxonica – Ein Beitrag zur Kenntnis der Vogelwelt des Königreichs Sachsen. - ebd. 64: 429–488; dgl. (1952): Die Vögel des Landes Sachsen. Leipzig; H i n t z , W. (1861): - J. Orn. 9: 440–472; dgl. (1866): - ebd. 14: 91–104; H o c k e , H. (1905/06): Oologisches und Ornithologisches aus der Mark. 1905. - Z. Oolog. Berlin 15: 39–43, 88–89, 116–119; H o e h e r , S. (1972): Gelege der Vögel Mitteleuropas. Radebeul; H ö p p n e r , G. (1954/56): Paarungsspiel beim Pirol, Oriolus oriolus. - Beitr. Vogelk. 4: 255; dgl. (1964): Der Einfluß des Nachwinters 1953 auf einen Brutbestand des Pirols (Oriolus oriolus). - Orn. Mitt. 16: 207–208; H ö p s t e i n , G. (1981): Der Brutvogelbestand im Rotbuchenaltholz und an den Waldrändern des Naturschutzgebietes ,Greifenstein' bei Bad Blankenburg. - Thür. Orn. Mitt. 27: 9–25; H o e s c h , W., u. G. N i e t h a m m e r (1940): Die Vögel Deutsch-Südwestafrikas namentlich des Damara- und Namalandes. - J. Orn. 88: Sonderheft; dgl. (1957): Über die Auswirkungen der Besiedlung auf den Vogelbestand in Südwest-Afrika. - ebd. 98: 279–281; H o f f m a n n , A. (1975): Glossar der heute gültigen chinesischen Vogelnamen. Wiesbaden; H o f f m a n n , B. (1937): Vom Ursprung und Sinn deutscher Vogelnamen. Bernburg; H o f f m a n n , K. O. (1910): Die in der Pfalz brütenden Singvögel. - Mitt. Vogelwelt 10: 155–157; H o h l t , H. (1953): Austausch von Begrüßungen zwischen Pirol und Wacholderdrosseln. - J. Orn. 94: 348; dgl. (1957): - ebd. 98: 71–118; dgl., M. L o h m a n n , u. A. S u c h a n t k e (1958/60): Die Vögel des Schutzgebietes Achenmündung und des Chiemsees. - Anz. Orn. Ges. Bayern 5: 452–505; H o m e y e r , A. v. (1865): An der Prosna. - J. Orn. 13: 248–255; dgl. (1866): - ebd. 14: 32–36; H o m e y e r , E. F. v. (1837): Systematische Übersicht der Vögel Pommerns. Anclam; H o o g s t r a a l , H., u. M. N. K a i s e r (1961): Ticks from European – Asiatic Birds Migrating through Egypt into Africa. - Science 133: 277–278; dgl. (1963): Ticks (Ixodidae) on Birds Migration from Europe and Asia to Africa – 1959–61. - Bull. W o r l d Health Org. 28: 235–262; H o r v a t h , L. (1974): Evolutional Significance of the Aberrations in the Plumage of the Golden Oriole (O. oriolus L.). - Ann. hist.-nat. Mus. Hungar., 66: 399–401; H o y e r , E. (1983): Zur Entwicklung der Brutvogelfauna des Naturschutzgebietes Galenbecker See – Fortsetzung. - Falke 30: 54–57; H u - d e c , K. (1976): Der Vogelbestand in der Städtischen Umwelt von Brno (ČSSR) und seine Veränderung. Brno

I l l y e s , T. (1927/28): Ansiedlung des Pirols und der Turteltaube. - Aquila 34–35: 421; I v a n o v , A. I. (1940): Die Vögel Tadshikistans. Moskau (russ.); dgl. (1969): Pticy Pamiro-Alaja. Leningrad (russ.); dgl. (1976): Katalog ptic SSSR. ebd. (russ.)

J e s p e r s e n , P. (1941): Pirolen, Oriolus oriolus (L.) i Danmark. - Dansk Orn. Foren. Tidsskr. 35: 28–47; J o e n s e n , A. H. (1965): En undersogelse af fuglebestanden i fire lovskovsomrader på Als i 1962 og 1963. - ebd. 59: 115–186; J o h a n s e n , H. (1896): Ornithologische Beobachtungen in Tomsk. - Orn. Jb. Hallein 7: 125–146; dgl. (1899): Ornithologische Beobachtungen im Gouvernement Tomsk während des Jahres 1898. - ebd. 10: 121–136; dgl. (1904): Vorläufiger Bericht über eine im Sommer 1902 in die Kulundische Steppe und die angrenzenden Teile des Ssemipalatinsker Gebietes unternommene Reise. - ebd. 15: 161–205; dgl. (1944): Die Vogelfauna Westsibiriens, Teil II. - J. Orn. 92: 1–105; J o r d a n s , A. v. (1924): Die Ergebnisse meiner zweiten Reise nach Mallorca, II. Teil. - ebd. 72: 381–410; dgl. (1940): Ein Beitrag zur Kenntnis der Vogelwelt Bulgariens. - Mitt. Kgl. naturw. Inst. Sofia 13: 49–152; J o r g e n s e n , H. I., u. C. I. B l a c k b u r n e (1941): Glossarium Europae Avium. Kopenhagen; J o u r d a i n ,

F. C. R. (1906/09): The Egg of the European Birds. T. 1–4. London; dgl. (1936): The Birds of Southern Spain. T. I, Passeres. - Ibis 13. Ser. (6): 725–763

K a d l e c , O. (1947/48): VII. Compte rendu du baguage de la Societe Tschecoslovaque Ornithologique pendant l'annee 1941. - Sylvia 9–10: 1–32; dgl. (1951): VIII. Compte rendu du baguage de la Societe Tchecoslovaque Ornithologique pendant l'annee 1942. - ebd. 13: 33–70; K a i s e r , A. (1892): Zur Ornis der Sinaihalbinsel. - Orn. Jb. Hallein 3: 207–248; K a i s e r , W. (1957): - Orn. Rundbr. Mecklenb. AF (Manuskr.) 24: 25; dgl. (1967): Freibruten des Haussperlings. - Orn. Rundbr. Mecklenb. (NF) 6: 33–35; dgl., S. K o b u s , J. W u l f u. H. Z i m m e r m a n n (1971): Beiträge zur Kenntnis der Vogelwelt der Lewitz. – Naturschutzarb. Mecklenb. 14: 37–45; K a l b e , L. (1965): - Abh. Ber. Mus. Mauritanium 4: 267–372; K a n i a , W. (1968): Birds of the South-eastern Part of the Niepolomice Forest. - Acta Orn. 11: 61–86; K a n t h a c k , G. G. (1955): Meine Pirole. - Gef. Welt 79: 85–88; K a s p a r e k , M. (1981): Die Mauser der Singvögel Europas – ein Feldführer. Lengede; K a y g o r o d o f f , D. v. (1907): - Aquila 14: 171–174; K a y s e r , C. (1898): - Orn. Mschr. 23: 124–131; dgl. (1898): Der Pirol oder die Goldamsel (Oriolus galbula L.) im Freileben und in der Gefangenschaft. - ebd. 23: 299 bis 304; dgl. (1900): Beiträge zur Kenntnis von der Verfärbung der Vögel, insbesondere unter dem Einfluß der Gefangenschaft. - Gef. Welt 29: 129–130; dgl. (1900): - ebd. 29: 144; dgl. (1900): Die Reihenfolge der deutschen Singvögel nach ihrem Gesange. - ebd. 29: 340–342; dgl. (1900): - Orn. Mschr. 25: 188–195; dgl. (1914): - J. Orn. 62: 530–556; dgl. (1921): Die Vögel der Umgebung von Lissa i./P. - ebd. 69: 218–239; dgl. (1930): Der Pirol oder die Goldamsel (Oriolus galbula L.), mit besonderer Berücksichtigung seines Gefangenlebens. - Gef. Welt 59: 505–508; K e v e , A. (1952/55): - Aquila 59–62: 69—81; dgl., u. G. R e i c h a r d t (1960): Die Rolle der Vögel bei der Abwehr des amerikanischen Bärenspinners. - Falke 7: 20–26; K i e p e n h e u e r , J., u. K. E. L i n s e n m a i r (1965/66): Vogelzug an der nordafrikanischen Küste von Tunesien bis Rotes Meer nach Tag- und Nachtbeobachtungen 1963 und 1964. - Vogelwarte 23: 80–94; K i n t z e l , W. (1973): Flugbadender Pirol. - Falke 20: 31; dgl. u. W. M e w e s (1976): Die Vogelwelt des Kreises Lübz. Greifswald, Waren; dgl. (1979): - Orn. Rundbr. Mecklenb. (NF) 20: 36–39; K i n z e l b a c h , R., u. J. M a r t e n s (1965): Zur Kenntnis der Vögel von Karpathos. - Bonn. Zool. Beitr. 16: 50–91; K i t t e n b e r g e r , K. (1907): Vogelzug im Danakil-Land. - Aquila 14: 175–178; dgl. (1959): My Ornithological Collecting Expeditions in East-Africa. II. - ebd. 66: 53–87; K i w i t z (1934): Das Vogelleben der Industriestadt. - Gef. Welt 63: 97–98; K j ä r b ö l l i n g , N. (1851): Verzeichnis der in Dänemark vorkommenden, weniger gewöhnlichen und seltenen Vögel. - Naumannia 1: 38–56; K l a a s , C. (1959): Vom Pirol. - Natur Volk 89: 196–201; K l a f s , G., u. J. S t ü b s (Hrsg., 1977): Die Vogelwelt Mecklenburgs. Jena; K l e i n e r , A. (1929/30): Die Conchylien-Aufnahme der Vögel. – Aquila 36–37: 116–120; K l e n g e l , A. (1917): Vom Pirol. - Orn. Mschr. 42: 231–232; K l o c k e n h o f f , H., u. F. K r a p p (1977): Brut- und Zugvögel auf Ostkreta im Frühjahr 1976. - Bonn. Zool. Beitr. 28: 331–368; K l o s o w s k i , T., P. K o z n i e w s k i , M. L u n i a k u. M. S z o k a l s k i (1978). - Notatki Orn. 19: 39–46; K n a u t h e , K. (1893): - Orn. Mschr. 18: 228; K n e c h t , S., u. F. R o s t (1959): Vogelkundliche Beobachtungen auf Korsika. - Orn. Mitt. 11: 61–69; K n e i s , P., u. M. G ö r n e r (1983): Zur Funktion des Imitationsgesanges bei den mitteleuropäischen Sperlingsvögeln. - Falke 30: 278–283; K o e n i g , A. (1886): Die Vogelwelt auf der Insel Capri. - J. Orn. 34: 487–524; dgl. (1920): Die Sitzfüssler (Insessores), die Klettervögel (Scansores) und die Rabenartigen Vögel (Coraces) Aeguptens. - ebd. 68: Sonderheft; K ö n i g , H. (1968): Die Vogelbestände einiger Bestandstypen des Kiefernforstes und der Calluna- und Grasheide in den Thekenbergen (Krs. Halberstadt) in den Jahren 1961–1963. - Naturk. Jber. Mus. Heineanum 3: 67–98; K o e p e r t (1903): Orn. Mschr. 28: 322–329; K o l l i b a y , P. R. (1891): Schlesische Trivialnamen. - Orn. Jb. 2: 198–201; dgl. (1895): - J. Orn. 43: 15–29; dgl. (1898): - ebd. 46: 24–56; dgl. (1898): – Orn. Mschr. 23: 263–264; dgl. (1903): Beiträge zur Kenntnis der Vogelwelt Dalmatiens. - Orn. Jb. Hallein 14: 22–45; dgl. (1915): Einige Bemerkungen über Oriolus oriolus kundoo Sykes. - ebd. 26: 1–52; dgl. (1916): Bemerkungen über

einige turkestanische Vögel. - J. Orn. 64: 582–604; K o l l m a n n s p e r g e r , F. (1959): Zur
Liste der von mir im Ennedi angetroffenen europäischen Durchzügler. - Bonn. zool. Beitr. 10:
28–35; K o o p , D. (1968): Die Siedlungsdichte der Vögel einer Kontrollfläche im Auwald der
unteren Saale. - Mitt. Avifauna DDR 1: 23–27; K o v a c e v i c , J., u. M. D a n o n (1950/51):
Zelucani sadrzaji ptica. - Larus 4–5: 185–217; K o v š a r , A. F., M. N. K o r e l o v , M. A.
K u s m i n a , E. I. G a v r i l o v , V. F. G a v r i n u. I. F. B o r o d i c h i n (1974): Pticy Ka-
sachstana. Bd. 5. Alma-Ata (russ.); K r ä g e n o w , P. (1968): Der Vogelbestand eines ungleich-
förmigen Feldgehölzes. - Orn. Rundbr. Mecklenb. (NF) 7: 9–14; dgl., u. R. S c h w a r z (1970):
Die Vogelwelt des Kreises Röbel. Stralsund, Greifswald; dgl. (1972): Die Vögel des Friedhofs
Waren. - Mitt. Avifauna DDR 5: 61–64; dgl. (1973): Die Siedlungsdichte der Vögel in einem
Waldgebiet bei Klink (Krs. Waren). - ebd. 6: 37–40; dgl., u. K. K r e m p (1976): Die Vögel des
Kreises Waren. - Veröff. Müritz-Mus. Waren 14; K r a m p i t z , H. E. (1958): Weiteres über
die Brutvögel Siziliens. - J. Orn. 99: 39–58; K r a p i v n y i , A. P., u. A. S. N a d t o c i j (1981):
K izuceniju sutocnoj aktivnosti penija ivolgi v zavisimosti ot stadij reproduktivnogo cikla i me-
teouslovij, In: Ekologija i ochrana ptic. Kishinjow (russ.); K r e y e , H. (1893): Die Vögel Han-
novers und seiner Umgebung. - Orn. Jb. Hallein 4: 61–73; K r o n e i s l , R. (1949): Prilog poznavanju ornitofaune gorja Savsko-dravskog medurijecja u Hrvatskoj. - Larus 3: 305–352; K u l l -
m a n n , K. (1900) - Gef. Welt 29: 168; K u m a r i , A., u. A. J o g i (1974): Die Vogelberingung in der Estnischen SSR in den Jahren 1956–1967. - Abiks loodusevaatlejak nr. 67, Tartu;
K u m e r l o e v e , H. (1951/57): Brutvogelbeobachtungen bei Savasteppe und Bergama (NW-
Anatolien). - Anz. Orn. Ges. Bayern 4: 712–720; dgl. (1964): Eine bemerkenswerte Anordnung
gegen den willkürlichen Abschuß von Pirolen (18. Jahrhundert). - Orn. Mitt. 16: 239; dgl. (1970):
Zur Struktur und Richtung des Herbstzuges 1969 im montenegrinischen Küstengebiet. - Larus 24:
129–133; K u m m e r l ö w e , H. (1932): Beiträge zur Kenntnis der Avifauna des österreichischen und italienischen Alpengebietes. - Mitt. Vogelwelt 31: 48–53; dgl., u. G. N i e t h a m m e r
(1934): Beiträge zur Kenntnis der Avifauna Kleinasiens (Paphlagonien – Galatien). - J. Orn. 82:
505–552

L a b i t t e , A. (1951): Notes sur la biologie de reproduction d'*Oriolus oriolus* en Pays Dronois.
- Alauda 19: 40–48; L a c k o w i t z , W. (1890): Unsere Vögel. Berlin; L a m b r e c h t , K.
(1914): Morphologie des Mittelhandknochens – Os metacarpi – der Vögel. - Aquila 21: 53–84;
dgl. (1914): Pleistocaene Vogelfauna der Felsnische Remetehegy. - ebd. 21: 89–98; L a n z , H.
(1965): Ziehender Pirol in der Schwanzmauser. - Orn. Beob. Bern 62: 203–204; L a u e r , H.
(1914): - Gef. Welt 43: 110–111, 117–118; L a u z i l , K. (1902) - ebd. 31: 157–158; L e -
g a n y , A. (1969/70): Ornithological problems of poplar – plantations. - Aquila 76–77: 65–72;
L e m k e , W. (1979): - Hamburg. Avifaun. Beitr. 16: 119–130; L e v a n d e r , K. M. (1909):
Tierphänologische Beobachtungen in Finnland – Jahrgang 1907. - Natur och Folk 67; L e v e r -
k ü h n , P. (1886): Die Tragödien der Nester. - Orn. Mschr. 11: 187–202; L i e b e , K. T.
(1879): - ebd. 4: 106–119; L i n n h o f f , J., u. H. G e r n s (1969): Die Vogelfauna einer
Felslandschaft. - Orn. Mitt. 21: 167–168; L i p p p e n s , L., u. H. W i l l e (1976): Les Oise-
aux du Zaire. Launoo Tielt; L ö h r l , H. (1965): Die Vogelwelt der griechischen Insel Lesbos
(Mytilene). - Vogelwelt 86: 105–112; L u c a n u s , F. v. (1919): Zug und Wanderung der
Vögel Europas nach den Ergebnissen des Ringversuchs. - J. Orn. 67: 1–73; L u d l o w , F., u.
B. K i n n e a r (1933): A Contribution to the Ornithology of Chinese Turkestan, T. III. - Ibis 13.
Scr. (3): 658–694; L ü b c k e (1914): Beiträge zum Vogelschutz in Mecklenburg-Schwerin. -
Arch. Ver. Naturg. Mecklenb. 68: 75–104; L ü t k e n , C. F. (1885): - Ornis 1: 82–147; L ü t t -
g e n s , H. (1952): Aus meinem südfranzösischen Tagebuch. - Vogelwelt 73: 166–168; L u t z ,
K. G., u. F. W i n k (1907): Die Vögel Mitteleuropas. Stuttgart; L y n e s (1934): Birds of the
Ubena - Uhehe highlands and Iringa uplands. - J. Orn. 82: Sonderheft, 1–147

M a c k w o r t h - P r a e d , C. W., u. C. H. B. G r a n t (1952): African Handbook of Birds –
Ser. 1 Birds of Eastern and North Eastern Africa. Bd. 2. London; M a k a t s c h , W. (1943):

206

Einige neue Brutvögel Macedoniens. - Orn. Mschr. 51: 21–31; dgl. (1950): Die Vogelwelt Macedoniens. Leipzig; dgl. (1955): Der Brutparasitismus in der Vogelwelt. Radebeul; dgl. (1956): Die Vögel in Haus, Hof und Garten. Radebeul; dgl. (1959): Der Vogel und sein Ei. 4. Aufl. - N. Brehm-Büch. 3; dgl. (1961/64): Ornithologische Beobachtungen in Griechenland. - Zool. Abh. Mus. Tierk. Dresden 26: 135–186; dgl. (1964/65): Ornithologische Beobachtungen in Ungarn. - ebd. 27; dgl. (1966): Wir bestimmen die Vögel Europas. Radebeul; dgl. (1976): Die Eier der Vögel Europas. Leipzig; M a l ' č e v s k i j. A. S. u. J. u. B. P u k i n s k i j (1983): Pticy leningradskoi oblasti i sopredel'nych territorii. Bd. 2. Leningrad (russ.); M a n s f e l d, K. (1954): Ist die Vertilgung des Kartoffelkäfers durch Vögel bedeutungslos? - Orn. Mitt. 6: 134–137; M a r o w - s k i, H. (1892): Das Brutgeschäft des Pirols. - Z. Oologie Berlin 2: 17–19; M a u e r s b e r g e r, G. (1969): URANIA Tierreich: Vögel. Leipzig; M a y e r, G. (1964): Verbreitung von Vögeln in Oberösterreich. - Naturk. Jb. Linz: 305–336; dgl. (1980): Areale einiger charakteristischer Vogelarten des Alpenvorlandes in Oberösterreich. - Jb. Oberöster. Mus. Ver. Linz 125: 227–308; M e b s, T. (1957): Ornithologische Beobachtungen in Sizilien. - Vogelwelt 78: 169–176; dgl. (1959): Beiträge zur Biologie des Feldeggsfalken (*Falco biarmicus feldeggi*). - ebd. 80: 142–148; M e d r e c z k y, S. v. (1907): - Aquila 14: 321; M e i n e r t z h a g e n, R. (1923): A Review of the Genus *Oriolus*. - Ibis 11. Ser. (5): 52–96; dgl. (1937): Some Notes on the Birds of Kenya Colony with especial reference to the Mount Kenya. - ebd. 14. Ser. (1): 731–760; M e i s s n e r, S. (1981): Avifauna des Kreises Merseburg. - Beitr. Mus. Merseburg, Sonderheft: 74–75; M e - j e r, A. (1883): - J. Orn. 31: 368–399; M e l d e, M. (1981): - Actitis 19: 52–55; M e l d e, I., u. M. M e l d e (1977): Zur Biologie des Pirols. - Falke 24: 258–263; M e n z e l, H. (1976): Der Hausrotschwanz. - N. Brehm-Büch. 475; M e r i k a l l i o, E. (1958): Finnish Birds. In: Fauna Fennica, Helsinki: 1–181; M e š k o v, M. M. (1961): Osennij proljot vorob'inych v raijone Pskovsko – shudskogo vodojema. In: Ekologija i migracii ptic pribaltici. Riga (russ.): 199 bis 206; M e w e s, W. (1964): Die quantitative Erfassung der Vogelwelt des Amselgrundes in den Jahren 1963–64 und Untersuchungen über den Einfluß ökologischer und brutzyklischer Faktoren auf den Gesangsbeginn einiger Singvogelarten. Staatsexam. Halle-Kröllwitz; M i c h e l, J. (1891): Ueber Schwankungen in der Vogelwelt des Isergebirges. - Orn. Jb. Hallein 2: 89–91; M i d d e n d o r f f, E. v. (1894): - Aquila 1: 34 (Zit. in S t r e s e m a n n 1948); M i k o l a s, K. (1925/26): Fichtensamen verzehrender Pirol. - ebd. 32–33: 292; M i t s c h, H. (1975): Wie alt werden Singvögel in der Gefangenschaft. - Orn. Mitt. 27: 205–210; M i t z k a, W. (Hrsg., 1954): Trübners Deutsches Wörterbuch. 5. Bd. Berlin; M o r b a c h, J. (1939): Vögel der Heimat. Bd. 1. Esch-Alzette; M o r e a u, R. E. (1952): The Place of Africa in the palaearctic migration System. - J. Animal Ecol. 21: 250–271 (Ref. Vogelwelt 1954); dgl. (1961): Problems of Mediterranean – Saharan Migration. - Ibis 103a: 373–427, 580–623; dgl. (1966): The Bird Faunas of Africa and its Islands. London; dgl., u. R. M. D o l p (1970): Fat, Water, Weights and Wing length of Autumn Migrants in Transit of the Northwest coast of Egypt. - Ibis 112: 209 bis 228; dgl. (1972): The Palaearctic – African Bird Migration Systems. London; M ü l l e r, A. (1871): Wie baut der Pirol sein Nest? - Zool. Gart. 12: 275–279; M ü l l e r, A. K. (1951/57): - Anz. Orn. Ges. Bayern 4: 297–310; M ü l l e r, E. v. (1912): - Gef. Welt 41: 7–8; dgl. (1918): Vor den Toren Neubrandenburgs. - ebd. 47: 109–110; M ü l l e r, J. W. v. (1855): Systematisches Verzeichnis der Vögel Afrikas (Forts.). - J. Orn. 3: 385–400; M ü n c h, H. (1983): Späte Herbst-Durchzügler des Pirols im Thüringer Wald. - Falke 30: 160–163; M u n t e a n u, D., u. M. M a t i e s (1978): Migratia de Primavara a Grangurului (*Oriolus oriolus* [L]). - Nymphaea 6: 575–582

N a t o r p, O. (1938): Zur Brutbiologie des Pirols (*Oriolus oriolus* L.). - Beitr. Fortpfl. Vögel 14: 121–123; N a u m a n n, J. F. (1905): Naturgeschichte der Vögel Mitteleuropas. Bd. 4. Gera-Untermhaus; N i c o l a i, B. (1972): Der Vogelbestand einer Kontrollfläche in der Elbniederung westlich von Burg bei Magdeburg. - Mitt. Avifauna DDR 5: 69–82; dgl., E. B r i e - s e m e i s t e r, H. S t e i n u. K.-J. S e e l i n g (1982): Avifaunistische Übersicht über die Passeriformes. Magdeburg; N i e b u h r, O. (1948/51): Die Vogelwelt des feuchten Eichen-Hainbuchenwaldes. - Orn. Abh. 1: 1–28; N i e h u i s , M. (1968): Die Bestandsentwicklung des Schwarzstirnwürgers (*Lanius minor*) in Deutschland. - Mainzer naturw. Arch. 7: 185–224; N i e l - s e n , B. P. (1969): Further Spring Observations on the Birds of Gilan, Northern Iran. - Dansk Orn. Foren. Tidsskr. 63: 50–73; N i e t h a m m e r , G. (1937): Handbuch der deutschen Vogel-kunde. Bd. I: Passeres. Leipzig; dgl. (1941): Beobachtungen über die Vogelwelt von Auschwitz (Ost-Oberschlesien). - Ann. Naturhist. Mus. Wien 52: 164–199; dgl. (1942): Über die Vogelwelt Kretas. - ebd. 53: 5–59; dgl. (1951): Arealveränderungen und Bestandsschwankungen mitteleuro-päischer Vögel. - Bonn. zool. Beitr. 2: 17–54; N o g g e , G. (1973): Ornithologische Beobachtun-gen im afghanischen Pamir. - ebd. 24: 254–269

O b e r m a y e r , K. (1918): - Orn. Jb. 29: 44–51; O e m e n (1908/09): Brutnotizen von der holländischen Grenze aus dem Jahre 1908. - Z. Oolog. Berlin 18: 123–129; O r t l i e b , R. (1973/75): Bruten des Raubwürgers im Westteil des Kreises Eisleben. - Apus 3: 108–113; O t - t e r l i n d , G. (1954): Flyttning och utbredning. - Fågelvärld 13: 1–31, 83–113, 147–167, 245 bis 261; O t t o (1911): Nochmals das Radium und die Radioaktivität. - Gef. Welt 40: 90–92; O t t o , K., u. W. O t t o (1981): Erlebnisse mit einem Pirol. - Falke 28: 137–138

P ä s s l e r , W. (1851): Beobachtungen über Abweichungen einiger Vögel in Bezug auf den Bau des Nestes und die Größe und Farbzeichnung der Eier. - Naumannia 1: 38–50; P a n n a c h , G. (1974): Dreijährige Siedlungsdichteuntersuchungen in den Braunschweiger Rieselfeldern (1968 bis 1970). - Vogelwelt 95: 21–33; P a n z e r , W., u. H. R a u h e (1978): Die Vogelwelt an Elb- und Wesermündung. Bremerhaven; P a s s i g , H. (1916): - Gef. Welt 45: 162–164; P a u - l u s s e n , W. (1955): Breves Communications. - Gerfaut 45: 69–71 (Ref. Vogelwelt 1956); P a u s e , G. (1954): Revierbesetzung und Siedlungsdichte der Brutvögel eines Gebietes der Schleswig-Holsteinischen Seenplatte in den Jahren 1948–1952. - Biol. Abh. 1 (7/8): 3–47; P a x , F. (1925): Wirbeltierfauna von Schlesien. Berlin; P e i t e r , W. (1899): Das Vogelleben in Flur und Wald des deutsch-böhmischen Mittelgebirges. - J. Orn. 47: 151–213; P e t e r s , H. J. (1967): Eine geglückte Pirol-Aufzucht. - Falke 14: 307–308, 324; P e t e r s , J. L. (1960): Check-List of Birds of the World. Bd. IX. Cambridge: 299–300; P f e i f e r , S., u. W. K e i l (1960): Weitere Ergebnisse des Versuches zur Steigerung der Siedlungsdichte höhlen- und freibrütender Vogel-arten eines Eichen-Hainbuchen-Waldes bei Frankfurt am Main. - Vogelwelt 81: 141–146; dgl. (1961): Die qualitative und quantitative Zusammensetzung einer Population höhlen- und frei-brütender Vogelarten in einem Versuchsgebiet für Vogelschutz bei Frankfurt am Main von 1949 bis 1960. - Orn. Mitt. 18: 7–11; P f l u g b e i l , A., u. K. K l e i n s t ä u b e r (1952/54): Beob-achtungen bei der Beringungsarbeit an 85 Schwarz- und Rotmilanhorsten in Deutschland. - Beitr. Vogelk. 3: 279–287; P f o r r , M., u. A. L i m b r u n n e r (1980): Ornithologischer Bild-atlas der Brutvögel Europas. Band 2. Melsungen; P i e c h o c k i , R., M. S t u b b e , K. U h - l e n h a u t u. D. S u m j a a (1982): Beiträge zur Avifauna der Mongolei. - Ann. Orn. 6: 3–53; P i e t s c h (1885): Was der verwegene Martial uns von den Vögeln erzählt. - Orn. Mschr. 10: 254–266; P l a t h , L. (1983): Die quantitativen Vogelbestandsaufnahmen H. W e n d t s in der Nordöstlichen Heide Mecklenburgs im Jahre 1966. - Natur Umwelt Rostock 5: 51–66; P ö r n e r , H. (1983): Beringungen und Wiederfunde 1980. - Ber. Vogelwarte Hiddensee 4: 133–141; P o p o v , V. A. (1978): Pticy volshsko-kamskogo kraja – Vorob'injye. Moskau (russ.); P o r t i g , F. (1944): Vom Nestbau des Pirols. - Beitr. Fortpfl. Vögel 20: 65; P r a z a k , J. P. (1894): Zur Ornis Nord-Ost-Böhmens. - Orn. Jb. Hallein 5: 81–108; dgl. (1897): Materialien zu einer Ornis Ost-Galizien. - J. Orn. 45: 225–348; P r i l l , H. (1972): Der Brutvogelbestand des Naturschutz-gebietes ‚Hellgrund' (Krs. Waren). - Orn. Rundbrf. Mecklenb. (NF) 13: 44–45; P r o b s t , W. (1891): Die Feinde der Nonnenraupe. - Gef. Welt 20: 299–301; P u n g u r , J. (1907): Magyar allatnevek szotarabol. - Aquila 14: XI-XXXII

R a c z , B. v. (1909): Kampf eines Pirols und Kukuks. - Aquila 16: 283; dgl. (1914): Umkom-men der Vögel im Hagelsturm am 17. August. - ebd. 21: 272–274; dgl. (1920): Die Vermehrung unseres Vogelbestandes. - ebd. 27: 278; R a d d e , P. (1854): Beiträge zur Ornithologie Süd-Russlands nach Beobachtungen im Jahre 1852–53. - J. Orn. 2: 33; R a d e t z k y , D. (1925/ 26): Nest von *Oriolus galbula* L. auf einer Tanne. - Aquila 32–33: 291–292; R a n o s z e k , E. (1972): Awifauna parku niejskiego w Prochowicach. - Notatki Orn. 13: 18–22; R a s c h , D., G. H e r r e n d ö r f e r , J. B o c k u. K. B u s c h (1978): Verfahrensbibliothek Versuchsplanung und -auswertung. Bd. I–II. Berlin; R a u l s , W. (1953): Pirol frißt Kartoffelkäfer. - Orn. Mitt. 5: 188; R a u s c h , M. (1900): - Gef. Welt 29: 127–128; R a y - C h a u d h u r i , R., T. S h a r m a u. S. P. R a y - C h a u d h u r i (1969): A comparative study of the chromosomes of birds. - Chromosoma 26: 148–168; R e i c h a r t . G. (1956/57): Birds consuming *Hyphantria cunea* Drury. - Aquila 63–64: 367–368; R e i c h e n o w , A. (1903): Die Vögel Afrikas. Bd. 2. Neudamm; dgl. (1914): Die Vögel – Handbuch der systematischen Ornithologie. Bd. II. Stuttgart; R e i n b o t h , R. (1939): - Gef. Welt 68: 481–482; R e i n s c h , A. (1958): Am Nest des Pirols (*Oriolus oriolus*). - Vogelwelt 79: 154–157; dgl. (1959): Ornithologische Beobachtungen aus Mittelfranken und Thüringen. - Orn. Mitt. 11: 133–134; dgl. (1959): Beobachtungen am Nest des Pirols (*Oriolus oriolus*). - Vogelwelt 80: 149–156; dgl. (1961): Rivalenkämpfe des Pirols (*Oriolus oriolus*). - ebd. 82: 107–108; dgl. (1964): Pirolbeobachtungen 1962. - ebd. 85: 53–57; dgl. (1968): Pirol (*Oriolus oriolus*) benutzt zum Nestbau die vorjährige Astgabel. - ebd. 89: 51; dgl., u. K. W a r n c k e (1971): Zur Brutbiologie des Pirols (*Oriolus oriolus*). - ebd. 92: 121–141; R e i s e r , O. (1939): Materialien zu einer Ornis Balcanica. Wien; R e t t i g , A. (1908): - Mitt. Vogelwelt 8: 153–154; R e u t e r , M. (1942/43): Tierphänologische Beobachtungen in Finnland 1936–1940. - Natur Folk 89; dgl. (1948/52): Tierphänologische Beobachtungen in Finnland 1941–1945. - ebd. 92 (2): dgl. (1948/52): Tierphänologische Beobachtungen in Finnland 1946–1950. - ebd. 92 (4); R e y , E. (1897): Beobachtungen über den Kuckuck bei Leipzig in den Jahren 1895 und 1896. - J. Orn. 45: 349–359; dgl. (1902): Blutwärme der Vögel. - Orn. Mschr. 27: 490; dgl. (1903): Mageninhalt einiger Vögel. - ebd. 28: 67–71; dgl. (1905): Die Eier der Vögel Mitteleuropas. Gera; dgl. (1905/06): Sonderbare Niststätten. - Z. Oologie Berlin 15: 161–162; dgl. (1908): Mageninhalt einiger Vögel. - Orn. Mschr. 33: 221–231; dgl. (1912): Die Eier der Vögel Mitteleuropas. 2. Aufl. Lobenstein - Reuß; R h e i n w a l d , G. (1982): Brutvogelatlas der Bundesrepublik Deutschland, Kartierung 1980. Lengede; R i b b e c k , K. (1904): Trivialnamen deutscher Vögel. - Mitt. Vogelwelt 4: 89–90; R i c h t e r , G. (1949): Mit der Kamera am Pirolnest. - Vogelwelt 70: 33–36; R o b i e n , P. (1919): Vom Pirol. - Gef. Welt 48: 127; R ö r i g , G. (1899): Ansammlung von Vögeln in Nonnenrevieren. - Orn. Mschr. 24: 42 bis 51; R o g a l l , A. u. H. R o g a l l (1977): Beringungsbericht der Vogelwarte Helgoland für das Jahr 1974 und Gesamtberingungszahlen für die Jahre 1909–1974. - Auspicium 6: 199–216; R o s t . F. (1981): Der Sommervogelbestand auf einer Kippenfläche im Kr. Borna. - Actitis 21: 43–44; R u c n e r , D. (1949): Ptice Gorskog Kotara. - Larus 3: 65–187; dgl. (1952/53): Ptice doline Neretve. - ebd. 6–7: 53–138; dgl. (1967/68): Prilog poznavanju pticjeg svijeta Lonjskog polja. - ebd. 21–22: 31–64; dgl., u. D. R u c n e r (1970): Prilog poznavanju napucenosti ptica u biotopima Baranje. - ebd. 24: 31–64; R u d e b e c k , G. (1956). In: K. G. W i n g s t r a n d , Bertil H a u s s t r ö m , Zoological Papers in honour of his sixty-fifth birthday. Lund; R u d o w , F. (1887): Was geschieht mit den alten Vogelnestern? - Orn. Mschr. 12: 351–357; dgl. (1889): Weitere Beobachtungen an Vogelnestern. - ebd. 14: 494–496; R u t h k e , P. (1948/51): Die Brutvögel des Mönnegebietes im pommerschen Oberdelta. - Orn. Abh. 1: 2–40

S a c h t l e b e n , H. (1921). In: E. S t e c h o w ; Beiträge zur Natur- und Kulturgeschichte Lithauens und angrenzender Gebiete – Vögel. München; S a e m a n n , D. (1967): Quantitative Bestandsaufnahmen in Rostock im Jahre 1966. - Orn. Rundbrf. Mecklenb. (NF) 6: 5–9; S a l - m e n , H. (1982): Die Ornis Siebenbürgens. Bd. II. Köln; S c h a c h t , H. (1905) - Orn. Mschr. 30: 515–519; S c h a l o w , H. (1908): Beiträge zur Vogelfauna Centralasiens. - J. Orn. 56: 72 bis 121; S c h a r n k e . H., u. A. W o l f (1938): Beiträge zur Kenntnis der Vogelwelt Bulgarisch-Mazedoniens. - ebd. 86: 309–327; S c h e l d e r , R. (1919/20): Ornithologische Beobachtungen in Galizien. - Verh. Orn. Ges. Bayern 14: 3–36; S c h e n k , H. (1944/47): Leitungsdrähte und Zugvögel. - Aquila 51–54: 200; S c h e n k , J. (1898): Der Gesang des Pirols. - Orn. Mschr. 23: 377–378; dgl. (1909): - Aquila 16: 245–276; dgl. (1925/26): - ebd. 32–33: 51–65; S c h i e b e l , G. (1916): Ornithologisches von einer Reise durch Süddalmatien im August 1913. - Orn. Jb. Hallein 27: 87–94; S c h i e r m a n n , G. (1930): Studien über die Siedlungsdichte im Brutgebiet. - J. Orn. 78: 137–180; S c h i f f e r l i , A. (1967): Bericht der Schweizerischen Vogelwarte Sempach für die Jahre 1965 und 1966. - Orn. Beob. Bern 64: 152–171; dgl. (1969): Bericht der Schweizerischen Vogelwarte Sempach für die Jahre 1967 und 1968. - ebd. 66: 173 bis 189; dgl. (1972): - ebd. 69: 53–67; dgl., P. G e r o u d e t u. R. W i n k l e r (1980): Verbreitungsatlas der Brutvögel der Schweiz. Sempach; S c h i l d m a c h e r , H. (1955/56): Die Vogelwelt der Insel Hiddensee. - Wiss. Z. Univ. Greifswald 5: 389–408; dgl. (Hrsg., 1970): Wir beobachten Vögel. Jena; S c h i l l i n g , P. (1926): Nach Schwalbenart badende Pirole. - Orn. Mschr. 51: 172; S c h l e g e l , R. (1922/26): Ornithologische Beobachtungen im Elstergebiet von Eythra. - Mitt. Ver. Sächs. Orn. 1: 121–132; dgl. (1927/29): Blicke in die Speisekarte einiger Vögel auf Grund von Magen- und Kropfanalysen. - ebd. 2: 213–217; S c h m i d t , K. (1969/70): Flugbaden eines Pirols (Oriolus oriolus). - Beitr. Vogelk. 15: 453–454; S c h m i d t - B e y , W. (1925): Die Vögel der Rheinebene zwischen Karlsruhe und Basel. - Orn. Mschr. 50: 108–144; S c h m i t t , C. (1955): Der Pirol als Musiker. - Orn. Mitt. 7: 89; S c h m i t z , P. E. (1899): Die Vögel Madeiras. - Orn. Jb. Hallein 10: 1–66; dgl. (1905/06): Madeira Brutvögel. - Z. Oologie Berlin 15: 1–3; dgl. (1911): Tagebuchnotizen aus Jerusalem. - Orn. Jb. Hallein 22: 204–212; S c h n e i d e r , W. (1956/58): Einige Beobachtungen über die Ernährung, besonders die Beeren- und Früchtenahrung unserer Vögel. - Beitr. Vogelk. 5: 183–188; S c h n u r r e , O. (1954/56): Ernährungsbiologische Studien an Raubvögeln und Eulen der Darßhalbinsel (Mecklenburg). - ebd. 211–245; dgl. (1965/66): Zur Ernährung märkischer Wanderfalken (Falco peregrinus). - ebd. 11: 368–378; dgl. (1973): Ernährungsbiologische Studien an Greifvögeln der Insel Rügen (Mecklenburg). - ebd. 19: 1–16; S c h ö n w e t t e r , M. (1983): Handbuch der Oologie. 37. Lfg., Berlin; S c h o l z , L. (1907): Meine Pirole. - Gef. Welt 36: 324–326, 332–333; dgl. (1908): Der Nestbau der Vögel. - ebd. 37: 177–178; S c h ü z , E. (1935): Folgen der Frühjahrskälte 1935 im Osten. - Vogelzug 6: 135–136; dgl. (1959): Die Vogelwelt des Südkaspischen Tieflandes. Stuttgart; S c h u s t e r , L. (1906/07): - Z. Oologie Berlin 16: 155–158, 178–182; dgl. (1923): Beiträge zur Ornithologie Nordostfrankreichs – Schluß. - J. Orn. 71: 287–361; S c h u - s t e r , W. (1905): Sperlinge, Pirole und Drosseln als Verpflanzer des Rebstocks. - Orn. Rdsch. 1: 11–13; S c h w a r t h o f f , H. (1974): Vögel im Jülicher Land. - Beitr. Avifauna Rheinl. 4; S c h w a r z , U. (1981). In: S. M e i s s n e r u. F. S c h w e r d t f e g e r (1963): Autökologie. Hamburg; dgl. (1968): Demökologie. ebd., S e i d e l , H. (1898): Der Gesang des Pirols. - Orn. Mschr. 23: 168–170; S e i l k o p f , H. (1918): - Orn. Mber. 26: 17–22; S e l l i n , D. (1966/68): Siedlungsdichteuntersuchungen in der Umgebung von Coswig im Jahre 1967. - Apus 1: 239 bis 242; dgl., u. S. B e i c h e (1980): Die Vögel des Diebziger Forstes. J. F. Naumann-Festschrift zum 200. Geburtstag. Berlin: 38–67; dgl. (1981): Sommervogelbestandsaufnahme eines Erlen-Bruchwaldes. - Orn. Rundbr. Mecklenb. (NF) 24: 37–45; S e m m l e r , W. (1970): Vogelwelt der Jenaer Landschaft. Jena; S e v e r t z o f f , N. A. (1888): Faune des Vertebres du Turquestan. - Z. ges. Orn. 4: 1–141; S h a r p e , R. B. (1877): Catalogue of the birds in the British Museum. Bd. III. London; S h a r r o c k , J. T. R. (1980): The Atlas of Breeding Birds in Britain and Ireland. Aylerburg (3rd impr.); S i c k , H. (1935): Spiegeln die Gesänge der „Spötter' unter den Singvögeln die Zusammensetzung der sie umgebenden Avifauna wider? - Ber. Ver. Schles. Orn. 20: 12–18; S i e f k e , A. (1976): Brutvogelbestandserfassung 1972 im Kreis Strasburg (Buchenwald, Feldgehölz, Feldhecke). - Orn. Rundbr. Mecklenb. (NF) 17: 15–21; S i e m s - s e n , M. A. C. (1794): Handbuch zur systematischen Kenntniß der Mecklenburgischen Land- und Wasservögel. Rostock; S i i v o n e n , L., u. O. K a l e l a (1937): Über die Veränderungen in der Vogelfauna Finnlands während der letzten Jahrzehnte und die darauf einwirkenden Faktoren. - Acta Soc. Fauna Flora Fennica 60: 606–634; S m i t h e r s , R. H. N. (1964): A check list of the birds of the Bechuanaland Protectorate. Bulawayo; S n i g i r e w s k i , S. I. (1928):

Beiträge zur Avifauna der Wüste Karakum (Turkmenistan). - J. Orn. 76: 587–607; S n o w , D. W. (1971): The Status of Birds in Britain and Ireland. Oxford, London; S o n n e , K. (1919/28): Bemerkenswerte Eifunde aus Schwaben. - Anz. Orn. Ges. Bayern 1: 77–78; S p r a n g e r , K. (1926) - Verh. Orn. Ges. Bayern 17: 3–36; S p r i n g e r , H. (1958/60): - Anz. Orn. Ges. Bayern 5: 389–433; S t a d l e r , H. (1927): - Ber. Ver. Schles. Orn. 13: 117–125; S t a s t n y , K. (1980): Singvögel. Prag; S t e c h o w , E. (1921) s. H. S a c h t l e b e n ; S t e g e m a n n , K.-D. (1973): Quantitative Untersuchungen des Brutvogelbestandes in verschiedenen Gehölzen der Friedländer Grossen Wiese im Jahre 1970. - Orn. Rundbr. Mecklenb. (NF) 14: 27–36; S t e g - m a n n , B. (1936): Die Vögel des nördlichen Baikal. - J. Orn. 84: 58–139; S t e i n , H. (1968): Siedlungsdichteuntersuchung in einem Auwald bei Magdeburg. - Mitt. Avifauna DDR 1: 29–39; dgl. (1973): Der Vogelbestand eines Torfstichs in der Niederung der Unterhavel. - ebd. 6: 53 bis 58; S t e i n b a c h e r , J. (1953): Vogelleben und Vogelzug im Frühling auf Sardinien. - J. Orn. 94: 304–314; S t e i n f a t t , O. (1932): Der Bosporus als Landbrücke für den Vogelzug zwischen Europa und Kleinasien. - ebd. 80: 354–383; dgl. (1933): - Beitr. Fortpfl. Vögel 9: 77–82; S t e i n k e , G., u. K. H e i n d o r f f (1982): Die Vögel des Kreises Tangerhütte. Halberstadt; S t e p h a n , B. (1965): Die Zahl der Armschwingen bei den Passeriformes. - J. Orn. 106: 446 bis 458; dgl. (1970): - Mitt. Zool. Mus. Berlin 46: 122–133; dgl. (1976): Die evolutive Bedeutung der Territorialität bei Vögeln. - Falke 23: 297–305; S t e r n b e r g , G., u. H.-E. S t e r n b e r g (1982): Der Brutvogelbestand eines isolierten Feldgehölzes. - Orn. Rundbr. Mecklenb. (NF) 25: 54–57; S t o l z , J. W. (1917): - J. Orn. 65; S t o n e h a m , H. F. (1928): Field Notes on a Collection of Birds form Uganda – T. II. - Ibis 12. Ser. (4): 252–285; S t r a u t m a n n , F. I. (1954): Pticy sovetskich karpat. Kiew (russ.); S t r e s e m a n n , E. (1928): Die Vögel der Elburs-Expedition 1927. - J. Orn. 76: 313–411; dgl. (1944): Der Frühjahrsdurchzug einiger Vogelarten durch die Mittelmeerländer. - Orn. Mber. 52: 29–44; dgl. (1948): Die Wanderungen des Pirols (*O. o. oriolus*). - Orn. Ber. 1: 126–142; dgl. (1955): Bemerkungen zu den Verbreitungskarten in P e t e r s o n - M o u n t f o r t - H o l l o m ‚Die Vögel Europas'. - J. Orn. 96; dgl. (1956): Bausteine zu einer Ornithologie von Kreta. - ebd. 97: 44–72; dgl. (1957): Eine ornithologische Studienfahrt in den Parco Nazionale d'Abbruzzo. - ebd. 98: 1–21; S t r o m a r , L. (1972/74): - Larus 26–28: 5–43; S u n k e l , W. (1956): Hessische Ringvogelfunde. - Vogelring 25: 39–59, 95–99, 112; S u o l a t h i , H. (1909): Die deutschen Vogelnamen. Straßburg; S z e - ö t s , B. v. (1911): - Aquila 18: 178–189; S z i e l a s k o , A. (1913): Die Bedeutung der Eischalenstruktur der Vögel für die Systematik. - J. Orn. 61: 52–117

T a i t , W. C. (1924): The Birds of Portugal. London; T a l a m o n , G. (1903/04): Notes sur les oiseaux de la Tunisie. - Ornis 12: 583–596; T e i x e i r a , R. M. (1979): Atlas van de Nederlandse Broedvogels. Deventer; T e m b r o c k , G. (1982) Spezielle Verhaltensbiologie der Tiere. Bd. I. Jena; T h i e d e , W. (1962): Bemerkenswerte faunistische Feststellungen 1960/61 in Europa. - J. Orn. 103: 313–316; dgl. (1978): - Vogelwelt 99: 66–74; T h i e l e , R. (1927): Der Pirol. - Orn. Mschr. 52: 54–57; T h o m p s o n , W. R. (1930): Further Notes on the Birds of Alderney. - Ibis 12. Ser. (6): 128–130; T h o r p e , W. H. (1972): Duetting and antiphonal song in birds. - Behavior 18, Leiden (zit. in G. T e m b r o c k , N. Brehm-Büch. 250); T i m p e l , M. (1918): Vom Pirol. - Orn. Mschr. 43: 31; T i s c h l e r , F. (1941): Die Vögel Ostpreußens. Königsberg, Berlin; T i t t e l , R. (1981): Der Brutvogelbestand einer Kontrollfläche auf dem Galberg bei Gotha. - Thür. Orn. Mitt. 27: 33–42; T o b i a s , R. (1851): Beitrag zur Naturgeschichte des Pirols, *Oriolus galbula* Lin. - Naumannia 1: 17–22; T o m i a ł o j c , L. (1973/74): - Acta Orn. 14: 59–97; dgl. (1976): Birds of Poland. Warschau; T r a t z , E. P. (1918): - Orn. Mschr. 43: 271–277; T r e t z e l , E. (1965/66): Intonation und Imitation von Amsellauten durch Gelbspötter. - Beitr. Vogelk. 11: 276–295; T s c h u s i , V. v. (1867): - J. Orn. 15: 141–143; dgl., u. K. v. D a l l a - T o r r e (1887): - Ornis 3: 1–156; T u c h s c h e r e r , K. (1966): Siedlungsdichte-Untersuchung in der Umgebung von Gohrau/Wörlitzer Winkel 1966. - Apus 1: 74–80, T u r c e k , F. J. (1951): O stratifikacii vtacej populacie lesnych biocenoz typo Querceto-Carpinetum na juznom Slovensku. - Sylvia 13: 71–86; dgl. (1961): Ökologische Beziehungen der

Vögel und Gehölze. Bratislava; T u t m a n n , I. (1959): Ornithological data from the Iland of Lapad. - Aquila 66: 323

U h l , F. (1933): Über die Brutvögel der Umgebung von Burghausen a. S. - Verh. Orn. Ges. Bayern 20: 1–52; U l b r i c h t , J. (1979): Zur Territorialstruktur einer ‚Kolonie' des Flußregenpfeifers. - Falke 26: 351–354; U l r i c h , A. (1970): Avifaunistische Untersuchungen im NSG ‚Colbitzer Lindenwald'. - Mitt. Avifauna DDR 3: 27–50; dgl. (1975): Der Brutvogelbestand des Friedhofes in Wolmirstedt. - ebd. 7: 89–91; U s i n g e r (1927): Vom Pirol. - Gef. Welt 56: 590–592; U t t e n d ö r f e r ' O. (1947/48): Zur Ernährung des Eleonorenfalken. - Orn. Ber. 1: 242–243; dgl. (1952): Neue Ergebnisse über die Ernährung der Greifvögel und Eulen. Ludwigsburg

V a l l o n , G. (1891): Der Herbstzug in der Provinz Friaul und der Massenfang. - Orn. Jb. Hallein 2: 61–67; V a u g h a n , J. H. (1930): The Birds of Zanzibar and Pemba. T. II. - Ibis 12. Ser. (6): 1–48; V a u r i e , C. (1958): Systematic Notes on Palaearctic Birds No. 32, Oriolidae, Dicruridae, Bombycillidae . . . - Amer. Mus. Nov. Nr. 1869: 1–4; dgl. (1959): The Birds of the Palearctic Fauna, Order Passeriformes. London; V e r h e y e n , R. (1941): Notes sur la faune ornithologique de l'Afrique centrale. - Bull. Mus. Hist. nat. Belg. 17, nr. 23; V i e t i n g - h o f f , A. v. (1927/29): Ernährungsbiologie und soziale Struktur. - Mitt. Ver. Sächs. Orn. 2: 81 bis 93, 133–148; V i k s n e , J. (1983): Pticy Latvii. Riga (russ.); V i n o g r a d o v a , N. V., V. R. D o l ' b i k , V. D. E f r e m o v u. V. A. P a j e v s k i j (1976): Opredelenije pola i vosrasta voroboinich ptic fauny SSSR. Moskau (russ.); V ö l k e r , O. (1934): Die Abhängigkeit der Lipochrombildung bei Vögeln von pflanzlichen Carotinoiden. - J. Orn. 82: 439–450; dgl. (1936): Über den gelben Federnfarbstoff des Wellensittiches. - ebd. 84: 618–630; dgl. (1939): Gelbes und rotes Lipochrom im Integument der Vögel. - ebd. 87: 639–643; dgl. (1954): - ebd. 95: 124–129; V o g e l , T. (1970): - Hamburg. Avifaun. Beitr. 8: 1–134; V o i g t , A. (1961): Exkursionsbuch zum Studium der Vogelstimmen. (12 Aufl.) Heidelberg; V o i p i o , P. (1956): Über einige Neuankömmlinge, zufällige Irrgäste und andere Schwankungen in der Vogelfauna der Gegend von Taipa/Saari und Gross-Saimaa. - Orn. Fenn. 33: 41–60; V o o u s , K. H. (1960): Atlas van de Europese Vogels. Amsterdam

W a e n g l e r , O. (1909): Das Liebesleben der Vögel. - Mitt. Vogelwelt 9: 105–108; W a e - q u a n t - G e o z e l l e s , S. v. (1891): Baden und Trinken. - Orn. Mschr. 16: 314–320; W a l l - s c h l ä g e r , D. (1982): Beziehungen zwischen Konstitution und Gesangsparametern bei Passeriformes. - Ann. Orn. 6: 115–135; W a l t e r , H. (1912) - Gef. Welt 41: 31; dgl. (1968): Zur Abhängigkeit des Eleonorenfalken (Falco eleonorae) vom mediterranen Vogelzug. - J. Orn. 109: 323–365; W a r g a , K. (1922): Über die Beeren- und Früchte-Nahrung der Vögel. - Aquila 29: 194–195; dgl. (1923/24): Über die Beeren- und Früchte-Nahrung der Vögel. - ebd. 30–31: 331; W a r m b i e r , N. (1973): Brutvogelbestandserfassung in Anklam 1970 und 1971. - Orn. Rundbr. Mecklenb. (NF) 14: 41–45; dgl. (1974): Brutvogelbestandsaufnahmen im Kreis Anklam 1972. - ebd. 15: 18–22; dgl. (1979): - ebd. 21: 31–38; dgl. (1979): Ein Beitrag zur Vogelwelt des NSG ‚Conower Werder'. - ebd. 21: 39–44; W a r n c k e , K. (1958): - Vogelwelt 79: 177 bis 181; W a s s e n i c h , V. (1970): Probleme und Aussagemöglichkeiten moderner Siedlungsdichteuntersuchungen. - Orn. Mitt. 22: 137–139; W e i g a n d , L. (1914): Vogelweidwerk und Federspiel unserer Vorfahren. - Gef. Welt 43: 324–325; W e i g o l d , H. (1912): - J. Orn. 60: 365 bis 410; dgl. (1912): - ebd. 60: Sonderheft; W e m e r , P., u. O. K o e n e n (1907/08): Einiges vom Neste des Pirols, Oriolus oriolus (L.). - Z. Oolog. Berlin 17: 152–156; W e n c k , H. (1980): - Natur Umwelt Rostock 1: 60–64; W e n d l a n d , V. (1960/62): - Beitr. Vogelk. 7: 269–277; W e n z e l , K. (1897): Gelegezahl des Pirols. - Z. Oologie Berlin 7: 19–20; W e s t e r f r ö l k e , P. (1955): Felsenbirnen als Vogelnahrung. - Vogelwelt 76: 139; dgl. (1959): Vertilgung des Eichenwicklers durch Vögel. - Orn. Mitt. 11: 121; W e t m o r e , A. (1961): A classification for the birds of the world. - Smithson. misc. Coll. 139: 1–37; W h i s t l e r , H. (1930): The birds of the Rawal Pindi District, N. W. India. - Ibis 12. Ser. (6): 67–119; dgl. (1949): Popular hand-book of Indian birds. London; W i e g a n k , F. (1982): - Naturschutzarb. Berlin Brandenburg 5: Beiheft; W i e h e , H. (1970): Der Sommervogelbestand eines Erlenbruchwaldes mit Zeltplätzen in der Schunteraue bei Braunschweig (1965–68). - Vogelwelt 91: 130–137; dgl. (1973): Über die Auswirkungen von Störungen (menschlicher Einfluß) auf den Brutvogelbestand eines Bruch-waldes bei Braunschweig. - ebd. 94: 161–175; W i l d e , H. (1980): Ornithologische Beobachtun-gen auf Kreta. - Orn. Mitt. 32: 13–16; W i n g e , H. (1890): - Ornis. 6: 345–399; W i n g -s t r a n d , K. G. (1956) s. G. R u d e b e c k ; W i n k , M. (1974): Veränderungen des Brutvogel-bestandes der Siegniederung bei Bonn in den vergangenen 14 Jahren (1960–73). - Vogelwelt 95: 121–137; W i r d h e i m , A. (1983): En flöjtande fårgklick – om sommargyllingens historia. - Fåglar Hålland 1982: 15–17 (Ref. Orn. Schriftenschau 57); W i t h e r b y , H. F. (1915): The Moults of the British Passeres, with Notes on the Sequence of their Plumages – T. I. - Brit. Birds 9: 148–151; dgl. (1928): On the Birds of Central Spain with some Notes on those of South-East Spain. - Ibis 12. Ser. (4): 385–436; W i t k o w s k i , J. (1965): Birds of the ‚Staw Novo-kuznicki Reserve' (prov. Opole) in 1963/64. - Acta Orn. 9: 169–178; W o l t e r s , H. (1922): - Gef. Welt 61: 416–418; W o l t e r s , H. E. (1979): Die Vogelarten der Erde. 4. Lieferung, Hamburg; W o s s i d l o , R., u. H. T e u c h e r t (1957): Mecklenburgisches Wörterbuch. Band 2, Berlin; W ü s t , W. (1962): Prodromus einer ‚Avifauna Bayerns'. - Anz. Orn. Ges. Bayern 6: 305–358; dgl. (1976): Verlauf und Ergebnisse zweier Frühjahrsfahrten in den Jahren 1974 und 1975 durch Zentralasien. - ebd. 15: 121–160

Y e a t m a n , L. J. (1976): Atlas des Oiseaux nicheurs de France de 1970 a 1975. Paris.

Z a g o n , A. (1974): Interessantes Nest des Pirols, *Oriolus oriolus*. - Aquila 80–81: 307; Z e d -l i t z , O. (1909): Ornithologische Beobachtungen aus Tunesien, speziell vom Chott-Gebiet. - J. Orn. 57: 121–322; dgl. (1912): Von Suez zum Sankt Katharinen-Kloster – Schluß. - ebd. 60: 529–569; dgl. (1921): Die Avifauna des westlichen Pripjets-Sumpfes im Lichte der Forschung deutscher Ornithologen in den Jahren 1915–1918. - ebd. 69: 269–406; Z e i d l e r , K. (1966): - Aquila 107: 113–153; Z e y k , N. (1920): Die Vögel Siebenbürgens. - Aquila 27: 184–242; Z i m m e r l i , E. (1970/71): Pirole als Kirschdiebe. - Vögel Heimat 41: 56; Z i m m e r m a n n , R. (1920): Zur Höhenverbreitung der Vögel. - J. Orn. 68: 344–350; dgl. (1923): Das Liebes-leben der Vögel. Dresden; Z i n g g , K. (1933): Unsere Stubenvögel in der Mauser. - Gef. Welt 62: 385–387; Z i n k , G. (1969): Ringfunde der Vogelwarte Radolfzell 1947–1968. - Auspicium 3: 195–291; dgl. (1969/70): Richtungsänderung auf dem Zuge bei europäischen Singvögeln. - Vogelwarte 25: Sonderheft, 44–54; dgl. (1974): - Auspicium 5: 255–296; dgl. (1973/75): Der Zug europäischer Singvögel. Stuttgart, Möggingen; Z i p p e l i u s , H.-M. (1972): Zur Brutbio-logie des Pirols (*Oriolus oriolus*). - Bonn. Zool. Beitr. 23: 338–346; Z u k o v i c , M., u. T. W i k e r h a u s e r (1954): Prilog poznavanju ektoparasitske faune ptice NR Hravtske. - Larus 8: 102–111

13. Register

214